Recht für Autoren

D1726789

Manfred Plinke

Recht für Autoren

Urheberrecht, Verlagsrecht, Musterverträge

Mit Beiträgen von
Dr. jur. Andreas Dustmann, LL.M., Rechtsanwalt
Prof. Dr. jur. Axel Nordemann, LL.M., Rechtsanwalt
Prof. Dr. jur. Jan Bernd Nordemann, LL.M., Rechtsanwalt

Autorenhaus

Die Deutsche Nationalbibliothek verzeichnet diese Publikation in
der Deutschen Nationalbibliografie; detaillierte bibliografische Daten
sind im Internet über http://dnb.d-nb.de abrufbar.

Bitte besuchen Sie auch www.Autorenhaus.de

ISBN 978-3-386671-073-3
Vierte Auflage
© 2014 Autorenhaus Verlag GmbH, Berlin

Umwelthinweis:
Dieses Buch wurde auf chlor- und säurefreiem Papier gedruckt.
Printed in Germany

Inhalt

Vorwort   7

Schutzrechte
  Einführung   9
  Grundsätze 10
  Die Vergabe von Lizenzen 11

Urheberrecht
  Urheberrecht für Werke in Wort, Bild und Ton 12
  Der Schutz geistigen Eigentums im digitalen Zeitalter 13
  Fremde Federn – Fremde Rechte? Zitieren, aber richtig! . . . 24

Verlagsrecht
  Der Verlagsvertrag 31
  Vertrag mit einer Literaturagentur 45
  Verlagsvertrag bei Digitaldruck 47

Musterverträge
  Der neue Normvertrag 48
  Mustervertrag: Normvertrag für Verlagsverträge 49
  Gemeinsame Vergütungsregeln für Belletristikautoren. . . . 59
  Hinweise zum Normvertrag 62
  Mustervertrag: Der Norm-Übersetzungsvertrag. 63
  Eine Wissenschaft für sich 73
  Mustervertrag: Verlagsvertrag für wissenschaftliche Werke . 75
  Herausgeber und ihre Aufgaben 86
  Mustervertrag: Herausgebervertrag 87
  Vertrag mit einem Zuschußverlag. 98

Markenrecht
    Einführung 99
    Titelrecht 102
    Titelverwechslung 103
    Titel-Tips 104
    Domains im Internet 105

Häufige Rechtsfragen
    Albtraum aller Autoren: Das Plagiat 106
    Wie schützt man sich vor Ideenklau? 108
    Verfilmungsrechte 110
    Internet-Impressum 112
    Fortsetzung bekannter Romane 113
    Literarisches Erbe 114
    Wie komme ich an ein Pseudonym? 116
    Ghostwriter und Multi-Autoren-Projekte 118
    Ist der Co-Autor immer der Dumme? 120
    Copyright 120
    Wahr und beweisbar 121
    Verwertungsgesellschaften 123

Gesetzestexte
    Werkarten 124
    Urheberrechtsgesetz 125
    Verlagsrechtsgesetz 181

Anhang
    Autoren und Quellenhinweise 187
    Literaturhinweise 188
    Anschriften 188
    Index 189

Vorwort

Das Urheberrecht ist die Überlebensbasis für Autoren – nicht für die wenigen Bestsellerproduzenten mit den hohen Tantiemen, sondern für die vielen Autoren, die versuchen, von ihrer geistigen Arbeit zu leben. Das Urhebervertragsrecht sieht vor, dass die Verbände der Urheber und der Werknutzer gemeinsame Vergütungsregeln aufstellen.

Nur für die Vergütung der Autoren *belletristischer* Werke haben sich die Verhandlungsdelegationen beider Seiten auf einen Vorschlag geeinigt, der 2005 durch den Verband deutscher Schriftsteller (VS) und dem Verlagerausschuss des Börsenvereins des Deutschen Buchhandels unterzeichnet wurde. Damit wurde erstmals die magische Zahl von 10 Prozent Absatzhonorar in eine Vereinbarung zwischen Verlegern und Autoren eingeführt. In § 3 Honorar für Verlagsausgaben heißt es: »Richtwert für den Normalfall ist ein Honorar von 10 Prozent für jedes verkaufte, bezahlte und nicht remittierte Exemplar ...«.

Dieses Buch soll dazu beitragen, Autorinnen und Autoren über ihre Rechte, nicht nur als Urheber, zu informieren und sie vorbereiten auf gute Verhandlungen mit ihren Partnern, den Verlagen und anderen Verwertern.

Manfred Plinke

Schutzrechte

Eine Einführung

In Deutschland gilt der Grundsatz der sogenannten Nachahmungsfreiheit. Damit kann mit wenigen Ausnahmen, die im Gesetz gegen den unlauteren Wettbewerb (UWG) festgehalten sind, alles das, was keinen Sonderschutz genießt, frei nachgeahmt werden.

Um einer solchen freien Nachahmung entgegenwirken zu können, wurde mit beginnender Industrialisierung in vielen Staaten der Welt die Möglichkeit geschaffen, durch Patente, Designschutzrechte, Marken und weitere Möglichkeiten eigene Entwicklungen, Formgestaltungen, betriebliche Kennzeichen, d. h. letztendlich alles, was im Wettbewerb relevant ist, zu schützen.

Die gewerblichen Schutzrechte lassen sich in technische und nichttechnische Schutzrechte unterteilen. Das heißt: Nicht nur technische Erfindungen können beim Patentamt geschützt werden, sondern auch ästhetische Form- oder Flächengestaltungen; ebenso lassen sich Firmen-, Produktnamen und Logos auf Antrag sichern. Im Einzelfall kann der Schutz sogar schon durch Aufnahme der Benutzung im geschäftlichen Verkehr entstehen.

Technische Schutzrechte: Der wohl bekannteste Vertreter im technischen Schutzbereich ist das Patent. Technische Erfindungen lassen sich außerdem über das Gebrauchsmuster schützen.

Nichttechnische Schutzrechte: Die Hauptvertreter der nichttechnischen Schutzrechte sind die Marke, das Urheberrecht und das Geschmacksmuster.

Die Marke dient der Unterscheidung der Waren oder Dienstleistungen des Markeninhabers von den Produkten oder Leistungen anderer Anbieter, garantiert den Wiedererkennungswert und transportiert Qualitätsmerkmale.

Das Urheberrecht schützt Werke der Literatur, Wissenschaft und Kunst. Hierunter fallen Schriftwerke, Werke der Musik, aber auch

Darstellungen wissenschaftlicher und technischer Art wie Zeichnungen, Pläne und Skizzen, ebenso Computerprogramme.

Das Geschmacksmuster stellt das Design von Produkten, das äußere Erscheinungsbild eines Erzeugnisses, unter Schutz mit dem Ziel, gegen Nachbildung (Plagiate) von Konkurrenten rechtlich vorgehen zu können.

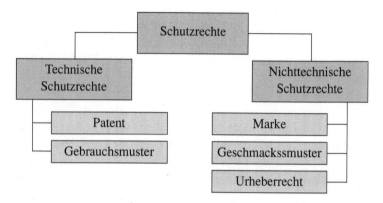

Grundsätze

Priorität: Wer zuerst kommt

Durch die gesetzlichen Regelungen des gewerblichen Rechtsschutzes ziehen sich die Grundsätze der sogenannten Priorität und der Territorialität. Das heißt, daß zur Sicherung einer Priorität der Erfindung diese möglichst schnell durch eine entsprechende Antragstellung und Hinterlegung beim jeweiligen Patentamt zu sichern ist. Entscheidend für die Priorität ist demnach der Anmeldetag des betreffenden Schutzrechts, denn »wer zuerst kommt, mahlt zuerst«.

Territorialität: Schutzrechte geographisch begrenzt

Schutzrechte haben nur in dem Territorium Wirkung, für das sie angemeldet und eingetragen wurden. Demnach kann ein in Deutschland erteiltes Patent Nachahmungen nur im deutschen Markt, nicht jedoch beispielsweise in den USA blockieren.

Die Vergabe von Lizenzen

Der Urheber vergibt immer nur die Nutzungsrechte, nie sein Urheberrecht. Die Frage, ob der Autor bei Vertragsabschluß für sein Buch gleichzeitig auch alle Haupt- und Nebenrechte vergeben sollte, wird ausführlich unter dem Kapitel Verlagsrecht behandelt. Da Autoren in Zukunft immer häufiger ihre Werke selbst verlegen und sich um das Marketing ihrer Bücher kümmern, werden Fragen zum Markenrecht für sie interessant.

Beispiel Titelverwertung: Ein gut gewählter Buchtitel kann so stark sein, daß ein Produzent ihn als Filmtitel nutzen möchte. Das könnte der Produzent ohne weiteres, es sei denn, der Autor hätte den Buchtitel zusätzlich vorher als Marke geschützt.

Beispiel Internet: Trittbrettfahrer wollen vom Bucherfolg eines anderen Autors mitprofitieren und richten im Internet unter dem Namen des Buchtitels eine Webseite ein. Der Autor sollte die Domain und naheliegende Varianten gleich mitbelegen.

Beispiel Merchandising: Jeder könnte an dem Erfolg eines Buches und seiner Figuren teilhaben, es sei denn sie sind geschützt. Dann könnte der Autor Lizenzen für Non-Book-Produkte vergeben.

Gelingt einem designbegabten Schriftsteller eine ungewöhnliche Buchform, kreiert er ein Spiel oder eine extravagante Verpackung, sollte er an einen Geschmacksmuster-Schutz denken.

Die Rolle des Künstlers als Urheber ist immer verbunden mit der Frage der Nutzung und dem Schutz seines Werks. In jedem Fall sollte man den Rat der Experten einholen, wenn es um die Vergabe von Lizenzen geht. Denn auch hier können Beschränkungen der Nutzungsrechte (geografisch, zeitlich, nichtexklusive Vergabe etc.) angeraten sein.

Urheberrecht

Werke in Wort, Bild und Ton

Schutzobjekte des Urheberrechts sind Werke der Literatur, wissenschaftliche Werke, Software, Skulpturen, Fotos, Grafiken, Bilder, Filme, Musik, Architekturleistungen und Konzepte sowie Entwürfe zu solchen Werken einschließlich von Plänen oder Diagrammen.

Wenn durch Klage gegen Urheberrechtsverletzer vorgegangen wird, werden die Voraussetzungen, ob ein Urheberrecht wirksam entstanden ist, vor Gericht geprüft: Es muß eine Eigenart des Inhalts vorliegen, d. h. eine eigene persönliche Schöpfung gegeben sein.

Das Urheberrecht entsteht mit dem Werk selbst und endet 70 Jahre nach dem Tod des Urhebers mit der Ausnahme für unter Pseudonym veröffentlichte Werke, die nicht in die Urheberrolle beim Deutschen Patent- und Markenamt eingetragen sind. Das heißt, das Schutzrecht fällt dem Urheber quasi automatisch zu und es gilt, daß erst mit Schaffung des Werks der Schutz einsetzt.

Um Dritten zu signalisieren, daß an einem bestimmten Werk Urheberrechte bestehen, sollte grundsätzlich das Copyright-Zeichen (©) und zusätzlich das Erscheinungsdatum sowie der vollständige Name des Urhebers angebracht werden. Dieses vereinfacht im Falle einer rechtlichen Auseinandersetzung auch die Bestimmung des Zeitpunktes, zu dem das Werk geschaffen wurde.

Die modernen Kommunikationstechnologien wie Telefax, aber auch das Internet sind in der Lage, urheberrechtlich unter Schutz stehende Werke in Sekundenschnelle zu verbreiten und über Ländergrenzen hinweg zu transportieren und dort zu veröffentlichen. Um hier Urheberrechtsschutz zu erhalten, wurde im Rahmen der sogenannten revidierten Berner Übereinkunft und des TRIPS-Abkommens (Trade-Related Aspects of Intellectual Property Rights) festgehalten, dass jeder Urheber nach dem Recht geschützt ist, das in dem Mitgliedsland herrscht, in dem das Werk jeweils veröffentlicht wird.

Der Schutz geistigen Eigentums im digitalen Zeitalter

Von Andreas Dustmann

Revolutionär neue Techniken gehören seit jeher zu den Herausforderungen des Urheberrechts. Die Erfindung des Buchdrucks um 1440 als erstes Massenkommunikationsmittel weckte überhaupt erst das Bedürfnis nach einem besonderen Urheberrechtschutz. Seitdem ist das Urheberrecht gewachsen an den Herausforderungen von Schallplatte, Film und Fernsehen und Direktsatelliten, von Tonbandgeräten und Videorecordern und reprografischen Verfahren. Allzu oft wurde dem Urheberrecht zu Unrecht das vorzeitige Ende prophezeit. Deshalb wird das Urheberrecht auch die »neuen« Techniken, die uns im Augenblick noch Sorge machen, letztlich erfolgreich bewältigen.

Die digitalen Informationstechnologien als Herausforderung

Zweifelsohne eine besondere Herausforderung für das Urheberrecht sind die neuen digitalen Informationstechnologien, allen voran das Internet. Heute können fast alle bekannten Werkformen – Sprache, Musik, Film, Kunst, usw. – auch in digitaler Form angeboten und über das Internet sekundenschnell übermittelt werden. Das Kopieren solcher digitalisierten Werke – sei es aus dem Internet oder von Offline-Datenträgern – wird dabei zum Kinderspiel. Meist genügt ein Mausklick. Der grundlegende Unterschied zu analogen Aufzeichnungen besteht dabei darin, daß digitale Vervielfältigungen ein Kopieren ohne wahrnehmbare Qualitätsverluste ermöglichen: Egal, wie oft ein digitales Werk kopiert und weitergeleitet wird, immer entsteht ein identischer Klon der Originalkopie. Die Frage der privaten Vervielfältigung erhält so eine ganz neue Dimension. Untersuchungen ergaben, daß eine gekaufte Musik-CD durchschnittlich viermal kopiert wird. Darüber hinaus erleichtert die Digitaltechnik Eingriffe in das Werk und macht sie für *Veränderungen* und *Fälschungen* anfällig: Einzelne Elemente eines Werkes können herausgegriffen, in ein anderes eingefügt, miteinander kombiniert oder verändert werden.

Ein weiteres Phänomen der Digitaltechnik ist der *Multiplikatoreffekt*, der besonders beim Internet deutlich wird: Bei jedem Abruf einer Webseite entsteht im Arbeitsspeicher oder auf der Festplatte des PCs eine qualitativ ebenbürtige Kopie der Information. Jede, auch zeitlich befristete, Netzeinspeisung eines urheberrechtlich geschützten Werkes hinterläßt auf diese Weise zigfache Kopien im Verkehr. Nicht zu Unrecht steht das Internet im Ruf, die größte Kopiermaschine der Welt zu sein. Ökonomisch gesehen verliert dadurch die zur Verfügung gestellte Information an Wert, da eine gesunkene Nachfrage einem erhöhten Angebot gegenüber steht. Großer Nachfrage erfreuen sich im Internet besonders »zensierte« oder raubkopierte Inhalte: Was davon einmal ins Netz gestellt wurde, bleibt dort auf unvorhersehbare Zeit erhalten. Scheinbar ist dem Urheber jegliche Kontrolle über sein Werk entzogen.

Auf diese Probleme muß das Urheberrecht natürlich Antworten geben können. Neben der gebotenen Anpassung der Urheberrechtsgesetze, die derzeit sowohl auf deutscher, europäischer als auch internationaler Ebene im vollem Gange ist, sind vor allem aber technische Lösungen erforderlich, weil man die Nutzung urheberrechtlich geschützter Werke irgendwie kontrollieren muß, um den Urhebern die ihnen zustehenden Vergütungen zukommen lassen zu können. Hier bieten sich unter Umständen digitale Wasserzeichen oder digital footprints an. Das Zauberwort lautet insoweit *Digital Rights Management*: Es verspricht Urhebern und Rechteinhabern, mit Hilfe von technischen Schutzmechanismen und intelligenten Abrechnungssystemen individuell die Nutzung ihrer Werke zu steuern und eine Vergütung dafür zu erzielen. Fiktives Beispiel: Bevor etwa ein Nutzer eine Musik- oder Videodatei abspielen kann, muß er zunächst seine Kreditkarteninformationen eingeben; nach dem Genuß des Werkes verschließt sich die Datei automatisch. Das Digital Rights Management ist derzeit trotz vielversprechender Ankündigungen noch Zukunftsmusik. Freilich steht der Autor schon heute den Gefahren der Digitaltechnik keineswegs schutzlos gegenüber. Probleme bereitet allenfalls die Rechtsdurchsetzung, insbesondere wenn etwa urheberrechtsverletzende Dateien auf Servern im fernen Ausland bereitgehalten werden.

Grundfragen des Urheberrechts

Bevor wir uns den besonderen Rechtsfragen des Internet und der Digitalisierung zuwenden, müssen wir einige urheberrechtliche Grundfragen beantworten:

1. *Was schützt das Urheberrecht?* Dies sind nach § 2 Abs. 2 UrhG nur *persönliche geistige Schöpfungen*. Der Katalog der Werkgattungen in § 2 Abs. 1 UrhG nennt insoweit beispielhaft Sprachwerke, Musikwerke, Software, Werke der bildenden und angewandten Kunst, Lichtbildwerke, Filme sowie Darstellungen wissenschaftlicher und technischer Art. Die bloße *Idee* für ein solches Werk wird dagegen nicht geschützt. Nur wenn diese Eingang in eine konkrete, sinnlich wahrnehmbare Gestaltung – und sei es nur als Konzept – gefunden hat, mag sich deren Schöpfer auf einen urheberrechtlichen Schutz berufen. Geschützt ist aber immer nur die konkrete Ausgestaltung der Idee, nicht die Idee als solche. Auch ist nicht jede gestalterische Leistung – etwa ein schlichtes Formular, ein kurzer Text oder ein simples Logo – urheberrechtlich geschützt. Erforderlich ist vielmehr eine gewisse *Gestaltungshöhe* (level of creativity), welche eine schöpferische Individualität des Urhebers erkennen läßt.

Darüber hinaus stellt das Urheberrecht auch bestimmte Leistungen unter Schutz, die den schöpferischen Werken nahekommen oder mit deren Verwertung im Zusammenhang stehen. Gegenstand dieser *verwandten Schutzrechte* sind etwa wissenschaftliche Ausgaben urheberrechtlich nicht mehr geschützter Werke, Lichtbilder ohne Werkqualität, die Darbietungen von Musikern, Schauspielern und sonstigen Interpreten, aber auch die organisatorischen Leistungen der Tonträger- und Filmhersteller. Bei Datenbanken – etwa einem Telefonbuch – ist es die Investition, die zu einem Schutz führt.

2. *Wann entsteht das Urheberrecht?* Der urheberrechtliche Schutz entsteht grundsätzlich mit der Schöpfung; es gibt keine Eintra-

gungsformalitäten wie etwa bei den gewerblichen Schutzrechten (Marken, Patente, Geschmacksmuster, Gebrauchsmuster und Halbleiterschutzrechte sind erst geschützt, wenn sie beim Deutschen Patentamt eingetragen worden sind). Ebenso wenig kommt es für das Urheberrecht auf eine Veröffentlichung des Werkes an.

3. *Wer ist Inhaber des Urheberrechts?* Inhaber ist immer der Schöpfer, d.h. der Autor selbst und nicht etwa sein Arbeitgeber. Urheber kann auch nur eine natürliche Person sein, nie aber eine juristische (AG, GmbH, OHG usw.). Haben mehrere an einem Werk mitgewirkt, so steht ihnen daran das Urheberrecht gemeinsam zu, § 8 UrhG. Die Erträgnisse aus der Verwertung des Werkes stehen ihnen dann nach dem Umfang ihrer Mitwirkung an dem Werk zu. Übertragbar im wörtlichen Sinn ist das Urheberrecht nur durch Erbfall; ansonsten können Dritten nur Nutzungsrechte an dem Werk eingeräumt werden.

4. *Welche Rechte hat der Urheber?*

Das Urheberrecht gewährt den Urhebern Rechte zweierlei Art: Zum einen sind es *ideelle Befugnisse*, die den Urheber in seiner persönlichen Beziehung zum Werk schützen (Recht auf Namensnennung, Schutz vor Entstellung des Werkes), zum anderen stehen dem Urheber ein ganzes Bündel an – wirtschaftlich nutzbaren – *Verwertungsrechten* zu: Das Recht zur Vervielfältigung, Verbreitung, Wiedergabe, Sendung, öffentlichen Aufführung, etc. seines Werkes. Üblicherweise gestattet der Urheber Dritten die Ausübung dieser Rechte nur gegen Zahlung eines Honorars – das ist der materielle Zweck der Verwertungsrechte. Dem Urheber steht es dabei frei, Nutzungsrechte nur für bestimmte Verwertungsarten einzuräumen (Beispiel: A erhält das Recht zur Buchveröffentlichung, B das Verfilmungsrecht und C das Online-Recht) und diese wiederum inhaltlich, zeitlich und räumlich zu beschränken. Treffen Autor und Verwerter über den Umfang der Rechtseinräumung keine ausdrückliche Regelung, so kommt die »Zweckübertragungsregel« des § 31 Abs. 5 UrhG zum Tragen. Danach räumt der Urheber Nutzungsrechte an seinen Werken immer nur soweit ein, wie es der Vertragszweck erfordert. Die Zweckübertragungsregel ist also nicht nur eminent wichtig, sondern für die Urheber in der Regel auch sehr günstig.

Verträge über die Einräumung von Nutzungsrechten hinsichtlich *unbekannter Nutzungsarten* sind grundsätzlich unwirksam, § 31 Abs. 4 UrhG. Ein Beispiel: Die Videoauswertung von Spielfilmen ist wohl erst ab 1975 als bekannt anzusehen. In einem Vertrag aus dem Jahr 1968 über einen dieser berühmten Karl-May-Spielfilme konnten deshalb keine Rechte über die Auswertung des Spielfilms auf Video eingeräumt werden. Die Urheberrechtsinhaber konnten deshalb durch die spätere Videoauswertung des Spielfilms noch eine zusätzliche Vergütung beanspruchen.

5. *Schranken des Urheberrechts:* Das Urheberrecht ist indessen nicht grenzenlos. Der Autor hat gewisse Schranken seiner Rechte hinzunehmen, die im Urheberrechtsgesetz einzeln festgelegt sind. So kann er sich etwa nicht gegen Vervielfältigungen wehren, wenn diese zu privaten Zwecken erfolgen. Wichtigster Fall ist die privat überspielte Musik-CD oder der in der Uni kopierte Aufsatz – dies gilt auch für digitale Vervielfältigungen. Allerdings haben die Hersteller entsprechender Kopier- und Aufnahmegeräte sowie von Leermedien Abgaben an die Verwertungsgesellschaften zu zahlen, über die der Autor – falls er Mitglied einer Verwertungsgesellschaft ist – indirekt eine Vergütung erzielt. Eine entsprechende Abgabepflicht wird alsbald auch für PCs bestehen.

6. *Wie lange dauert das Urheberrecht?* Die Schutzdauer des Urheberrechts beträgt grundsätzlich 70 Jahre post mortem auctoris, d. h. nach dem Tode des Urhebers. Bei verwandten Schutzrechten läuft die Schutzfrist grundsätzlich 50 Jahre lang nach dem Erscheinen bzw. der Darbietung.

Multimedia & Internet-Content – Was ist urheberrechtlich geschützt?

Wer Inhalte im Internet oder in sonstigen Multimediaanwendungen zur Verfügung stellen möchte, fragte sich zunächst, ob er für diese Leistungen im Einzelfall auch Urheberschutz beanspruchen kann. Urheberrechtlich geschützt sein können:

1. *»Klassische«, vorbestehende Werke*: Gemeint sind damit alle Werkarten, die mit der Digitaltechnik und den neuen Informationstechnologien als solche nichts zu tun haben, neuerdings aber auch in digitaler Form angeboten werden können. Dazu gehören Sprachwerke, Werke der bildenden Kunst einschließlich Grafikdesign und Gemälden, Fotografien, Musik- und Videoclips, Laufbilder oder Filme. Ein großes Problem bereitet insoweit allerdings die »Interaktive Kunst«, bei der Nutzer an der Entwicklung des Werks beteiligt sind. Wer besitzt das Urheberrecht an einem im Internet von den Nutzern ständig fort- und umgeschriebenen Roman? Klarheit verschaffen hier nur *vorher* getroffene Nutzungsvereinbarungen und Rechtseinräumungen.

2. *Weblayout, Webdesign und Benutzeroberfläche* können eigenen urheberrechtlichen Schutz beanspruchen. Allerdings dürften einfachen Weblayouts – welche sich zudem leicht automatisch mit Hilfe von Programmen erstellen lassen – die für den Urheberschutz erforderliche Gestaltungshöhe fehlen. Hier hilft dann nur ein Geschmacksmusterschutz. Hinsichtlich besonderer *technischer Funktionen* in der Menüführung kommt dagegen ein Patent- oder Gebrauchsmusterschutz in Betracht; so hat etwa der Online-Buchhändler Amazon ein Patent auf seine »One-Click«-Einkaufsfunktion.

3. *Link- und Datensammlungen*: Anerkannt ist mittlerweile, daß umfangreichere Sammlungen von Hyperlinks den besonderen Rechtsschutz des Datenbankrechts nach § 87a UrhG genießen. Der Verfasser einer solchen Linksammlung kann sich deshalb gegen deren vollständige oder systematische Übernahme – etwa mit Hilfe von Frames – wehren. Der bloße einzelne Link ist dagegen

nicht urheberrechtlich geschützt. Auch steht es jedermann frei, einzelne Links aus einer Linksammlung zu eigenen Zwecken zu übernehmen. Als Datenbank im Sinne des § 87a UrhG geschützt werden auch sonstige Datensammlungen im Internet, wie z.b. virtuelle Stellenbörsen und Marktplätze, Börsendaten, Adreßbücher, etc. Auch hier gilt: Geschützt ist die Datenbank immer nur in ihrer Gesamtheit, nicht jedoch der einzelne Eintrag.

4. Die *HTML-Programmierung* einer Webseite als solche kann urheberrechtlich geschützt sein; Rechtsprechung hierüber gibt es – soweit ersichtlich – noch nicht.

5. *Software* wie z. B. Browser-Programme, Multimediaapplikationen, Spiele, usw.: Der Schutz von Software ist innerhalb der gesamten EU spätestens seit der EU-Computerrechtsrichtlinie über den rechtlichen Schutz von Computerprogrammen harmonisiert. Deshalb ist es zwischenzeitlich wohl in allen EU-Mitgliedsländern so, daß Software immer schon dann urheberrechtlich geschützt ist, wenn sie Individualität aufweist, ohne daß zusätzliche qualitative Schutzvoraussetzungen gegeben sein müssen. Urheber ist immer der Schöpfer der Software, was nicht unbedingt der Programmierer sein muß, sondern auch jemand sein kann, der die Struktur oder den Ablauf der Software gestaltet hat. Der Arbeitgeber jedoch ist grundsätzlich der Inhaber sämtlicher wirtschaftlicher Befugnisse.

6. *Multimediawerke*: Diskutiert wird, ob man ein eigenständiges Multimediawerk anerkennen sollte, wenn etwa eine aufwendig konzipierte Homepage mit Musik- und Videosequenzen unterlegt wird. Meist werden hier aber die gängigen Werkkategorien, insbesondere die des Films, einschlägig sein, weshalb dieser Streit eher nur von akademischen Interesse ist. Eine neuartige Werkart wird man indessen dann annehmen können, wenn sich das Multimediawerk dadurch auszeichnet, daß es erst durch die interaktive Beteiligung der Nutzer entsteht oder fortentwickelt werden kann.

Rechte und Pflichten des Multimediaautors

Welche Rechte hat nun der Autor, der seine Daten digital im Internet oder auch in Offline-Medien zur Verfügung stellt? Wird der verfaßte Text, die komponierte Musik, die Fotografie zum Freigut?

Nein, die Rechtsstellung des Multimediaautors ist grundsätzlich nicht schlechter als bei herkömmlichen Print- und Analogmedien. Insbesondere behält er das alleinige Verfügungsrecht über sein Werk. Dritten kann er die unbefugte Wiedergabe und Weiterverbreitung seines Werkes verbieten, etwa wenn es auf andere Server kopiert und auch offline angeboten wird. Es tritt keine Erschöpfung der Rechte des Urheber ein. Internationalen Vereinbarungen folgend wird das deutsche Urheberrechtsgesetz zugunsten der Urheber in § 19 a UrhG-E demnächst ein eigenständiges Online-Übertragungsrecht vorsehen. Nimmt der Autor das Werk wieder aus dem Netz, so kann er verlangen, daß auch gespeicherte Kopien in den Archiven von Suchmaschinenanbietern gelöscht werden. Auch sind die *Urheberpersönlichkeitsrechte* in digitalen Medien nicht eingeschränkt; so kann ein Multimediaautor, Designer oder Fotograf verlangen, daß sein Name im Zusammenhang mit seinem Werk genannt wird; ebenso kann er erfolgreich gegen digitale Umgestaltungen seines Werkes vorgehen.

Wer im Internet schöpferische Leistungen zur Verfügung stellt, muß sich allerdings darüber bewußt sein, daß die *faktischen Kontrollmöglichkeiten* eingeschränkt sind. Die abrufenden Nutzer können das Werk dauerhaft auf der Festplatte ihres Computers oder anderen Datenträgern speichern, es ausdrucken oder an Dritte per E-Mail versenden. Alle diese Nutzungshandlungen sind vom *Recht zur Privatkopie* gedeckt. Möchte der Autor sein Werk entsprechend schützen, so ist er auf technische Schutzmaßnahmen angewiesen, die z.B. den Abruf des Werkes in einer »Nur-Lese-Funktion« ermöglichen. Fotografien sollten entweder mit einem umfassenden Kopierschutz versehen oder zumindest in niedriger Auflösung angeboten werden, um den Bilderklau im Internet entgegenzuwirken. Bei der Gestaltung von Verträgen über die Online-Nutzung ihrer Werke sollten Autoren darauf achten:

– Ist die Online-Nutzung des Werkes zeitlich befristet? Ist sie an eine bestimmte Domain gebunden?

– Stehen effektive technische Schutzmöglichkeiten zur Verfügung, die ein dauerhaftes Speichern des Werkes durch abrufende Nutzer verhindern?

– Ist die namentliche Nennung des Autors gewährleistet?

– Werden weitere Digitalrechte – etwa das Recht zur Einspeisung in eine Datenbank – eingeräumt?

– Ist in Verlagsverträgen – eventuell versteckt – als Nebenrecht die Online-Nutzung vorgesehen? Wenn ja, ist eine eigene und ausreichende Vergütung dafür vorgesehen (im Fall der Online-Verwertung bricht der Absatz der Printausgabe ein).

– Ist die Vergütung für die Online-Nutzung angemessen?

Rechtliche Behandlung von Altverträgen

Von großer praktischer Bedeutung ist die Behandlung von Altverträgen, die zu einem Zeitpunkt geschlossen wurden, als das Internet noch weitgehend unbekannt war. So kommt es bei Online-Publikationen von Presseverlagen regelmäßig zum Streit darüber, ob der Text- oder Bildautor ihnen auch das Nutzungsrecht für die Online-Wiedergabe eingeräumt hat. Darf etwa ein Zeitungsverlag Bildmaterial, an dem er vor Jahren »sämtliche Nutzungsrechte« vom Fotografen erworben hat, nunmehr auch für die Online-Ausgabe seiner Zeitung verwenden? Aufgrund der oben erwähnten Schutzvorschrift des § 31 Abs. 4 UrhG kann der Urheber vertraglich nicht im voraus Nutzungsrechte für – im Zeitpunkt des Vertragsschlusses – noch nicht bekannte Nutzungsarten einräumen. Überwiegend nimmt man deshalb an, daß vor 1995 – in diesem Jahr trat in Deutschland das Internet seinen Siegeszug an – das für die Online-Wiedergabe erforderliche Nutzungsrecht nicht wirksam eingeräumt werden konnte. Rechteverwerter sind insoweit gezwungen, nachträglich die Online-Rechte einzuholen. Auch im Fall von Zeitschriftenarchiven auf CD-ROM hat die Rechtsprechung anerkannt – so etwa für die Zeitschrift DER SPIEGEL –, daß es sich dabei um eine bis Anfang der 90er Jahre unbekannte Nutzungsart handelt. Strittig ist dies noch für auf DVD angebotenen Kinofilmen.

Wurden urheberrechtliche Nutzungsverträge *nach* 1995 oder dem jeweiligen Stichjahr – dies hängt ganz von der Art des Mediums und des Werks ab – geschlossen, heißt dies natürlich nicht, daß dann automatisch auch die Online-Rechte eingeräumt wurden. Vielmehr handelt es sich bei der Online-Nutzung urheberrechtlicher Werke auch um eine *selbständige Nutzungsart*, die zumeist der ausdrücklichen Vereinbarung bedarf. Bei Fotos und Texten, die Autoren Zeitschriftenverlagen zur Verfügung stellen, muß man inzwischen aber davon ausgehen, daß der Autor dem Verlag stillschweigend daran auch die Online-Rechte einräumt, da so gut wie jede Zeitung heute auch über eine Online-Ausgabe verfügt.

Weitere Aspekte des gewerblichen Rechtsschutzes

1. *Konflikte um Domainnamen*: Vorsicht ist geboten bei der Wahl eines Domainnamens. An Domainnamen können Kennzeichenrechte Dritter, insbesondere aus Markeneintragungen, Geschäftsbezeichnungen, Titeln und Personennamen bestehen, die unliebsame Abmahnungen zur Folge haben können. Hier hilft nur eine Vorabrecherche in den einschlägigen Registern, möchte man Konflikten von vornherein aus dem Weg gehen. Auch empfiehlt es sich, prägnante und kennzeichnungskräftige Domains durch eine Markeneintragung beim Deutschen Patent- und Markenamt abzusichern. Wer indessen nur seinen Namen – ggf. auch mit einem beschreibenden Zusatz (z.B. mueller-online.de) – als Domain registrieren möchte, darf sich seinerseits auf sein Namensrecht berufen. Denn dann gilt: Wer zuerst kommt, mahlt zuerst (Prioritätsgrundsatz).

   Eine Ausnahme hat die Rechtsprechung nur für den Fall anerkannt, wenn der gewählte Domainname gleichzeitig eine überragend bekannte Marke ist. So wurde ein Herr Shell dazu verurteilt, die auf seinem Namen eingetragene Domain shell.de an den gleichnamigen Ölkonzern herauszugeben.

Die Registrierung von reinen Gattungsbegriffen als Domain, wie z.B. urlaub.de, sauna.de, computer.com, usw. – ist grundsätzlich unbedenklich, auch wenn damit eine gewisse Monopolisierung einhergeht. Erst wenn durch eine solche Domain der irreführende Eindruck einer Alleinstellung entsteht – bejaht wurde dies etwa für die Domain »anwalt-hannover.de« – können die Grenzen der Lauterkeit überschritten sein.

2. *Wettbewerbsrecht:* Zu beachten ist im Internet natürlich auch das Wettbewerbsrecht. So ist es wettbewerbsrechtlich unzulässig, massenhaft unverlangte E-Mails zu versenden. Selbstverständlich sind die gesamten Werberegelungen des Wettbewerbsrechtes auch im Internet anwendbar. Multimediaautoren müssen also darauf achten, keine irreführenden Werbeangaben auf einer Homepage zu machen – wie bei jeder Werbeanzeige auch. Werbung und redaktioneller Teil müssen getrennt sein. Seit Umsetzung der Europäischen E-Commerce Richtlinie gilt überdies das Herkunftslandprinzip: Jeder Anbieter hat sich nach dem Wettbewerbsrecht desjenigen EU-Staates zu orientieren, in dem er seinen Sitz hat.

3. *Markenrecht:* Nicht nur bei Wahl der Domain sondern auch bei der inhaltlichen Gestaltung von Homepages muß man das Markenrecht im Auge haben. So können die auf der Homepage selbst verwendeten Bezeichnungen Markenrechte Dritter verletzten. Vorsicht geboten ist auch bei gekauften Suchmaschineneinträgen (Keyword-Buys) und Metatags, wenn die gebuchten Schlüsselworte die Markennamen bekannter Firmen und Produkte darstellen. Zwar mag man dadurch seine Position in Suchmaschinen sprunghaft verbessern können, ebenso sicher ist aber auch, daß dadurch Markenrechte Dritter verletzt werden.

Fremde Federn – Fremde Rechte?
Zitieren, aber richtig!

Von Jan Bernd Nordemann

Wer kommt schon ohne Zitate aus? Es mag überraschen, aber diese Einsicht hatten sogar schon die Juristen. Allerdings stellen sie eine ganze Reihe von Anforderungen an die Zulässigkeit von Zitaten. Immerhin profitiert der Zitierende ja von den geistigen Anstrengungen eines anderen. Deshalb finden sich die einschlägigen Regelungen auch im Urheberrechtsgesetz, und zwar in den §§ 48, 49, 50 und vor allem 51 Urheberrechtsgesetz.

Die Aufnahme der Regelungen über das Zitatrecht in das Urheberrechtsgesetz stellt klar, dass keine besonderen rechtlichen Anforderungen an Zitate existieren, wenn entweder keine urheberrechtlich geschützten Werke zitiert werden oder der entnommene geistige Inhalt für sich genommen nicht urheberrechtlich geschützt ist. Wo die Grenze des urheberrechtlichen Schutzes beginnt, ist freilich eine nur im Einzelfall zu beantwortende Frage. Der zitierende Autor sollte daher den Weg des geringsten Risikos gehen und die Bestimmungen des Urheberrechtsgesetzes für das Zitieren beachten, schon dann, wenn es möglich erscheint, dass die zu zitierenden Werke oder Teile davon urheberrechtlichen Schutz genießen.

Bei aller Vorsicht braucht man aber in folgenden Fällen die Zitat-Bestimmungen des Urheberrechtsgesetzes nicht zu beachten:
- Wissenschaftliche Erkenntnisse sind frei; – nur deren Formulierung kann urheberrechtlich geschützt sein.
- Wissenschaftliche Erkenntnisse Dritter, die selbst verwendet werden sollen, müssen daher nicht nach den Anforderungen des Urheberrechtsgesetzes zitiert werden. Allerdings zeigt man sich nicht unbedingt als ernstzunehmender Wissenschaftler, wenn man den Vater des wissenschaftlichen Gedankens nicht benennt und sich mit fremden Federn schmückt.

Beispiel: Im Urheberrechtskommentar Fromm/Nordemann wird unter Auseinandersetzung mit hierfür einschlägigen Gerichtsent-

scheidungen die Auffassung vertreten, dass wissenschaftliche Lehren und Forschungsergebnisse als solche urheberrechtlich nicht schutzfähig seien. Diese wissenschaftliche Bewertung ist auch für sich genommen nicht urheberrechtlich geschützt. Die Art und Weise der Formulierung des wissenschaftlichen Ergebnisses kann jedoch urheberrechtlich geschützt sein. Dann unterfällt die Verwendung der Formulierung den Regelungen des Urheberrechtsgesetzes, insbesondere auch denen des Zitatrechts.

Wer ein fremdes Werk nur als entfernt liegende Inspiration heranzieht und dabei das herangezogene Werk völlig in den Hintergrund tritt, braucht ebenfalls das urheberrechtliche Zitatrecht nicht zu beachten. Denn eine solche »freie Benutzung« fremder Werke ist urheberrechtlich nicht relevant (§24 Urheberrechtsgesetz). Hier ist aber besondere Vorsicht geboten, weil das Urheberrecht im Zweifel gegen den Nachahmer entscheidet.

Beispiel: Der Autor liest Dürrenmatts Das Versprechen und läßt sich dadurch inspirieren, ebenfalls eine Kriminalgeschichte zum Kindesmißbrauch zu schreiben. Dies ist grundsätzlich möglich, ohne die Urheberrechte an Dürrenmatts Werk zu verletzen. Sobald der Autor jedoch beginnt, wesentliche konkrete Elemente der Handlung Dürrenmatts aufzunehmen, gerät er in Gefahr, eine Urheberrechtsverletzung zu begehen; bei Zitaten muss er dann das Urheberrechtsgesetz beachten.

Amtliche Werke, nämlich Gesetze, Verordnungen, amtliche Erlasse und Bekanntmachungen sowie Entscheidungen genießen keinen urheberrechtlichen Schutz. Sie können von daher auch ohne Beachtung der Zitiervorschriften des Urheberrechtsgesetzes verwendet werden. Für alle anderen amtlichen Veröffentlichungen gelten hingegen die Zitiervorschriften.

Beispiel: Eine neue Verordnung des Bundesgesundheitsministeriums soll in einem Buch besprochen und abgedruckt werden. Hierfür muss man sich an überhaupt keine urheberrechtlichen Regelungen halten. Ein die Verordnung erläuterndes Merkblatt, verfaßt von der im Ministerium für die Verordnung zuständigen Referentin, jedoch herausgegeben vom Ministerium, darf hingegen nur im Rahmen der urheberrechtlichen Zitat-Regelungen zitiert werden, weil nur amtliche Regelungen selbst, nicht jedoch deren Erläuterungen völlig frei vom urheberrechtlichen Schutz sind.

Ungeniert und nicht reguliert darf ferner zitiert werden, wenn der Autor siebzig Jahre tot ist. Dann ist sein Urheberrecht erloschen.

Beispiel: Brechts (gest. 1956) Werke sind noch bis 2026 geschützt, Theodor Storms (gest. 1888) sind schon nicht mehr geschützt.

Greifen insbesondere die vorgenannten Ausnahmen nicht, stellt das Urheberrechtsgesetz enge Grenzen für die Verwendung des fremden geistigen Eigentums als Zitat auf:

Zitate sind grundsätzlich nur dann zulässig, wenn sie der Förderung der geistigen Auseinandersetzung dienen.

Um diesem Ziel gerecht zu werden, dürfen Zitate zunächst nicht verändert werden, sondern müssen ohne Änderungen übernommen werden. Ausnahmen werden nur dann zugelassen, wenn dies der (ansonsten zulässige) Benutzungszweck erfordert. So dürfen beispielsweise Übersetzungen angefertigt werden.

Beispiel: Wer die ersten vier Zeilen eines Gedichtes zitieren möchte, muss das Gedicht unverändert übernehmen. Ist das Original in französischer Sprache geschrieben, so darf der Zitierende das Gedicht übersetzen; existiert schon eine autorisierte Übersetzung, ist die Übersetzung hingegen nicht erforderlich und der Zitierende muß die autorisierte Übersetzung verwenden.

Daneben besteht auch immer die Verpflichtung, die Quelle anzugeben. Das Urheberrechtsgesetz schreibt eine Quellenangabe in »deutlicher« Form vor. Quellenangabe bedeutet zuerst Urheberbenennung, sofern vorhanden aber auch Titel. Bei Abdruck vollständiger oder fast vollständiger Sprachwerke muss neben dem Verlag auch angegeben werden, ob Kürzungen oder andere Änderungen vorgenommen wurden.

Beispiel: Machen die im letzten Beispiel erwähnten Gedichtzeilen nur einen Bruchteil des Gesamtgedichtes aus, so genügt grundsätzlich die Angabe des Autors. Will hingegen ein Autor ein vollständiges

Werk eines anderen zitieren, so muß neben dem Autor auch der Verlag angegeben werden.

Zusammenfassend läßt sich also sagen, dass man beim Zitieren stets die Quelle möglichst genau bezeichnen muß und das zitierte Werk auch nicht ändern darf, sofern die zitierten Teile urheberrechtlich geschützt sind.

Allein dadurch, daß man sich an das Änderungsverbot und die Verpflichtung zur Quellenangabe hält, werden Zitate fremden geistigen Eigentums jedoch nicht automatisch zulässig. Vielmehr ist das Zitieren überhaupt nur unter bestimmten inhaltlichen Voraussetzungen erlaubt. Hier ist zwischen den verschiedenen Zitatformen zu unterscheiden:

- Zunächst dürfen auf öffentlichen Versammlungen und im Rundfunk gehaltene Reden über Tagesfragen frei zitiert werden. Gleiches gilt für Reden, die während öffentlicher Verhandlungen vor staatlichen, kommunalen oder kirchlichen Organen gehalten worden sind. Unzulässig ist allerdings das Zitat eines Redemanuskriptes, bevor die Rede gehalten worden ist, und auch Sammlungen, die überwiegend Reden desselben Urhebers enthalten, bedürfen seiner Zustimmung und fallen nicht unter das Zitatrecht.

- Eine andere Bestimmung im Urheberrechtsgesetz erlaubt das Zitieren einzelner Zeitungsartikel und Rundfunkkommentare durch Pressespiegel. Die in ihnen wiedergegebenen Artikel müssen allerdings »politische, wirtschaftliche oder religiöse Tagesfragen betreffen«. Dahinter steht der Schutz der Diskussion über aktuelle gesellschaftliche Fragen. Die Verwendung der Zeitungsartikel und Rundfunkkommentare im Pressespiegel ist allerdings entgeltpflichtig. Der Vergütungsanspruch steht den Journalisten (nicht etwa den Zeitungs- oder Rundfunkunternehmen) zu, kann jedoch nur über deren Verwertungsgesellschaften (insbesondere VG Wort, München) geltend gemacht werden. Wer an die Erstellung von Pressespiegeln denkt, sollte sich daher mit der betreffenden Verwertungsgesellschaft in Verbindung setzen. Soll der Pressespiegel nicht gedruckt, sondern elektronisch unter die Leute gebracht werden, gelten die vorstehenden Ausführungen nicht. Hier muß man sich nach der derzeitigen Rechtslage an den Verleger halten.

- Für Ton- und Bildberichterstattung über tagesaktuelle Fragen geht das Zitatrecht sogar noch weiter. Wenn im Verlaufe des Tagesereignisses, über das berichtet wird, Werke als Gegenstand des Ereignisses oder im Hintergrund sichtbar werden, dürfen sie gezeigt werden, sofern der Zweck der Berichterstattung dies erfordert.

Beispiel: Es wird über die Eröffnung einer Kunstausstellung berichtet. Ein dort aufgehängtes Gemälde darf auch im Ganzen gezeigt werden. Außerhalb des Zitierens wegen der Aktualität sind Zitate nur ganz eingeschränkt vom Urheberrecht zugelassen. Denn ein Zitat darf ansonsten nur zur Unterstützung der eigenen Auffassung eingesetzt werden (sogenannte Belegfunktion). Das Urheberrechtsgesetz will über die Gewährung des Zitatrechtes eine geistige Auseinandersetzung ermöglichen, nicht jedoch die schlichte Übernahme fremden geistigen Eigentums, um sich eigene Ausführungen zu ersparen. Insoweit unterscheidet man folgende Zitate:

Kleinzitat: Danach dürfen Teile von Sprachwerken, also z. B. belletristische oder wissenschaftliche Literatur, politische Reden oder Zeitungsberichte, in Teilen zitiert werden, sofern sie die vorgenannte Belegfunktion erfüllen.

Beispiel: 4 Zeilen eines insgesamt 50-zeiligen Gedichtes dürfen zitiert werden, wenn der Zitierende sich im übrigen ausführlich mit dem Gedicht bzw. seinem Autor auseinandersetzt. Ein Absatz aus Deutschstunde *von Sigfried Lenz, der die landschaftlichen Besonderheiten an der Nordfriesischen Küste beschreibt, darf zitiert werden, wenn sich der Zitierende ausführlich inhaltlich mit den landschaftlichen Gegebenheiten an der Nordfriesischen Küste auseinandersetzt.*

Großzitat: Das Großzitat unterscheidet sich vom Kleinzitat dadurch, dass es ein gesamtes Werk übernimmt und nicht nur deren Teile. Wegen der beim Großzitat besonders bestehenden Gefahr einer unzulässigen Nutzung unter dem Deckmantel des Zitates ist das Großzitat grundsätzlich nur in wissenschaftlichen Werken erlaubt.

Dazu zählen auch populärwissenschaftliche Werke, also Werke, die nicht unbedingt die Wissenschaft bereichern, wohl aber der Wissensvermittlung an die Bevölkerung dienen. Kein populärwissenschaftliches Werk liegt aber vor, wenn es allein auf Unterhaltungszwecke gerichtet ist.

Beispiel: Danach dürfte auch dieser Beitrag (hoffentlich) zu den populärwissenschaftlichen Werken zu rechnen sein. Im Rahmen dieses Beitrages könnten daher zum Beispiel ganze Zeitschriftenartikel, die das Zitatrecht verletzen und deshalb als Beispiel dienen könnten, abgedruckt werden. Im Rahmen einer (populär-)wissenschaftlichen Abhandlungen über aktuelle deutsche Lyrik darf das gesamte Gedicht eines aktuellen deutschen Autors abgedruckt werden, sofern sich dann auch der Zitierende umfassend mit dem Gedicht auseinandersetzt.

Im Rahmen des Großzitates dürfen stets nur einzelne Werke zitiert werden. Schon wenn man mehr als ein Werk eines Autors in voller Länge zitiert, ist höchste Vorsicht geboten. Muss man mehrere Werke eines Autors schon aus Gründen der wissenschaftlichen Auseinandersetzung zitieren, sollte man dafür stets die Form des Kleinzitats, also das Zitieren von Ausschnitten, wählen, nicht jedoch mehrere Großzitate.

Bildzitat: Sofern die Belegfunktion dies erfordert, können auch ganze Fotos, Werke der bildenden Kunst (Malerei, Zeichnungen, Plastiken, angewandte Kunst), technische Zeichnungen oder bildlich wissenschaftliche Darstellungen im Ganzen zitiert werden. Da es sich dabei jedoch regelmäßig um Großzitate handelt, werden besonders strenge Anforderungen an die Rechtfertigung des Zitates über die Belegfunktion gestellt.

Beispiel: Es ist nicht durch die Belegfunktion gerechtfertigt und damit eine Urheberrechtsverletzung, wenn ein Archivfoto ohne Zustimmung des Rechteinhabers im Zusammenhang mit einem Zeitschriften-Artikel veröffentlicht wird und das Archiv-Foto nur der Illustration des Textes dient, der Text sich aber nicht mit dem Foto auseinandersetzt. In einem Buch über den »Blauen Reiter« von Kandinsky fallen 69 abgebildete Werke Kandinskys nicht mehr unter das

Zitatrecht, wenn davon nur 6 im Text erwähnt wurden und diese auch nur so beiläufig, dass von einer analytischen Darstellung des Schaffens Kandinskys anhand der Abbildungen keine Rede sein konnte (fehlender äußerer und innerer Bezug der zitierten Werke zum zitierenden Werk). Zulässig im Rahmen des Zitatrechtes ist aber die Abbildung einer Franz Joseph Strauss-Karikatur aus den siebziger Jahren in Zusammenhang mit einem Beitrag über das politische Wirken von Franz Joseph Strauss, sofern der Beitrag auch auf die Karikatur ausdrücklich Bezug nimmt und sie in Zusammenhang mit dem politischen Wirken von Strauss stellt.

Film- und Mulitimedia-Zitat: Sofern die Belegfunktion dies erfordert, ist hier insbesondere ein Kleinzitat, also die teilweise Wiedergabe von Film- oder Multimediawerken möglich. Will man ein gesamtes Werk zitieren (Großzitat), so kann dies nur im Rahmen von (populär-) wissenschaftlichen Werken und auch nur dann erfolgen, wenn die Belegfunktion dies wirklich hergibt. Im Inter net dürften allerdings Bezugnahmen auf fremde Werke per Link nicht als Zitat aufzufassen sein: Allein die Bezugnahme auf ein fremdes, im Internet anwählbares Werk übernimmt dieses Werk noch nicht. Noch vorsichtiger sollte man mit einer Quellenangabe durch Link sein: Diese wird allgemein nicht für ausreichend als Quellenangabe gehalten, da die Quellenangabe per Link nicht dauerhaft ist, insbesondere wenn sich die Adresse im Internet ändert. Auch ist zweifelhaft, ob eine Quellenangabe per Link hinreichend deutlich ist, wenn sich erst nach Herstellen des Links die Autoren-Nennung etc. eröffnen.

»Heiliger St. Plagiatus, Schutzheiliger der Diebe, Dichter und Germanisten, bewahre uns unschuldige Leserschar vor den Einfällen der Schriftsteller! Immer wieder glauben die Herren Autoren nämlich, sie seien dadurch, daß sie einen sogenannten Einfall gehabt haben, von der Pflicht befreit, eine Geschichte zu erzählen.«

Hannes Stein

Verlagsrecht
Der Verlagsvertrag

Von Jan Bernd Nordemann

Viele Autoren haben Berührungsängste vor allem, was juristisch ver-
klausuliert formuliert ist. Deshalb unterschreiben sie oft alles, was
ihnen ihr Verleger vorlegt. Es macht jedoch gerade für den Autor
Sinn, sich ausgiebig mit dem ihm vorgelegten Verlagsvertrag zu
beschäftigen. Denn grundsätzlich sind Verträge dazu da, Frieden zu
stiften – wie überhaupt Rechtsberatung grundsätzlich auf Konflikt-
ausgleich gerichtet sein sollte. Ein Vertrag legt die wesentlichen
Punkte einer künftigen Zusammenarbeit fest. Er dient dazu, später
aufkommende Zweifelsfragen zu regeln. Ein sorgfältiger, von beiden
Seiten durchdachter, Vertrag ist deshalb unverzichtbarer Bestandteil
der Beziehung zwischen Verleger und Autor.

Einordnung des Verlagsvertragsrechts in die Rechtsordnung

Das Deutsche Zivilrecht – das Rechtsgebiet, in dem die Rechtsverhältnisse der Bürger untereinander geregelt sind – ist im wesentlichen
im Bürgerlichen Gesetzbuch von 1900 geregelt. Dort ist neben allgemeinen Dingen wie der Frage, ab welchem Alter man Verträge
schließen kann, das sogenannte Schuldrecht geregelt. Das Schuldrecht befaßt sich mit diversen Vertragstypen, wie Kaufvertrag, Werk-
vertrag oder Darlehen.

Das Urheberrecht dagegen – wie auch andere Materien des imma-
teriellen Eigentums wie Markenrecht oder Patentrecht – ist im Bürgerlichen Gesetzbuch nicht geregelt. Die Väter des Bürgerlichen
Gesetzbuches führten bewußt diese Trennung durch. Sie glaubten,
Regelungen über das immaterielle Eigentum gehörten nicht in das
klassische Zivilrecht. Der Sache nach ist das Urheberrecht jedoch
eine spezielle Regelung des Schuldrechts. Es enthält unter anderem

Regelungen über besondere Verträge und klärt, wie das immaterielle Eigentum – man spricht hier von Nutzungsrechten – übertragen wird.

Beispiel: Ihr Verleger behauptet, er sei Inhaber der »Internet-Rechte«, obwohl Sie in Ihrem Vertrag kein Wort darüber finden können. Die Zweifelsfrage bestimmt sich nach dem Urheberrecht.

Das Urheberrecht zerfällt für die Beziehung zwischen Autor und Verleger in zwei Hauptregelungsgebiete: Zum einen das Verlagsgesetz (VerlG) und zum anderen das allgemeine Urheberrechtsgesetz (UrhG).

Im VerlG finden sich spezielle Regelungen dazu, wie in Zweifelsfällen die vertraglichen Beziehungen zwischen Autor und Verleger im sogenannten Verlagsvertrag zu entscheiden sind. Allerdings beschränkt sich die Anwendbarkeit des VerlG leider auch grundsätzlich auf diese Zweifelsfälle. Da fast alle gesetzlichen Regelungen des VerlG von den Parteien anders vereinbart werden können, ist das VerlG in diesen Fällen nur anwendbar, wenn keine ausdrückliche Vereinbarung geschlossen wurde.

Beispiel: Grundsätzlich ist es dem Verleger nicht gestattet, ein verlegtes Einzelwerk auch in einer Gesamtausgabe oder ähnlichem zu verlegen, § 4 VerlG. Jedoch lassen sich Verlage dieses Recht meist durch ausdrückliche Vereinbarung mit dem Autor einräumen.

Da der Verlagsvertrag jedoch immer auch ein Urhebervertrag ist, gelten hilfsweise bestimmte Regelungen aus dem allgemeinen UrhG. Die Regelungen aus dem UrhG gelten nicht nur für Verlagsverträge, sondern regeln die Rechte von Urhebern und Nutzern allgemein, also beispielsweise auch für Maler, Designer, Fotografen, Drehbuchautoren usw.

▶ Seit dem 1. Juli 2002 bzw. 28. März 2002 gelten die Regelungen des neuen Urheberrechtsgesetzes, die die Situation des Autors stark verbessern. Neben erweiterten Rückrufsrechten bei Verlagsveräußerung oder wesentlichen Änderungen in der Beteiligungsstruktur kommt das Urheberrechtsgesetz jetzt einem gesetzlichen Anspruch auf angemessene Vergütung der dem Verleger eingeräumten Nutzungsmöglichkeiten und ein verbessertes Recht des Autors, eine zusätzliche Vergütung bei sehr erfolgreichen Werken zu verlegen. Dazu im einzelnen später noch.

Worauf Autoren beim Vertragsschluß achten müssen

Die meisten Verleger bedienen sich eigener Vertragsmuster, die (verständlicherweise) die eigenen Interessen bevorzugen. Zur Milderung dieses Interessenkonflikts haben der Verband deutscher Schriftsteller (VS) in der IG Medien (heute Ver.di) sowie der Verleger-Ausschuß des Börsenverein des Deutschen Buchhandels e.V. einen Muster-Vertrag ausgehandelt. Dieser ist an anderer Stelle abgedruckt und kurz kommentiert. Hier deshalb nur die wichtigsten allgemeinen Regeln für den Abschluß von Verlagsverträgen.

1. Urheberrecht und Nutzungsrechte

Im Verlagsvertragsrecht geht es unter anderem darum, wie Nutzungsrechte eingeräumt werden. Das sind die Rechte, die ein Verleger, der auch allgemein als Verwerter bezeichnet wird, benötigt, um überhaupt für einen Autor tätig werden zu können. Um gleich zu Beginn mit einem weit verbreiteten Mißverständnis aufzuräumen: Es werden nie »Urheberrechte übertragen«, sondern nur »Nutzungsrechte eingeräumt«. Das mag auf den ersten Blick nach einer juristischen Haarspalterei klingen. Es hat jedoch einen tieferen Sinn. Das Urheberrecht des Autors entsteht mit der Schöpfung des Werkes, bei Autoren also mit dem Schreiben des Buches. Da die Schöpfung mit der Person des Autors untrennbar verbunden ist, ist das Urheberrecht nicht übertragbar, es sei denn durch Erbfall. Urheber können ihr Urheberrecht jedoch mit Nutzungsrechten belasten. Man muß sich das ungefähr so vorstellen wie eine Hypothek, mit der ein Grundstück belastet ist. Der Hauseigentümer verliert durch die Hypothek auch nicht sein Eigentum. Das ist – wie gesagt – mehr als juristische Spielerei. Wichtigste Konsequenz ist zunächst, daß die sogenannten Urheberpersönlichkeitsrechte stets beim Urheber verbleiben.

Beispiel: Der Autor hat grundsätzlich ein Recht darauf, daß er als Urheber des Buches oder auch nur eines kleinen Artikels in einer

Zeitschrift genannt wird. Der Urheber darf Entstehungen seines Werkes – etwa dadurch, daß ein Dritter den Sinn des Artikels völlig umdreht – verhindern.

Der Urheber kann nur die vermögensrechtlichen Bestandteile seines Werkes übertragen, indem er die bereits erwähnten Nutzungsrechte einräumt. Auch hier ist jedoch von Bedeutung , daß das Urheberrecht stets beim Urheber bleibt. Denn daraus wird der Grundsatz abgeleitet, daß urheberrechtliche Nutzungsrechte die Tendenz haben, im Zweifel beim Urheber zu bleiben. Das UrhG drückt dies damit aus, daß im Zweifel vom Urheber nur die Nutzungsrechte an den Verwerter eingeräumt werden, die der Verwerter nach dem Zweck des Vertrages dringend benötigt (vgl. §31 Abs. 5 UrhG).

Beispiel: Der Zeitschriftenverleger erwirbt für einen Artikel im Zweifel nur ein einmaliges Abdruckrecht für sein bestimmungsgemäßes Verbreitungsgebiet; ein Verleger erwirbt im Zweifel nur das Recht zur Verbreitung der normalen Ausgabe eines Buches im Sortimentsbuchhandel, nicht jedoch in Buchgemeinschaften.

2. Umfang der Rechtseinräumung

Mit dem vorgenannten Beispiel sind wir schon bei der Frage angelangt, in welchem Umfang im Verlagsvertrag Rechte an den Verleger eingeräumt werden. Dies ist eine sehr bedeutende Frage, die vom Autor mit Sorgfalt behandelt werden sollte. Der Umfang der Rechtseinräumung kann von den Vertragsparteien nämlich selber bestimmt werden. Er läßt sich sowohl in zeitlicher als auch in räumlicher Hinsicht eingrenzen. Darüber hinaus können inhaltliche Unterschiede gemacht werden, d.h. verschiedene Nutzungsrechte können für verschiedene Nutzungsarten eingeräumt werden. Im Klartext: Für den Autor gibt es nahezu unbegrenzte Gestaltungsmöglichkeiten, inwieweit er dem Verleger Nutzungsrechte einräumen will.

Hinweis: Lassen Sie sich nicht vom Verleger einreden, Sie müßten ihm alle Nutzungsrechte für alle Nutzungsarten für die gesamte Zeit des urheberrechtlichen Schutzes (bis 70 Jahre nach ihrem Tod) und für die ganze Welt einräumen.

In der Praxis ist leider dennoch immer wieder zu beobachten, daß die Verleger sich die Nutzungsrechte so umfassend wie möglich einräumen lassen. Im einzelnen ist zum Umfang der Nutzungsrechtseinräumung zu sagen (vgl. auch §§ 2-8 VerlG, 15 ff., 31 ff. UrhG):

a) Zunächst erfolgt im Regelfall eine ausschließliche (Gegensatz: einfache) Einräumung der Nutzungsrechte an den Verleger, § 8 VerlG. Dies bedeutet, daß die eingeräumten Nutzungsrechte nicht noch einmal, z.B. an einen anderen Verleger vergeben werden. Wer nur einfache Nutzungsrechte einräumen will, was eine anderweitige Vergabe nicht ausschließt, muß dies ausdrücklich vereinbaren.

b) Weiter ist eine zeitliche Beschränkung möglich. Hier muß dem Verleger natürlich ausreichend Zeit gegeben werden, um eine Verwertung des Werkes vornehmen zu können und um Gewinn aus seinen Bemühungen ziehen zu können. Unseres Erachtens ist es nicht immer erforderlich, dem Verleger für die gesamte Schutzdauer des Werkes, also bis zu 70 Jahre nach Ihrem Tod, Nutzungsrechte einzuräumen. Ausreichend können in bestimmten Fällen 10 oder 20 Jahre sein, wenn ein solcher Zeitraum dem Verleger genügend Zeit gibt, um sich seine Bemühungen honorieren zu lassen.

c) Daneben sind räumliche Beschränkungen der Nutzungsrechtseinräumung möglich. Man kann beispielsweise die Nutzung auf den Deutschen Sprachraum beschränken oder nur auf Deutschland.

d) Schließlich ist noch zwischen den einzelnen Nutzungsrechten (Rechte zur Vervielfältigung und Verbreitung – sogenanntes Verlagsrecht, Ausstellungsrecht, Vortrags-, Aufführungs-, Vorführungsrecht oder Senderecht) sowie den verschiedenen Nutzungsarten (z. B. Taschenbuchausgabe, Buchgemeinschaftsausgabe, Vorabdruck in Zeitungen) zu wählen. Im Rahmen der Einigung über Nutzungsrechte und Nutzungsarten sollte auch geregelt werden, ob und inwieweit dem Verleger eine Bearbeitung, also eine Veränderung des Werkes, erlaubt ist.

e) Nicht ganz unbedeutend ist auch die Auflagenhöhe, die vereinbart wird. Regelt der Vertrag hierzu nichts, bestimmt § 5 Abs. 2 VerlG eine Auflage von 1000 Stück.

Angesichts dieser vielfältigen Gestaltungsmöglichkeiten in Verträgen ist es in Zweifelsfällen ratsam, vor Abschluß eines Vertrages mit einem spezialisierten Anwalt zu sprechen, der zumeist schnell und unkompliziert erkennen kann, ob die Nutzungsrechtseinräumung zu weitgehend ist.

Hinweis: Suchen Sie im Zweifelsfall vor Abschluß eines Verlagsvertrages lieber Rechtsrat. Besser fragen, bevor das Kind in den Brunnen gefallen ist. Das ist nicht nur nervenschonender, sondern spart in den meisten Fällen auch Geld, das sonst möglicherweise für einen späteren Prozeß ausgegeben werden muß.

3. Honorarbedingungen und Abrechnungsmodalitäten

Spitzwegs Idylle vom armen Poeten ist nicht nur nicht mehr zeitgemäß, sie entspricht auch nicht den Notwendigkeiten einer Wissensgesellschaft, in der intellektuelle Leistungen selbstverständlich ihren Marktwert haben. Das sollten und können die Urheber auch selbstbewußt gegenüber den Verwertern geltend machen. Denn ohne Kreative, die geistige Leistungen hervorbringen und unsere Gesellschaft damit weiterentwickeln, können auch die globalen Medienkonzerne nicht existieren.

▶ Vor allem für freiberufliche Autoren, die weniger bekannt sind, ist es daher oft schwierig, gegenüber den wirtschaftlich überlegenen Verlagen gerechte Honorarbedingungen durchzusetzen. Allerdings hat sich die Stellung der Kreativen, die beim Abschluß eines Verlagsvertrages übervorteilt wurden, seit dem Inkrafttreten des neuen Urheberrechtsgesetzes am 1. Juli 2002 sehr verbessert: War das Honorar, das der Autor mit einem Verlag ausgehandelt haben, *von Anfang an* zu niedrig, so kann er das Mißverhältnis zwischen Leitung und Gegenleistung nachträglich korrigieren. Er hat das Recht, eine Änderung des Vertrages zu verlangen, durch die ihm eine »angemessene Vergütung« gewährt wird. Dreh- und Angelpunkt nicht nur für die nachträgliche Korrektur des Honorars, sondern auch für die Verhandlungsposition des Autors beim *Abschluß* des Verlagsvertrages ist also die Frage nach der »angemessenen« Vergütung. Das Gesetz stellt auf die Branchenüblichkeit ab: Angemessen ist, was zum Zeitpunkt des Vertragsschlusses »üblich und redlich« gewesen wäre (§ 32 Abs. 2 Satz 2 UrhG).

Deutschland kennt, anders als zum Beispiel einige osteuropäische Staaten, kein festes Vergütungssystem für Urheber. Es haben sich allerdings eine Reihe von Branchenübungen durchgesetzt, die den Urhebern Leitlinie und Anhaltspunkt für die Vergütung ihrer Arbeit sein können.

▶ Seit dem 1. Juli 2002 ist allerdings die folgende Besonderheit zu beachten: Was angemessen ist, können künftig auch Vereinigungen von Urhebern mit Vereinigungen von Werknutzern in sogenannten »gemeinsamen Vergütungsregeln« festlegen (§ 36 Abs. 1 UrhG). Für den Bereich des Verlagswesens kommen hierzu beispielsweise der Verband deutscher Schriftsteller in der Ver.di-Gewerkschaft und – seitens der Rechteverwerter – der Verleger-Ausschuss des Börsenvereins des Deutschen Buchhandels in Frage. Sofern diese entsprechende Vergütungsregeln treffen, gelten sie immer als »angemessen«, es kommt also auf die Branchenpraxis dann nicht mehr an. Bislang existierten aber gemeinsame Vergütungsregeln nicht. Solange es an solchen Vergütungsregeln fehlt, sollte bei Hardcover-Ausgaben in der Tat dann 10 % des Ladenpreises als Richtwert einer angemessenen Vergütung gelten. Darunter könnte der Anspruch auf angemessene Vergütung nach dem neuen § 32 UrhG greifen.

Beispiel: Der Autor erhält im Verlagsvertrag nur 4,5 % des Bruttoladenpreises. Er kann die Heraufsetzung der Vergütung auf 10 % verlangen. Aber Achtung: Der Anspruch muß innerhalb von 3 Jahren nach Kenntnis der Unangemessenheit geltend gemacht werden, nach 10 Jahren droht Verjährung.

Im Verlagsvertrag hat es sich eingespielt, den Autor mit einem prozentualen Anteil am Ladenpreis zu honorieren. Die Sätze schwanken zwischen 5 % und 15 %, jeweils vom Brutto- oder Nettoladenpreis, je nachdem, wie bekannt und begehrt der Autor ist. Der Standardwert liegt bei 10 % des Bruttoladenpreises. Eine Vertragsformulierung könnte lauten:

Beispiel: Das Honorar des Autors beträgt 10 % vom Bruttoladen-preis. Bruttopreis ist der Verkaufspreis des Werkes inkl. Mehrwert-steuer an den Endkunden.

Die vereinbarte Vergütung kann – wie gesagt – von Anfang an un-angemessen sein und somit eine nachträgliche Korrektur rechtferti-gen. Die Notwendigkeit eines Fairnessausgleichs zugunsten des Autors kann aber auch im Laufe des Vertragsverhältnisses entstehen, wenn der Roman, der Erzähl- oder Gedichtband sich als Bestseller oder Longseller entpuppt.

Beispiel: Eine Übersetzerin eines sehr bekannten Comics wurde mit einem vierstelligen Betrag entlohnt, das Comic spielte jedoch Erträge in zweistelliger Millionenhöhe ein.

▶ Auch für diese Fälle sieht das neue Urheberrechtsgesetz eine Ver-stärkung der Autorenrechte vor. Damit der Urheber eine nachträgli-che Korrektur des Honorars verlangen kann, reicht heute statt des bis-lang erforderlichen »groben« Mißverhältnisses ein nur »auffälliges« Mißverhältnis zwischen der vereinbarten Vergütung und den Erträgen oder Vorteilen der Nutzung (§ 32 a Abs. 1 Satz 1 UrhG). Zu den »Vor-teilen« der Nutzung zählen beispielsweise die besonderen Werbeef-fekte, den ein Bestseller für den Verlag herbeiführt. Ein »auffälliges« Mißverhältnis liegt jedenfalls dann vor, wenn die vereinbarte Vergü-tung um 100 % – im Einzelfall aber auch weniger – von der ange-messenen Beteiligung abweicht. Es kommt auch nicht darauf an, ob der große Erfolg des Manuskripts überraschend eintrat. Der Anspruch auf eine Vertragsänderung besteht auch dann, wenn der reißende Absatz des Werkes, beispielsweise wegen der Aktualität des Themas oder der Bekanntheit des Autors, für beide Parteien *vorhersehbar* war.

Der Beteiligungsanspruchs kommt typischerweise zur Anwen-dung, wenn die Vertragsparteien ein Pauschalhonorar vereinbart haben, das gemessen am wirtschaftlichen Erfolg zu niedrig ist. Erst Recht besteht der Anspruch, wenn der Verlag die Nutzungsrechte an einem Werk honorarfrei erhalten hat bzw. wenn sich der Autor den Verlagsvertrag im Wege eines Druckkostenzuschusses »erkauft« hat. Schwieriger dürfte es sein, den Anspruch auch für den häufigen Fall einer prozentualen Beteiligung am Verkauf des verlegten Werks durchzusetzen: Die Umsatzbeteiligung garantiert ja gerade, daß die Einkünfte des Autors bei zunehmendem Erfolg anteilsmäßig steigen.

▶ Seit dem 1. Juli 2002 kann der Autor eine Beteiligung an den finanziellen Erfolgen seines Werkes auch dann fordern, wenn diese nicht von seinem Vertragspartner, sondern von einem weiteren Verlag erwirtschaftet wurden, der inzwischen Rechtsinhaber geworden ist. Er kann direkt gegen diesen neuen Verlag vorgehen. Allerdings verliert er dann das Recht, eine weitere Beteiligung von seinem Vertragspartner zu verlangen.

Sind mehrere Autoren beteiligt, müssen sie sich den Autorenanteil je nach Mitarbeit teilen. Gleiches gilt dann, wenn ein Manuskript sowohl Text als auch Illustration enthält. Hier teilen sich Autor und Illustrator die Vergütung je nach Werkanteil. Weiter ist darauf zu achten, daß der Verleger sich nicht einen Abzug seiner Herstellungskosten gestattet. Denn das führt bei durchschnittlich laufenden Büchern dazu, daß kaum noch ein Honoraranteil für den Autor übrig bleibt. Es ist aber auch möglich und durchaus üblich, eine Steigerung der Beteiligung des Autors für den Fall aufzunehmen, daß das Buch ein Erfolg wird und sich eine bestimmte Anzahl von Exemplaren verkauft.

Beispiel: Ab dem 5000. Exemplar beträgt das Autorenhonorar 12 % statt 10 % vom Bruttoladenpreis.

Schließlich gibt es auch die Möglichkeit, Vorschüsse zu vereinbaren, die mit dem Auflagenhonorar verrechnet oder als Garantiehonorar vereinbart werden.

Beispiel: Es werden 2500 EUR Vorschuß vereinbart. Das Buch wird ein Flop, das Honorar von der verkauften Auflage bleibt unter 2500 EUR, der Autor muß nichts zurückzahlen, da der Vorschuß als Garantiehonorar vereinbart wurde.

Auch die Honorarfrage ist also sorgfältig vom Autor zu behandeln. Eine spätere Korrektur nach oben, etwa wenn ein unbekannter Autor über Nacht berühmt wird, ist in einem bestehenden Verlagsvertrag grundsätzlich nicht möglich. Eine Ausnahme besteht nur für den Fall, daß die Beteiligung des Urhebers an der Verwertung völlig außer Ver-

hältnis zu den Erträgen des Verlegers steht, § 36 UrhG. Dies wird nur
selten der Fall sein.

*Beispiel: Eine Übersetzerin eines sehr bekannten Comics wurde
mit einem dreistelligen Betrag entlohnt, das Comic spielte jedoch
Erträge in zweistelliger Millionenhöhe ein.*

Unabhängig vom Honorar stehen dem Autor Belegexemplare zu.
Auch hier sollten Sie auf eine Aufnahme in den Verlagsvertrag beste-
hen, ebenso wie darauf, daß Ihnen auf Verlangen vorrätige Exemplare
Ihres Buches zu einem niedrigeren Preis ausgehändigt werden.

Abgerechnet wird üblicherweise halbjährlich. Der Autor sollte
penibel darauf achten, daß der Verleger ihm eine ordnungsgemäße
Übersicht über die von ihm vorgenommenen Verkäufe übergibt.
Nicht ordnungsgemäße Abrechnungen können Ersatzansprüche des
Autors auslösen, auf die wir weiter unten zu sprechen kommen.

*Tip: In einem Verlagsvertrag sollte immer eine Klausel enthalten
sein, wonach ein Dritter – zur Berufsverschwiegenheit verpflichteter
Rechtsanwalt, Wirtschaftsprüfer oder Steuerberater – auf Verlangen
des Autors Einsicht in die Bücher des Verlages nehmen kann, um
gegebenenfalls Unklarheiten bei der Abrechnung aufzudecken.*

Und wenn Probleme auftauchen ...?
Krisen kann es in jeder Vertragsbeziehung geben. Sie sollten von
Autor und Verleger – wie es sich für zwei Personen gehört, die eine
jahrzehntedauernde Rechtsbeziehung eingegangen sind – gemeinschaftlich und konstruktiv gelöst werden. Es gibt aber Situationen,
aus denen man nicht im beiderseitigen Einvernehmen herauskommt.

1.Verlagspflicht zur Veröffentlichung
Oberste Pflicht jeden Verlages ist die Pflicht, das Buch zu vervielfältigen und zu verbreiten (§ 1 Satz 2 VerlG). Da das VerlG jedoch wei-
testgehend abdingbar ist, entledigen sich viele Verleger dieser Pflicht
durch einen Federstrich und schreiben in den Verlagsvertrag hinein,
sie seien nicht zur Vervielfältigung und Verbreitung verpflichtet. Ein
Autor sollte solch einer Klausel nie zustimmen, wenn er die Wahl hat.

*Tip: Man sollte immer darauf achten, daß die Vervielfältigungs-
und Verbreitungspflicht des Verlegers im Vertrag nicht ausgeschlossen ist (sie muß aber nicht ausdrücklich enthalten sein).*

Enthält der Vertrag keinen Ausschluß der Veröffentlichungspflicht,
kann man den Verleger zur Veröffentlichung zwingen oder aber unter
Fristsetzung vom Vertrag zurücktreten (§ 32, 30 VerlG). Das bedeutet, daß der Autor seine Nutzungsrechte wieder zurück erhält und das
Buch bei einem anderen Verlag verlegen lassen kann.

2. Rückrufsregelungen

Die Vertragspflicht zur Veröffentlichung leitet bereits über zur Möglichkeit des Rückkaufs des Werkes durch den Autor. Eines der am
häufigsten auftretenden Probleme ist, daß der Verleger das Buch nicht
oder nicht genügend vermarktet. Für dieses Verhalten des Verlegers
gibt es den sogenannten Rückruf. Der Autor kann seine Rechte
zurückrufen, wenn der Verlag sie nicht oder nur unzureichend ausübt
(§ 41 UrhG). Voraussetzung ist jedoch weiterhin, daß dadurch berechtigte Interessen des Urhebers verletzt werden und daß eine Frist zur
Behebung gesetzt wird. Das bedeutet, daß der Autor nicht aus reiner
Willkür die Nutzungsrechte zurückrufen kann, um dem Verleger zu
schaden. Frühestmöglicher Zeitpunkt ist zwei Jahre ab Einräumung
der Nutzungsrechte. Nach unserer Erfahrung versuchen die Verleger
jedoch den frühesten Zeitpunkt meist im Verlagsvertrag auf 5 Jahre
ab Einräumung der Nutzungsrechte festzulegen.

▶ Bei nach dem 1. Juli 2002 geschlossenen Verträgen kann der
Urheber sein Rückrufsrecht auch dann ausüben, wenn die Nutzungsrechte an seinem Werk im Rahmen eines Gesamt- oder Teilverkaufs
des Verlages auf ein anderes Medienunternehmen übergegangen sind.
Voraussetzung ist allerdings, daß ihm die Verwertung seines Werkes
durch den Erwerber des Verlages nicht »zuzumuten« ist.

*Beispiel: Der Verleger der National Zeitung erwirbt einen Verlag,
der Werke des «Aufmacher»-Autors Günter Wallraff betreut. Die
geschiedene Ex-Frau des Autors, von der er sich in heftigem Streit
getrennt hat, erwirbt den Verlag.*

Wie man schon aus diesen teilweise schwerverständlichen gesetzlichen Formulierungen entnehmen kann, ist ein Rückruf zumeist mit
Schwierigkeiten verbunden. Deshalb raten wir, in den Verlagsvertrag
eine Klausel aufzunehmen, die einen Rückruf leichter macht. Man
kann § 41 UrhG zwar nicht ändern, ihn jedoch derart anpassen, daß
man bestimmte Voraussetzungen vereinbart, bei deren Vorliegen ein
Rückruf auch statthaft ist. Dabei bietet sich an, einen Rückruf für den
Fall zu vereinbaren, daß das Buch dem Autor nicht binnen einer
gewissen Frist eine bestimmte Honorarsumme einbringt. Dann hat
der Autor nämlich die Möglichkeit, sich »wegen nicht genügender
Vermarktung« einen neuen Verleger zu suchen. Eine Formulierung
könnte lauten:

*Tip: Das Rückrufsrecht i.S. d. § 41 UrhG ist über die im Gesetz
gegebenen Fälle hinaus gegeben, wenn dem Urheber aus der Verwertung des Werkes durch Verlag und Verwertungsgesellschaft für die
letzten fünf Kalenderjahre nicht mehr als insgesamt 1 500 EUR nach
dem Geldwert am 1.1.1997 zugeflossen sind. Der Setzung einer Nachfrist bedarf es nicht.*

3. Nicht korrekte Abrechnung / Zahlung

Der Verleger hat – und dies steht auch in den meisten Verträgen – dem
Autor eine korrekte nachprüfbare Abrechnung, üblicherweise jedes
halbe, spätestens jedes volle Jahr, vorzulegen. Tut er dies nicht, muß
der Urheber ihn dazu auffordern. Bei mehrfachem Verstoß gibt es die
Möglichkeit, den Vertrag fristlos zu kündigen. Der Bundesgerichtshof hat dies einmal in einem berühmten Fall für den Schlagersänger
Udo Jürgens entschieden, der trotz seines Namens von seinem Verleger wenig fein behandelt worden war. Da die fristlose Kündigung
jedoch besonderen Regeln folgt und für den Fall, daß sie unberechtigt
war, sogar eine Schadensersatzforderung des Verlegers drohen
könnte, sollte urheberrechtlich kompetenter Rat eingeholt werden.

Dieselben Regeln gelten für den Fall, daß der Verleger die nach der
Abrechnung dem Autor eigentlich zustehenden Honorare nicht oder
nur verspätet zahlt.

4. Weitere Probleme

Neben den bereits angesprochenen zwei Hauptproblemen können sich Zwistigkeiten zwischen Verleger und Autor aber auch auf vielen anderen Gebieten ergeben. Das Leben ist eben noch viel erfindungsreicher, als es sich jeder Jurist vorstellen kann.

Beispielsweise berechtigen öffentliche Vorwürfe des Verlegers gegen den Autor in der Regel zur fristlosen Kündigung. Viele Autoren wissen auch nicht, daß ein Verleger unter bestimmten Voraussetzungen berechtigt ist, einen Titel zu verramschen. Die Restauflage eines Werkes muß allerdings völlig unverkäuflich geworden oder unter eine vereinbarte Grenze gefallen sein, beispielsweise 100 verkaufte Exemplare pro Jahr, und der Verleger muß den Autor in der Regel hiervon benachrichtigen.

Verlage und Verlagsverträge im digitalen Zeitalter

Alle Welt spricht heutzutage von den ungeahnten und noch unabsehbaren Möglichkeiten des digitalen Zeitalters, auch die Verleger. Aber es scheint uns, daß viele Verleger nicht sehen wollen, daß das digitale Zeitalter auch eine Bedrohung für sie selbst darstellt. Dies gilt zumindest für den Fall, daß es bei einem Buch nur um das reine Vervielfältigen geht. Vervielfältigung und Verbreitung ist heute schon ohne großen Aufwand über das Internet möglich. Es wird jedoch noch mindestens eine Generation dauern, bis die Nutzung dieses neuen Mediums so selbstverständlich sein wird wie Zeitungslesen.

Aber einige Verleger waren schnell – und bieten den Autoren auch im Internet ihr Know-how an; ein Know-how, das im Cyberspace, anders als die Buchdruckerkunst und der Buchvertrieb im wirklichen Leben, eigentlich keines mehr ist. Aber die Kraft des Faktischen haben schon frühere Generationen entdeckt. Und so besteht die Gefahr, daß das Internet zu nichts mehr als einem neuen Medium, wie Radio, Film oder Fernsehen, verkommt. Das aber ist nicht das, was das Internet eigentlich sein wollte, nämlich ein neuer Raum mit anderen Gesellschaftsregeln, eben »Cyberspace«. Diese Entwicklung bedeutet, daß all die oben angedeuteten Probleme aus der wirklichen

Welt der Verlagsverträge auch im Internet existieren. Hinzu kommen einige Besonderheiten, die hier nur in aller Kürze angerissen werden können.

Die Besonderheiten liegen bei Fragen, welches Recht auf die stets internationalen Rechtsfragen im Internet anzuwenden ist, und bei technischen Verfahren, wie man den Urheberrechtsverletzern habhaft werden kann, wenn sie ihren Server z. B. auf einer Südseeinsel stehen haben. Für Autoren gibt es im wesentlichen nur einen Bereich zu beachten. Es ist dies der Komplex der sogenannten neuen Nutzungsart. Wir hatten bereits die Einräumung von Nutzungsrechten für bestimmte Nutzungsarten erwähnt. Rechte hinsichtlich unbekannter Nutzungsarten können nach § 31 Abs. 4 UrhG nicht wirksam eingeräumt werden. Das bedeutet, daß Sie als Autor davor geschützt sind, daß Ihr Buch im Internet erscheint, obwohl Sie mit Ihrem Verleger 1985 einen Vertrag über die Einräumung z.B. »des Vervielfältigungs-, Verbreitungs- und Senderechts für alle Buchausgaben, aber auch für neue Medien« geschlossen haben. Ihr Verleger kann nunmehr nicht behaupten, »neue Medien bedeute Internet«, denn 1985 war das Internet noch nicht so bekannt und wirtschaftlich so bedeutend, daß es als sogenannte bekannte Nutzungsart anzusehen gewesen wäre. Gleiches gilt z.B. für CD-ROMs.

Tip: Achten Sie darauf, ob Ihr Verleger Ihr Buch in das Internet stellt oder auf einer CD-ROM herausbringt, wenn Ihr Verlagsvertrag älter als ca. 1990-91 ist.

Vertrag mit einer Literaturagentur

Literaturagenturen haben in Deutschland seit Mitte der 90er Jahre Konjunktur, auch deutsche Verlage nehmen ihre Dienste immer öfter in Anspruch. Der Hoffmann und Campe-Verleger, Dr. Rainer Moritz, dazu:»Ohne Agenten keine Autoren, keine Programme.« Entsprechend schnell ist die Zahl der Vermittler gestiegen, wenn auch unter den Neugründungen erhebliche Fluktuation herrscht. Allerdings ist nicht jeder sich als Literaturagentur bezeichnende Upstart ein empfehlenswerter Geschäftspartner für Autoren. Aber das ist nicht neu: Schon früher haben Literaturagenten offenbar zuerst ihre eigenen Interessen bedient, dann die ihrer Autoren: Die Rosamunde Pilcher des 19. Jahrhunderts, Hedwig Courts-Mahler, wurde von ihrem Agenten Richard Taendler ausgebeutet, wie der Kölner Literaturwissenschaftler Andreas Graf feststellte: Für den Erstabdruck ihrer Romane habe der Vermittler das Vierfache von dem kassiert, was er der Schriftstellerin gezahlt habe. Sie bezeichnete sich selbst als »Schreibsklavin« und Taendler als einen »Teufel von Agent«.

Heute dagegen haben Autoren offenbar viel Gutes zu berichten. Katja Lange-Müller beipielsweise sieht in der Mittlerrolle des Agenten den Vorteil, daß Autoren mit dem Lektor, zu dem sie vielleicht eine persönliche Bindung haben, nicht über Geld sprechen müssen. Die Distanz und Professionalität der Agentur sorgt auch für faire Vertragsbedingungen.

Petra Eggers, frühere Suhrkamp- und S. Fischer-Lektorin, heute Mitinhaberin von Eggers und Landwehr, einer noch jungen Berliner Literaturagentur mit einer Liste namhafter Autoren, weist darauf hin, daß nicht wenige Autoren hohe Vorauszahlungen für halbfertige Manuskripte nicht zuletzt deshalb ablehnen, weil sie den daraus entstehenden Druck nicht aushielten. Eggers und Landwehr kann es sich leisten, bei neuen Autoren wählerisch zu sein, auch um eine »optimale Betreuung« zu gewährleisten.

Wie erkennt man seriöse Literaturagenturen? Problematisch sind Angebote von Agenturen, die nicht auf Erfolgsbasis (üblich sind 15%

vom Autorenhonorar) arbeiten oder Manuskripte an Zuschußverlage vermitteln. Agenturen, die vorab vom Autor »Gebühren«, »Pauschalen« oder sonstige Kostenvergütungen verlangen, sollten das gut begründen können. Auch das einem sogenannten Gutachten folgende Lektorat (auch Erst-, Vor-, Haupt- und Endlektorate werden als Dienstleistung angeboten) für ein paar Tausend Mark ist keinesfalls eine Garantie für eine erfolgreiche Vermittlung des Manuskripts. Es gibt traurige Geschichten von Erst-Autoren, die darin viel Geld »investiert« haben und Jahre danach der Veröffentlichung nicht einen Schritt näher waren.

Gute Agenten lehnen jeden Tag Manuskripe ab. Aber für Autoren-Manuskripte, für die sie eine Veröffentlichungschance sehen, handeln sie bessere Bedingungen aus, als es der Autor selbst könnte. Sie haben den Marktüberblick und wissen, wie mit Nebenrechten Geld zu verdienen ist.

Für Verträge zwischen Autor und Literaturagentur gibt es keinen Mustervertrag. Wichtig sind zwei Dinge:

- Erstens, eine schriftliche Beschreibung der Leistungen der Agentur, die Höhe des Erfolgshonorars, die Dauer der Bindung an den Agenten.

- Zweitens, der Verlagsvertrag, den der Agent aushandelt und bei dem er als Mittler zwischen Autoren- und Verlagswünschen steht. Der unterschriebene Verlagsvertrag ist das Kernstück des Vertragsverhältnisses mit dem Autor.

»Die Gefahr, daß Autoren, die einmal hohe Vorschüsse nicht einspielen und danach mehrmals den Verlag wechseln, im Sortiment ›verbrannt‹ sind, wächst. Karrieren enden, ehe sie beginnen konnten.«
Verleger Rainer Moritz

Verlagsvertrag bei Digitaldruck

Die neue Drucktechnik des Printing on Demand kann die Autoren-Position als Vertragspartner schwächen: Üblicherweise bleiben die Nutzungsrechte beim Verlag, solange ein Buch erhältlich ist (siehe Normvertrag): Der Autor kann meist erst nach einer umständlichen, zeitkonsumierenden Prozedur vom Vertrag zurücktreten, nachdem der Verlag ihn darüber informiert hat, dass:

- sein Werk vergriffen ist
- und nicht mehr angeboten
- und nicht mehr ausgeliefert wird.

Das bedeutet: Ein Buch, das im Computerregal gespeichert steht und erst bei Bestellung gedruckt und ausgeliefert wird, also ein Book on Demand, ist praktisch nie »vergriffen«. Es wird in Verlagsprogrammen, Internetverzeichnissen »angeboten« und natürlich »ausgeliefert«, selbst wenn es nur eine Bestellung pro Monat wäre. Der Autor kann also nicht einmal bei Minimalverkäufen seines Werks die Nutzungsrechte zurückfordern, wenn dies, wie bisher, nicht im Vertrag vorgesehen ist.

Das Interesse der Verlage ist natürlich, möglichst viele Buchrechte anzusammeln – sie sind das stille Kapital eines Buchverlags. Denn jedes, vielleicht heute nicht sehr erfolgreiche Buch eines unbekannten Autors könnte eines Tages interessant werden, wenn aus dem Unbekannten ein Wohlbekannter oder das Thema plötzlich aktuell geworden ist. Nicht ohne Grund werben Digitaldrucker bei Verlagen mit dem Argument der »Sicherung der Verlagsrechte«. Denn ein Book on Demand ist »never out of print.«

Hier besteht dringender Bedarf, die Rechtslage zu klären. Fair wäre eine Art umgekehrte Verramschungsklausel (Sinken die Verkäufe eines Buches unter X Exemplare pro Jahr, kann der Verlag das Buch verramschen). Autorengerecht sollte es zusätzlich heißen: Sinken die Verkäufe eines Buches unter X Exemplare pro Jahr, kann der Autor die Nutzungsrechte vom Verlag zurückfordern, um bessere Vermarktungschancen wahrzunehmen.

Neue Fassung, gültig ab 6.2.2014

NORMVERTRAG FÜR DEN ABSCHLUSS VON VERLAGSVERTRÄGEN

Rahmenvertrag
(vom 19. Oktober 1978 in der ab 6.2.2014 gültigen Fassung)

Zwischen dem Verband deutscher Schriftsteller (VS) in ver.di und dem Börsenverein des Deutschen Buchhandels e.V. – Verleger-Ausschuss – ist folgendes vereinbart:

1. Die Vertragschließenden haben den diesem Rahmenvertrag beiliegenden Normvertrag für den Abschluss von Verlagsverträgen vereinbart. Die Vertragschließenden verpflichten sich, darauf hinzuwirken, dass ihre Mitglieder nicht ohne sachlich gerechtfertigten Grund zu Lasten des Autors von diesem Normvertrag abweichen.

2. Die Vertragschließenden sind sich darüber einig, dass einige Probleme sich einer generellen Regelung im Sinne eines Normvertrages entziehen. Dies gilt insbesondere für Options- und Konkurrenzausschlussklauseln einschließlich etwaiger Vergütungsregelungen, bei deren individueller Vereinbarung die schwierigen rechtlichen Zulässigkeitsvoraussetzungen besonders sorgfältig zu prüfen sind.

3. Dieser Vertrag wird in der Regel für folgende Werke und Bücher nicht gelten:

a) Fach- und wissenschaftliche Werke im engeren Sinn einschließlich Schulbücher, wohl aber für Sachbücher;

b) Werke, deren Charakter wesentlich durch Illustrationen bestimmt wird; Briefausgaben und Buchausgaben nicht original für das Buch geschriebener Werke;

c) Werke mit mehreren Rechtsinhabern wie z.B. Anthologien, Bearbeitungen;

d) Werke, bei denen der Autor nur Herausgeber ist;

e) Werke im Sinne des § 47 Verlagsgesetz, für welche eine Publikationspflicht des Verlages nicht besteht.

4. Soweit es sich um Werke nach Ziffer 3 b) bis e) handelt, sollen die Verträge unter Berücksichtigung der besonderen Gegebenheiten des Einzelfalles so gestaltet werden, dass sie den Intentionen des Normvertrages entsprechen.

5. Die Vertragschließenden haben eine »Schlichtungs- und Schiedsstelle Buch« eingerichtet, die im Rahmen der vereinbarten Statuten über die vertragsschließenden Verbände von jedem ihrer Mitglieder angerufen werden kann.

6. Dieser Vertrag tritt am 6.2.2014 in Kraft. Er ist auf unbestimmte Zeit geschlossen und kann – mit einer Frist von sechs Monaten zum Jahresende – erstmals zum 31.12.2015 gekündigt werden. Die Vertragschließenden erklären sich bereit, auch ohne Kündigung auf Verlangen einer Seite in Verhandlungen über Änderungen des Vertrages einzutreten.

Berlin, den 6.2.2014

ver.di   Börsenverein des Deutschen Buchhandels e.V
– Verband deutscher Schriftsteller –   – Verleger-Ausschuss –

Verlagsvertrag
zwischen

(nachstehend: Autor)

und

(nachstehend: Verlag)

§1
Vertragsgegenstand

1.

Gegenstand dieses Vertrages ist das vorliegende/noch zu verfassende Werk des Autors unter dem Titel/ Arbeitstitel:

(gegebenenfalls einsetzen: vereinbarter Umfang des Werkes, Spezifikation des Themas usw.)

2.

Der endgültige Titel wird in Abstimmung zwischen Autor und Verlag festgelegt, wobei der Autor dem Stichentscheid des Verlages zu widersprechen berechtigt ist, soweit sein Persönlichkeitsrecht verletzt würde.

3.

Der Autor versichert, dass er allein berechtigt ist, über die urheberrechtlichen Nutzungsrechte an seinem Werk zu verfügen, und dass er bisher keine den Rechtseinräumungen dieses Vertrages entgegenstehende Verfügung getroffen hat. Das gilt auch für die vom Autor gelieferten Text- oder Bildvorlagen, deren Nutzungsrechte bei ihm liegen. Bietet er dem Verlag Text- oder Bildvorlagen an, für die dies nicht zutrifft oder nicht sicher ist, so hat er den Verlag darüber und über alle ihm bekannten oder erkennbaren rechtlich relevanten Fakten zu informieren. Soweit der Verlag den Autor mit der Beschaffung fremder Text- oder Bildvorlagen beauftragt, bedarf es einer besonderen Vereinbarung.

4.

Der Autor ist verpflichtet, den Verlag schriftlich auf im Werk enthaltene Darstellungen von Personen oder Ereignissen hinzuweisen, mit denen das Risiko einer Persönlichkeitsrechtsverletzung verbunden ist. Nur wenn der Autor dieser Vertragspflicht in vollem Umfang nach bestem Wissen und Gewissen genügt hat, trägt der Verlag alle Kosten einer eventuell erforderlichen Rechtsverteidigung. Wird der Autor wegen solcher Verletzungen in Anspruch genommen, sichert ihm der Verlag seine Unterstützung zu, wie auch der Autor bei der Abwehr solcher Ansprüche gegen den Verlag mitwirkt.

§ 2
Rechtseinräumungen

1.

Der Autor räumt dem Verlag an dem Werk räumlich unbeschränkt für die Dauer des gesetzlichen Urheberrechts die nachfolgenden ausschließlichen inhaltlich unbeschränkten Nutzungsrechte in allen bekannten und unbekannten Nutzungsarten für alle Ausgaben und Auflagen ohne Stückzahlbegrenzung – insgesamt oder einzeln – in allen Sprachen ein:

a) Das Recht zur Vervielfältigung und Verbreitung in allen Druckausgaben sowie körperlichen elektronischen Ausgabe. Unter Druckausgaben sind z.B. Hardcover-, Taschenbuch-, Paperback-, Sonder-, Reprint-, Buchgemeinschafts-, Schul-, Großdruckausgaben und Gesamtausgaben zu verstehen. Unter körperlichen elektronischen Ausgaben ist die digitale Vervielfältigung und Verbreitung des Werkes auf Datenträgern (z.B. CD, CD-ROM, DVD) zu verstehen.

b) Das Recht, das Werk in unkörperlichen elektronischen Ausgaben (z.B. E-Book, App) digital zu vervielfältigen und in Datenbanken und Datennetzen zu speichern und einer beliebigen Zahl von Nutzern ganz oder teilweise derart zugänglich zu machen, dass diese das Werk oder Werkteile auf individuellen Abruf (z.B. Download, Streaming) empfangen können, unabhängig vom Übertragungssystem (z.B. Internet, Mobilfunk) und der Art des Empfangsgeräts (z.B. Computer, Handy, E-Reader). Dies schließt auch das Recht ein, das Werk Nutzern ganz oder teilweise zeitlich beschränkt zugänglich zu machen.

c) Das Recht des ganzen oder teilweisen Vorabdrucks und Nachdrucks, beispielsweise in Kalendern, Anthologien, Zeitungen und Zeitschriften.

d) Das Recht der Übersetzung in andere Sprachen oder Mundarten und die Auswertung dieser Fassungen nach allen vertragsgegenständlichen Nutzungsarten.

e) Das Recht zu sonstiger Vervielfältigung und Verbreitung des Werkes, ganz oder in Teilen, insbesondere durch digitale, fotomechanische oder ähnliche Verfahren (z.B. (Digital-)Fotokopie).

f) Das Recht zum Vortrag des Werkes durch Dritte, insbesondere Lesung und Rezitation.

g) Das Recht zur Aufnahme des Werkes (z.B. als Hörbuch) auf Datenträger aller Art sowie das Recht zu deren Vervielfältigung, Verbreitung, öffentlichen Wiedergabe einschließlich Sendung sowie öffentlicher Zugänglichmachung.

sowie

h) Das Recht, das Werk oder seine Teile mit anderen Werken, Werkteilen oder sonstigem Material zu (auch) interaktiv nutzbaren elektronischen Werken zu vereinen und diese dann als körperliche oder unkörperliche Ausgaben zu vervielfältigen, verbreiten und öffentlich zugänglich zu machen. Änderungen des Charakters des Werkes bedürfen der Zustimmung des Autors.

i) Das Recht zur Bearbeitung als Bühnenstück sowie das Recht der Aufführung des so bearbeiteten Werkes.

j) Das Recht zur Verfilmung einschließlich der Rechte zur Bearbeitung als Drehbuch und zur Vorführung des so hergestellten Films. Eingeschlossen ist ferner das Recht zur Bearbeitung und Verwertung des verfilmten Werkes im Fernsehen (Free- oder Pay-TV) oder auf ähnliche Weise (Abruffernsehen, Video-on-Demand, WebTV etc.).

k) Das Recht zur Bearbeitung und Verwertung des Werkes als Hörspiel.

l) Das Recht zur Vertonung des Werkes einschließlich des Rechts zur Aufführung des vertonten Werkes.

m) Das Merchandisingrecht, d.h. das Recht, das Werk, insbesondere die in dem Werk enthaltenen Figuren, Namen, Textteile, Titel, Schriften, Geschnehisse, Erscheinungen und die durch das Werk begründeten Ausstattungen einschließlich ihrer bildlichen, fotografischen, zeichnerischen und sonstigen Umsetzungen im Zusammenhang mit anderen Produkten und Dienstleistungen jeder Art und jeder Branche zum Zwecke der Verkaufsförderung zu nutzen, und so gestaltete oder versehene Produkte kommerziell auszuwerten und nach eigenem Ermessen Markenanmeldungen durchzuführen sowie gewerbliche Schutzrechte zu erwerben. Die Verwertung hat im Einvernehmen mit dem Autor zu erfolgen.

sowie

n) Das Recht, das Werk bzw. die hergestellten Werkfassungen nach Absatz 1 h bis m in allen vertragsgegenständlichen Nutzungsarten auf Datenträgern aller Art aufzunehmen, zu vervielfältigen und zu verbreiten sowie durch Hör- und Fernsehfunk zu senden und/oder öffentlich zugänglich zu machen.

o) Die am Werk oder seiner Datenträger oder durch Lautsprecherübertragung oder Sendung entstehenden Wiedergabe- und Überspielungsrechte.

p) Das Recht, das Werk in allen vertragsgegenständlichen körperlichen Nutzungsarten zu veröffentlichen, gewerblich oder nichtgewerblich auszuleihen und/oder zu vermieten.

q) Das Recht, das Werk im Umfang der eingeräumten Rechte in allen vertragsgegenständlichen Nutzungsarten auszugsweise zum Zwecke der Werbung für das Werk öffentlich zugänglich zu machen.

r) Das Recht, das Werk in zum Zeitpunkt des Vertragsschlusses unbekannten Nutzungsarten zu nutzen. Beabsichtigt der Verlag die Aufnahme einer neuen Art der Werknutzung, wird er den Autor entsprechend informieren. Dem Autor stehen die gesetzlichen Rechte gemäß § 31a UrhG (Widerruf) und § 32c UrhG (Vergütung) zu.

2.

Der Autor räumt dem Verlag schließlich für die Dauer des Vertrages alle durch die Verwertungsgesellschaft WORT wahrgenommenen Rechte nach deren Satzung, Wahrnehmungsvertrag und Verteilungsplan zur gemeinsamen Einbringung ein. Der Autor ist damit einverstanden, dass der Verlag den ihm nach den jeweils geltenden Verteilungsplänen der Verwertungsgesellschaft WORT zustehenden Verlagsanteil direkt ausgezahlt erhält. Der Autorenanteil bleibt davon unberührt1.

3.

Der Verlag kann die ihm nach diesem Vertrag eingeräumten Nutzungsrechte ganz oder teilweise Dritten einräumen. Dabei steht die Entscheidung über Art, Umfang und Konditionen im freien Ermessen des Verlages, wobei § 3 Absatz 6 dieses Vertrages zu berücksichtigen ist. Die Lizenzverträge sollen befristet werden. Das Recht des Verlages zur Vergabe von Nutzungsrechten an Dritte endet mit Beendigung dieses Vertrages. Der Bestand bereits bestehender Lizenzverträge bleibt hiervon unberührt; die Verteilung der nachvertraglichen Lizenzeinnahmen richtet sich nach § 4 Absatz 5, sofern der Autor diesen Vertrag nicht berechtigt außerordentlich gekündigt hat. In diesem Fall erhält der Verlag keinen Anteil.

4.

Ist der Verlag berechtigt, das Werk zu bearbeiten oder bearbeiten zu lassen, so hat er Beeinträchtigungen des Werkes zu unterlassen, die geistige und persönliche Rechte des Autors am Werk zu gefährden geeignet sind. Im Falle einer Vergabe von Lizenzen wird der Verlag darauf hinwirken, dass der Autor vor Beginn einer entsprechenden Bearbeitung des Werkes vom Lizenznehmer gehört wird. Möchte der Verlag einzelne Rechte selbst ausüben, so hat er den Autor anzuhören und ihm bei persönlicher und fachlicher Eignung die entsprechende Bearbeitung des Werkes anzubieten, bevor damit Dritte beauftragt werden.

5.

Die in Absatz 4 genannten Anhörungsrechte und Anbietungspflichten erlöschen mit dem Tod des Autors.

---

1 Unmittelbar nach einer Entscheidung des BGH über die Revision des Urteils des OLG München vom 17.3.2013 (Az.: 6 U 2492/12) oder bei einer Änderung der Gesetzeslage werden die Parteien über eine neue Fassung der Klausel verhandeln.

§ 3
Verlagspflichten

1.

Das Werk wird zunächst als ....-Ausgabe (z.B. Hardcover, Paperback, Taschenbuch, CD-ROM, E-Book) erscheinen; nachträgliche Änderungen der Form der Erstausgabe bedürfen des Einvernehmens mit dem Autor.

2.

Der Verlag ist verpflichtet, das Werk in der in Absatz 1 genannten Form zu vervielfältigen, zu verbreiten und dafür angemessen zu werben.

3.

Ausstattung, Buchumschlag, Auflagenhöhe, Auslieferungstermin, Ladenpreis und Werbemaßnahmen werden vom Verlag nach pflichtgemäßem Ermessen unter Berücksichtigung des Vertragszwecks sowie der im Verlagsbuchhandel für Ausgaben dieser Art herrschenden Übung bestimmt.

4.

Das Recht des Verlags zur Bestimmung des Ladenpreises nach pflichtgemäßem Ermessen schließt auch dessen spätere Herauf- oder Herabsetzung ein. Vor Herabsetzung des Ladenpreises wird der Autor benachrichtigt.

5.

Als Erscheinungstermin ist vorgesehen: .... Eine Änderung des Erscheinungstermins erfolgt in Absprache mit dem Autor.

6.

Der Verlag ist verpflichtet, sich intensiv um die Verwertung der sonstigen ihm gemäß § 2 Absatz 1 c bis n eingeräumten Rechte zu bemühen und den Autor auf Verlangen zu informieren. Bei mehreren sich untereinander ausschließenden Verwertungsmöglichkeiten wird er die für den Autor materiell und ideell möglichst günstige wählen, auch wenn er selbst bei dieser Rechtsverwertung konkurriert. Der Verlag unterrichtet den Autor unaufgefordert über erfolgte Verwertungen bezüglich des ganzen Werkes und deren Bedingungen und übersendet auf Anforderung die Lizenzverträge.

7.

Verletzt der Verlag seine Verpflichtungen gemäß Absatz 6, so kann der Autor die hiervon betroffenen Rechte nach den Regeln des § 41 UrhG zurückrufen. Der Bestand des Vertrages im Übrigen wird hiervon nicht berührt.

§ 4
Honorar

Als Vergütung für alle nach diesem Vertrag von dem Autor zu erbringenden Leistungen sowie zur Abgeltung aller gemäß § 2 dieses Vertrages eingeräumten Rechte erhält der Autor folgende Vergütung:

1.

Der Verlag zahlt dem Autor einen nicht rückzahlbaren, mit allen Ansprüchen des Autors aus diesem Vertrag verrechenbaren Vorschuss in Höhe von EURO .... Dieser Vorschuss ist fällig

zu ...... % bei Abschluss des Vertrages,

zu ...... % bei Ablieferung des Manuskripts gemäß § 1 Absatz 1 und § 5 Absatz 1,

zu ...... % bei Erscheinen des Werkes, spätestens am ....

2.

Der Autor erhält als Honorar für die verlagseigene Verwertung der eingeräumten Rechte für jedes verkaufte, bezahlte und nicht remittierte Exemplar der

a) ....-Ausgabe
.....%
.....% von .... bis .... Exemplaren
....% ab .....Exemplaren.

b) ....-Ausgabe
.....%
.....% von .... bis .... Exemplaren
....% ab ... Exemplaren

des Nettoladenpreises (gebundener Ladenverkaufspreis abzüglich Umsatzsteuer).
oder *(auch z.B. bei nicht preisgebundenen Produkten wie Hörbüchern)*
des Nettoverlagsabgabepreises (gebundener bzw. unverbindlich empfohlener Ladenverkaufspreis abzüglich Umsatzsteuer und gewährter Rabatte/eines Durchschnittsrabattes von derzeit ...%).

3.

a) Der Autor erhält als Honorar im Falle der verlagseigenen Verwertung von unkörperlichen elektronischen Ausgaben ein Honorar in Höhe von ...% vom Nettoverlagserlös (= der unmittelbaren Verwertung des Werkes zuzuordnende Verlagseinnahmen abzüglich Mehrwertsteuer) unabhängig davon, ob die öffentliche Zugänglichmachung über eigene oder fremde Plattformen stattfindet.

b) Wird das Werk als Teil eines Angebots mit mehreren Werken verwertet, erhalten sämtliche Autoren, deren Werke beteiligt sind, insgesamt den oben genannten Honorarsatz. Der Anteil des Autors bestimmt sich unter Zugrundelegung des Umfangs (z.B. Seitenanzahl, genutzte Speicherkapazität etc.) oder des regulären Einzelpreises seines Werkes im Verhältnis zu den anderen beteiligten Werken oder – im Falle der gemeinsamen Verwertung durch Dritte – durch den von diesem Dritten einheitlich gegenüber allen seinen Vertragspartnern angewendeten Verteilungsschlüssel, sofern dieser nicht offensichtlich unbillig ist.

4.

Der Autor erhält für alle sonstigen Verwertungsformen und Ausgaben des Werkes eine angemessene Vergütung, über die sich die Parteien bei beabsichtigter Nutzungsaufnahme durch den Verlag verständigen werden.

5.

Der aus der nicht verlagseigenen Verwertung (Lizenzvergabe) erzielte Erlös wird zwischen Autor und Verlag geteilt, und zwar erhält der Autor
[…] % bei der Verwertung der Rechte aus § 2 Absatz 1 a bis g.
[…] % bei der Verwertung der Rechte aus § 2 Absatz 1 h bis n.
(Bei der Berechnung des Erlöses wird davon ausgegangen, dass in der Regel etwaige aus der Inlandsverwertung anfallende Agenturprovisionen und ähnliche Nebenkosten allein auf den Verlagsanteil zu verrechnen, für Auslandsverwertung anfallende Nebenkosten vom Gesamterlös vor Aufteilung abzuziehen sind.)

6.

Für die durch Verwertungsgesellschaften wahrgenommenen Rechte gelten deren Verteilungsschlüssel.

7.

Pflicht-, Prüf-, Werbe- und Besprechungsexemplare sind honorarfrei; darunter fallen nicht Partie- und Portoersatzstücke sowie solche Exemplare, die für Werbezwecke des Verlages, nicht aber des Buches abgegeben werden.

8.

Ist der Autor mehrwertsteuerpflichtig, zahlt der Verlag die auf die Honorarbeträge anfallende gesetzliche Mehrwertsteuer zusätzlich.

9.

Honorarabrechnung und Zahlung erfolgen halbjährlich zum 30. Juni und zum 31. Dezember innerhalb der auf den Stichtag folgenden 3 Monate.

oder:

Honorarabrechnung und Zahlung erfolgen zum 31. Dezember jedes Jahres innerhalb der auf den Stichtag folgenden drei Monate.

Eine Zahlung erfolgt jedoch nur, wenn der Abrechnungsbetrag mehr als EURO (....) beträgt. Niedrigere Beträge werden auf die nächste Abrechnung vorgetragen.

Der Verlag leistet dem Autor entsprechende Abschlagszahlungen, sobald er Guthaben aus Lizenzeinnahmen von mehr als EURO .... feststellt.

Der Verlag ist berechtigt, das Honorar für Exemplare, die gegenüber dem Autor als verkauft abgerechnet, danach jedoch remittiert werden, bei späteren Abrechnungen abzuziehen oder für solche Remissionen 10% des Abrechnungsbetrages einzuhalten und mit der darauffolgenden Abrechnung zu verrechnen.

10.

Falls der Verlag wegen Verletzung der ihm durch diesen Vertrag eingeräumten Rechte Schadensersatzansprüche gegen Dritte realisiert, ist der Autor hieran, nach Vorabzug der Kosten der Rechtsverfolgung, nach Maßgabe von § 4 Absatz 2 bzw. 3 zu beteiligen. Sollte der Verlag für mehrere bzw. alle seine Autoren gemeinschaftlich Urheberrechtsverletzungen verfolgen lassen und sollten sich nur in Einzelfällen Schadensersatzansprüche realisieren, so ist der Autor nach Vorabzug der Kosten der gemeinschaftlichen Rechtsverfolgung gemäß Satz 1 zu beteiligen.

11.

Der Verlag ist verpflichtet, einem vom Autor beauftragten Wirtschaftsprüfer, Steuerberater oder vereidigten Buchsachverständigen zur Überprüfung der Honorarabrechnungen Einsicht in die Bücher und Unterlagen zu gewähren. Die hierdurch anfallenden Kosten trägt der Verlag, wenn die Abrechnungen den Autor zu 3%, mindestens aber zu € 100 gegenüber der vertraglichen Regelung benachteiligen.

12.

Nach dem Tode des Autors bestehen die Verpflichtungen des Verlages nach Absatz 1 bis 11 gegenüber den Erben, die bei einer Mehrzahl von Erben einen gemeinsamen Bevollmächtigten zu benennen haben. Bis zur Vorlage des Erbscheins oder vergleichbarer rechtskräftiger Dokumente und ggf. bis zur Benennung des gemeinsamen Bevollmächtigten ist der Verlag nicht verpflichtet, Honorare auszuzahlen.

§ 5
Manuskriptablieferung

1.

Der Autor verpflichtet sich, dem Verlag bis spätestens.......................... /binnen .... das vollständige und vervielfältigungsfähige Manuskript gemäß § 1 Absatz 1 (einschließlich etwa vorgesehener und vom Autor zu beschaffender Bildvorlagen) in folgender Form zu übergeben: .... Wird diese(r) Termin/Frist nicht eingehalten, gilt als angemessene Nachfrist im Sinne des § 30 Verlagsgesetz ein Zeitraum von .... Monaten.

2.

Der Autor behält eine Kopie des Manuskripts bei sich.

3.

Autographen und Typoskripte bleiben Eigentum des Autors und sind ihm vom Verlag nach Erscheinen des Werkes auf Verlangen zurückzugeben.

§ 6
Freiexemplare

1.

Der Autor erhält für seinen eigenen Bedarf....... Freiexemplare, im Falle einer E-Book-Ausgabe ...... kostenlose Downloads. Von jeder folgenden Auflage des Werkes erhält der Autor ... Freiexemplare.

2.

Darüber hinaus kann der Autor Exemplare seines Werkes zu einem Höchstrabatt von .....% vom (gebundenen bzw. empfohlenen) Ladenpreis vom Verlag beziehen.

3.

Sämtliche gemäß Absatz 1 oder 2 übernommenen Exemplare dürfen nicht weiterverkauft werden. Dies gilt auch für die unkörperlichen Ausgaben.

§ 7
Satz, Korrektur

1.

Die erste Korrektur des Satzes wird vom Verlag oder von der Druckerei vorgenommen. Der Verlag ist sodann verpflichtet, dem Autor in allen Teilen gut lesbare Abzüge zu übersenden, die der Autor unverzüglich honorarfrei korrigiert und mit dem Vermerk >>druckfertig<< versieht; durch diesen Vermerk werden auch etwaige Abweichungen vom Manuskript genehmigt. Abzüge gelten auch dann als >>druckfertig<<, wenn sich der Autor nicht innerhalb angemessener Frist nach Erhalt zu ihnen erklärt hat.

2.

Nimmt der Autor Änderungen im fertigen Satz vor, so hat er die dadurch entstehenden Mehrkosten – berechnet nach dem Selbstkostenpreis des Verlages – insoweit zu tragen, als sie 10 % der Satzkosten übersteigen. Dies gilt nicht für Änderungen bei Sachbüchern, die durch Entwicklungen der Fakten nach Ablieferung des Manuskripts erforderlich geworden sind.

§ 8
Lieferbarkeit, veränderte Neuauflagen

1.

Der Autor ist zu benachrichtigen, wenn das Werk in keiner Ausgabe mehr lieferbar ist.

a) Der Autor ist in diesem Fall berechtigt, den Verlag schriftlich aufzufordern, sich spätestens innerhalb von 3 Monaten nach Eingang der Aufforderung zu verpflichten, die Verwertung des Werkes in einer Verlagsausgabe spätestens nach … Monat(en)/Jahr(en) nach Ablauf der Dreimonatsfrist wieder aufzunehmen. Wenn der Verlag eine solche Verpflichtung nicht fristgerecht eingeht oder die Neuherstellungsfrist nicht wahrt, ist der Autor berechtigt, durch schriftliche Erklärung den Verlagsvertrag zu kündigen.

b) Nimmt der Verlag die Verwertung des Werkes in einer Verlagsausgabe aufgrund der Aufforderung wieder auf, ist eine Kündigung des Autors unter den Voraussetzungen von Absatz 2 erst nach Ablauf von zwei Jahren nach Wiederaufnahme der Verwertung möglich.

2.

Wenn das Werk nur in einer elektronischen Ausgabe und/oder nur in einer Druckausgabe lieferbar ist, die nach Bestelleingang in der Regel nicht binnen 10 Werktagen an den Kunden geliefert werden kann, ist der Autor berechtigt, den Verlagsvertrag durch schriftliche Erklärung zum 30.6. eines Jahres zu kündigen, wenn der Verkauf der körperlichen elektronischen Ausgabe und der Abruf der unkörperlichen elektronischen Ausgabe in zwei aufeinanderfolgenden Kalenderjahren unter … x Exemplaren gelegen hat.

3.

Der Verlag bleibt im Falle der Kündigung zum Verkauf der ihm danach (z.B. aus Remissionen) noch zufließenden Restexemplare innerhalb einer Frist von .... berechtigt; er ist verpflichtet, dem Autor die Anzahl dieser Exemplare anzugeben und ihm die Übernahme anzubieten. Im Falle von unkörperlichen Ausgaben wird der Verlag diese aus den entsprechenden Vertriebsplattformen in angemessener Frist entfernen bzw. entfernen lassen, die zu diesem Zeitpunkt von Endkunden erworbenen Ausgaben können von diesen jedoch ggf. erneut heruntergeladen werden.

4.

Der Autor ist berechtigt und, wenn es der Charakter des Werkes (z.B. eines Sachbuchs) erfordert, auch verpflichtet, das Werk für weitere Auflagen zu überarbeiten. Sollte der Verlag den Autor verpflichten, so erhält der Autor ein angemessenes Werkhonorar. Wesentliche Veränderungen von Art und Umfang des Werkes bedürfen der Zustimmung des Verlages. Ist der Autor zu der Bearbeitung nicht bereit oder nicht in der Lage oder liefert er die Überarbeitung nicht innerhalb einer angemessenen Frist nach Aufforderung durch den Verlag ab, so ist der Verlag zur Bestellung eines anderen Bearbeiters berechtigt. Wesentliche Änderungen des Charakters des Werkes bedürfen dann der Zustimmung des Autors.

§ 9
Verramschung, Makulierung

1.

Der Verlag kann die gedruckten Ausgaben des Werkes verramschen, wenn der Verkauf in zwei aufeinanderfolgenden Kalenderjahren unter........ Exemplaren pro Jahr gelegen hat. Am Erlös ist der Autor in Höhe seines sich aus § 4 Absatz 2 ergebenden Grundhonorarprozentsatzes beteiligt.

2.

Erweist sich auch ein Absatz zum Ramschpreis als nicht durchführbar, kann der Verlag die Restauflage makulieren.

3.

Der Verlag ist verpflichtet, den Autor vor einer beabsichtigten Verramschung bzw. Makulierung zu informieren. Der Autor hat das Recht, durch einseitige Erklärung die noch vorhandene Restauflage bei beabsichtigter Verramschung zum Ramschpreis abzüglich des Prozentsatzes seiner Beteiligung und bei beabsichtigter Makulierung unentgeltlich – ganz oder teilweise – ab Lager zu übernehmen. Bei beabsichtigter Verramschung kann das Übernahmerecht nur bezüglich der gesamten noch vorhandenen Restauflage ausgeübt werden.

4.

Das Recht des Autors, im Falle der Verramschung oder Makulierung vom Vertrag zurückzutreten, richtet sich nach § 8 Absatz 1.

§ 10
Rezensionen

Der Verlag wird auf Wunsch des Autors bei ihm eingehende Rezensionen des Werkes innerhalb des ersten Jahres nach Ersterscheinen umgehend, danach in angemessenen Zeitabständen dem Autor zur Kenntnis bringen.

§ 11
Urheberbenennung, Copyright-Vermerk

1.

Der Verlag ist verpflichtet, den Autor in angemessener Weise als Urheber des Werkes auszuweisen.

2.

Der Verlag ist verpflichtet, bei der Veröffentlichung des Werkes den Copyright-Vermerk im Sinne des Welturheberrechtsabkommens anzubringen.

§ 12
Änderungen der Eigentums- und Programmstrukturen
des Verlags

1.

Der Verlag ist verpflichtet, dem Autor anzuzeigen, wenn sich in seinen Eigentums- oder Beteiligungsverhältnissen eine wesentliche Änderung ergibt.

2.

Der Autor ist berechtigt, durch schriftliche Erklärung gegenüber dem Verlag von etwa bestehenden Optionen oder von Verlagsverträgen über Werke, deren Herstellung der Verlag noch nicht begonnen hat, zurückzutreten, wenn sich durch eine wesentliche Änderung der Eigentumsverhältnisse oder durch Änderung der über das Verlagsprogramm entscheidenden Verlagsleitung eine so grundsätzliche Veränderung des Verlagsprogramms in seiner Struktur und Tendenz ergibt, dass dem Autor nach der Art seines Werkes und unter Berücksichtigung des bei Abschluss dieses Vertrages bestehenden Verlagsprogramms ein Festhalten am Vertrag nicht zugemutet werden kann.

3.

Das Rücktrittsrecht kann nur innerhalb eines Jahres nach Zugang der Anzeige des Verlages über die Änderung der Eigentumsverhältnisse ausgeübt werden.

§ 13
Schlussbestimmungen

1.

Soweit dieser Vertrag keine Regelungen enthält, gelten die allgemeinen gesetzlichen Bestimmungen des Rechts der Bundesrepublik Deutschland und der Europäischen Union. Die Nichtigkeit oder Unwirksamkeit einzelner Bestimmungen dieses Vertrages berührt die Gültigkeit der übrigen Bestimmungen nicht. Die Parteien sind alsdann verpflichtet, die mangelhafte Bestimmung durch eine solche zu ersetzen, deren wirtschaftlicher und juristischer Sinn dem der mangelhaften Bestimmung möglichst nahekommt.

2.

Die Parteien erklären, Mitglieder bzw. Wahrnehmungsberechtigte folgender Verwertungsgesellschaften zu sein:

Der Autor: ....

Der Verlag: ....

3.

Im Rahmen von Mandatsverträgen hat der Autor bereits folgende Rechte an Verwertungsgesellschaften übertragen:

.... an die VG: ....

...., den.............

(Autor)

...., den.............

(Verlag)

Gemeinsame Vergütungsregeln
für Autoren belletristischer Werke in deutscher Sprache[1]

Der Verband deutscher Schriftsteller in der Vereinigten Dienstleistungsgewerkschaft (ver.di)
und
der Verlag

stellen gemäß § 36 UrhG folgende gemeinsame Vergütungsregeln für Autoren belletristischer Werke
in deutscher Sprache auf:

Vorbemerkung

Der Urheber hat nach § 32 UrhG Anspruch auf eine angemessene Vergütung für die Einräumung von
Nutzungsrechten und die Erlaubnis zur Werknutzung. Zur Bestimmung der Angemessenheit von Vergütungen stellen nach § 36 UrhG Vereinigungen von Urhebern mit Vereinigungen von Werknutzern
oder einzelnen Werknutzern gemeinsame Vergütungsregeln auf. Die gemeinsamen Vergütungsregeln
sollen die Umstände des jeweiligen Regelungsbereichs berücksichtigen, insbesondere die Struktur und
die Größe der Verwerter.

Die folgenden Regeln wurden im Rahmen einer Mediation der Bundesministerin der Justiz aufgestellt
und folgen in wesentlichen Punkten Kompromissvorschlägen der Moderatorin. Vergütungen, die unter-
halb der nachfolgenden Vergütungsregeln liegen, sind keine angemessenen Vergütungen nach § 32
UrhG.

§ 1 Anwendungsbereich

Die nachfolgenden Vergütungsregeln gelten für Verlagsverträge und andere urheberrechtliche Nutzungsverträge über selbständig zu veröffentlichende belletristische Werke. Sie finden keine Anwendung auf Verlagsverträge aus anderen Bereichen, insbesondere nicht aus den Bereichen Sachbuch,
Ratgeber, Lexika, Fachbuch, Kinder- und Jugendbuch, Schul- und Lehrbuch sowie Hörbuch, weil in
diesen Bereichen andere Bedingungen gelten.

Diese Regeln gelten auch nicht für Fälle, in denen der Wunsch des Urhebers, einen Text gedruckt zu
sehen, und nicht ein verlegerisches Interesse im Vordergrund stehen und der Urheber deshalb kein
Honorar erwartet und billigerweise auch nicht erwarten kann (Memoiren, private Familiengeschichten,
Manuskripte unbekannter Autoren, an denen kaum Interesse der literarischen Öffentlichkeit zu erwarten ist und für die sich zu den allgemein üblichen Konditionen kein Verleger finden lässt).

§ 2 Angemessene Vergütung

Die Vergütung nach den nachfolgenden Regelungen ist angemessen, wenn der jeweilige Verlagsvertrag den Konditionen des Normvertrags für den Abschluss von Verlagsverträgen in der jeweils gültigen
Fassung entspricht, soweit nicht zulässigerweise Abweichungen vereinbart sind. Alle Varianten der
Honorarermittlung, die der Normvertrag zulässt und die den hier vereinbarten Regeln wirtschaftlich
gleichwertig sind, gelten als angemessene Vergütungen.

---

1 In die deutsche Sprache übersetzte fremdsprachige Werke werden von den nachfolgenden Vergütungsregeln nicht erfasst.

§ 3 Honorar für Verlagsausgaben

(1) Der Verlag setzt die Vergütung für Hardcover-Ausgaben im Regelfall als laufende Beteiligung des Autors an den Verwertungseinnahmen fest. Richtwert für den Normalfall ist ein Honorar von 10 Prozent für jedes verkaufte, bezahlte und nicht remittierte Exemplar bezogen auf den um die darin enthaltene Mehrwertsteuer verminderten Ladenverkaufspreis (Nettoladenverkaufspreis). Bei mehr als einem Autor und Mitwirkung anderer Urheber (z. B. Bebilderung) gilt der Richtwert für die Summe der angemessenen Vergütungen.

(2) Der Verlag kann eine Beteiligung von 8 bis 10 Prozent vereinbaren, wenn und soweit im Einzelfall beachtliche Gründe die Abweichung vom Richtwert gerechtfertigt erscheinen lassen. Solche Gründe können insbesondere sein:

1. die in § 36 Abs. 1 UrhG genannte Rücksicht auf Struktur und Größe des Verwerters,
2. die mutmaßlich geringe Verkaufserwartung,
3. das Vorliegen eines Erstlingswerkes,
4. die beschränkte Möglichkeit der Rechteverwertung,
5. der außergewöhnliche Lektoratsaufwand,
6. die Notwendigkeit umfangreicher Lizenzeinholung,
7. der niedrige Endverkaufspreis,
8. genrespezifische Entstehungs- und Marktbedingungen.

(3) Eine Beteiligung unter 8 Prozent kann nur in außergewöhnlichen Ausnahmefällen vereinbart werden, in denen besondere Umstände dies angemessen erscheinen lassen, z. B. bei besonders hohem Aufwand bei der Herstellung oder bei Werbung oder Marketing oder Vertrieb oder bei wissenschaftlichen Gesamtausgaben.

(4) Für Buchverlagsreihen können einheitliche Vergütungen vereinbart werden, soweit für die Buchverlagsreihen die Anforderungen der Absätze 1 bis 3 erfüllt sind.

(5) Für Fälle großen Verkaufserfolgs wird der Vertrag die Ausgangsvergütung mit einer ansteigenden Vergütungsstaffel verknüpfen. Das gilt nicht für Sonderausgaben.

§ 4 Verwertung als Taschenbuch oder Sonderausgabe

(1) Bei vom Verlag selbst veranstalteten Taschenbuchausgaben sind in der Regel folgende Beteiligungen am Nettoladenverkaufspreis angemessen:

1. bis 20.000 Exemplare 5 %,
2. ab 20.000 Exemplaren 6 %,
3. ab 40.000 Exemplaren 7 %,
4. ab 100.000 Exemplaren 8 %.

(2) Bei verlagseigenen Sonderausgaben, deren Verkaufspreis mindestens ein Drittel unter dem Verkaufspreis der Normalausgabe liegt, gilt ein Honorar von 5 % vom Nettoladenpreis als angemessen. Ab einer Auflage von 40.000 Exemplaren gilt ein Honorar von 6 % als angemessen.

§ 5 Verwertung von Nebenrechten

(1) Der aus der Verwertung der Nebenrechte durch Dritte beim Verlag erzielte Erlös wird nach Eingang zwischen Autor und Verlag geteilt, und zwar erhält der Autor, sofern nicht noch weitere Rechtsinhaber zu berücksichtigen sind, einen Anteil von 60 Prozent des Erlöses bei buchfernen Nebenrechten (insbesondere Medien- und Bühnenrechten) und 50 Prozent des Erlöses bei buchnahen Nebenrechten (z. B. Recht der Übersetzung in eine andere Sprache, Hörbuch).

(2) Die Vergütung der Nutzung von Nebenrechten durch den Verlag selbst bleibt einer gesonderten Vergütungsregel vorbehalten.

§ 6 Vorschüsse

(1) Der Autor erhält auf seine Honoraransprüche im Regelfall einen Vorschuss.

(2) Von der Zahlung eines Vorschusses kann abgesehen werden, soweit die Umstände es rechtfertigen; das gilt insbesondere für kleine und mittler Verlage. Im Übrigen kann § 3 Abs. 2 entsprechend angewendet werden.

§ 7 Abrechnungen

(1) Honorarabrechnung und Zahlung erfolgen jährlich per 31. Dezember innerhalb der auf den Stichtag folgenden drei Monate.

(2) Sofern im jährlichen Turnus abgerechnet wird, ein beachtliches Guthaben aufläuft (2.000 Euro und mehr) und es dem Verlag organisatorisch möglich und zumutbar ist, kann der Autor eine Abschlagszahlung per 30. Juni verlangen.

§ 8 Neue Nutzungsarten

Hat ein Verlag mit dem Autor eine nach diesen gemeinsamen Vergütungsregeln ermittelte Vergütung vereinbart, so ist der Autor verpflichtet, dem Verlag auf dessen Verlangen die Rechte an sämtlichen zukünftig entstehenden neuen Nutzungsarten (§ 31 Abs. 4 UrhG) schriftlich einzuräumen. Der Verlag verpflichtet sich in diesem Fall im Gegenzug, den Autor an den Erlösen aus derartigen Nutzungen angemessen zu beteiligen. Die Beteiligung wird gegebenenfalls der wirtschaftlichen Entwicklung der neuen Nutzung angepasst.

§ 9 Inkrafttreten und Kündigung

Diese Vereinbarung tritt am 1. [ ]. 2005 in Kraft. Sie ist auf unbestimmte Zeit geschlossen und kann mit einer Frist von sechs Monaten zum Jahresende, erstmals zum 31. Dezember 2006, gekündigt werden.

Für den Verlag   Für den Verband deutscher Schriftsteller

Hinweise zum Normvertrag

Verlage sind nicht verpflichtet, den Normvertrag anzuwenden. Hier einige Hinweise auf Details, die der Autor vor Vertragsabschluß prüfen sollte.

§ 1 (2) Eine Kompromissformel (»Stichentscheid«) heißt im Streitfall, daß der Verlag über den Titel entscheiden kann.

§ 1 (3) Prüfen Sie, ob Sie tatsächlich über die Rechte allein verfügen, (z.B. frühere Zeitschriften-Veröffentlichungen).

§ 1 (4) Diese Regelung betont die Pflicht des Autors (»Nur wenn der Autor …«), den Verlag auf entsprechende Risiken hinzuweisen!

§ 2 (1) Die »Dauer des gesetzlichen Urheberrechts« beträgt 70 Jahre – a looong time! Neu: Die Rechteübertragung gilt jetzt auch für elektronische Ausgaben.

§ 2 Wenn Sie eine andere Verwertung Ihres Manuskripts als in Buchform erwarten, beispielsweise weil Ihr Freund Steven Spielberg gerne einen kleinen Film daraus machen möchte, sollten Sie erwägen, nur die »buchnahen« Nebenrechte einzuräumen – sofern Ihre Verhandlungsposition es erlaubt …

§ 3 (2) Die Verlagspflichten sind dehnbar zugunsten des Verlags formuliert. Was ist »angemessen dafür zu werben«? Versuchen Sie darüber vor Vertragsabschluss durch Schriftwechsel Klarheit zu bekommen, z.B. Zahl der Anzeigen für die Buch-Vorstellung und andere Werbemittel.

§ 3 (3) Gibt dem Verlag in wesentlichen Fragen fast freie Hand. Faire Verlage besprechen die Einzelheiten mit dem Autor.

§ 3 (5) Einige Verlage bevorzugen einschränkende (»voraussichtlich«) und vage (»Zweites Halbjahr«) Formulierungen.

§ 4 Bei 8 % vom Netto-Ladenpreis müßten Sie 16 % vom Verlagspreis (Buchhandelsrabatte um 50 %) vereinbaren, um das gleiche Honorar zu erzielen. Wenn Sie mit 3000 verkauften Exemplaren rechnen, ist ein hohes Staffelhonorar ab 30 000 Auflage Utopie.

Neue Fassung, gültig ab 1. 7. 1992

Normvertrag für den Abschluß von Übersetzungsverträgen

Rahmenvertrag

Zwischen dem Verband deutscher Schriftsteller (VS) in der IG Druck und Papier und dem Börsenverein des Deutschen Buchhandels e.V./Verleger-Ausschuß ist folgendes vereinbart:

1. Die Vertragschließenden haben den diesem Rahmenvertrag beiliegenden Normvertrag für den Abschluß von Übersetzungsverträgen vereinbart. Die Vertragschließenden verpflichten sich, darauf hinzuwirken, daß Ihre Mitglieder nicht ohne triftigen Grund zu Lasten des Übersetzers von diesem Normvertrag abweichen.

2. a) Der Vertrag gilt in der Regel nicht für folgende Werke:
- Werke, deren Charakter wesentlich durch Illustrationen bestimmt wird,
- Sammelwerke, an denen mehrere Autoren und mehrere Übersetzer beteiligt sind,
- Fach- und wissenschaftliche Werke im engeren Sinn, wohl aber für Sachbücher.

b) Er gilt ferner in der Regel nicht bei Übersetzungen, für die ihrem Charakter nach ein Autorenvertrag angemessener ist.

3. Die Vertragschließenden haben eine »Schlichtungs- und Schiedsstelle Buch« eingerichtet, die im Rahmen der vereinbarten Statuten über die vertragschließenden Verbande von jedem ihrer Mitglieder angerufen werden kann.

4. Die Vertragschließenden sind sich darüber einig, daß des weiteren eine Vereinbarung über Regelhonorare geschlossen werden soll.

5. Dieser Vertrag tritt am 1.Juli 1982 in Kraft. Er ist auf unbestimmte Zeit geschlossen und kann – mit einer Frist von 6 Monaten zum Jahresende – erstmals zum 31. Dezember 1983 gekündigt werden.

Stuttgart, den 13. Mai 1982   Frankfurt/M., den 4. Mai 1982

Industriegewerkschaft Druck und Papier   Börsenverein des Deutschen
– Verband deutscher Schriftsteller –   Buchhandels e.V.
          – Verleger- Ausschuß –

Ergänzung zum Rahmenvertrag

zwischen dem Verband deutscher Schriftsteller (VS) in der Industriegewerkschaft Medien und dem Verleger-Ausschuß des Börsenvereins des Deutschen Buchhandels e.V. wird vereinbart:

1. Der Normvertrag für den Abschluß von Übersetzungsverträgen (Übersetzungsvertrag) in der ab 1. Juli 1982 gültigen Fassung wird durch die hier beiliegende Fassung ersetzt.

2. Dieser Vertrag tritt am 1. Juli 1992 in Kraft. Er ist auf unbestimmte Zeit geschlossen und kann mit einer Frist von sechs Monaten zum Jahresende – erstmals zum 31. Dezember 1993 – gekündigt werden.

Stuttgart und Frankfurt am Main, den 11. Mai 1992

Industriegewerkschaft Medien	Börsenverein des Deutschen Buch-
Verband deutscher Schriftsteller	handels e. V./ Verleger-Ausschuß

Übersetzungsvertrag
zwischen

....

(nachstehend: Übersetzer)
und

....

(nachstehend: Verlag)

§ 1 Vertragsgegenstand
1.
Gegenstand dieses Vertrages ist die deutsche Übersetzung des Werkes mit dem Originaltitel ....
von ....
2.
Der Verlag ist Inhaber des deutschsprachigen Verlagsrechts.
3.
Zeitliche, räumliche oder sachliche Beschränkungen des Verlagsrechts, die dem Verlag von seinem Lizenzgeber auferlegt wurden oder werden, gelten dem Übersetzer gegenüber nur, soweit der Verlag sie dem Übersetzer schriftlich bekannt gibt, es sei denn, sie seien Inhalt dieses Vertrags.
4.
Es ist Sache des Verlags, auf die Wahrung der Rechte Dritter zu achten. Der Übersetzer weist den Verlag auf alle ihm bekannten Rechte hin, die mit dem übersetzten Werk verletzt werden könnten (z. B. Persönlichkeits-, Zitat-, Bild- und Abbildungsrechte).

§ 2 Rechte und Pflichten des Übersetzers
1.
Der Übersetzer verpflichtet sich, das Werk persönlich zu übersetzen und dabei die Urheberpersönlichkeitsrechte des Originalautors zu wahren. Die Anfertigung der Übersetzung durch Dritte bedarf der Zustimmung des Verlags.

2.

Der Übersetzer verpflichtet sich, das Werk ohne Kürzungen, Zusätze und sonstige Veränderungen gegenüber dem Original in angemessener Weise zu übertragen.

3.

Abweichend von und/oder ergänzend zu Abs. 2 werden folgende Eigenschaften und Besonderheiten der Übersetzung vereinbart:

....

....

4.

Spätere Ergänzungen zu Abs. 3 bedürfen – unbeschadet der Bestimmung des Abs. 5 – der schriftlichen Vereinbarung.

5.

Beanstandet der Verlag die Übersetzung als nicht den Absätzen 1 bis 4 entsprechend, teilt er dies dem Übersetzer innerhalb von drei Monaten nach Manuskriptablieferung mit. Wird das Manuskript vor dem vertraglich vereinbarten Abgabetermin abgeliefert, beginnt die Frist erst mit dem vereinbarten Abgabetermin. Behebt der Übersetzer die beanstandeten Mängel nicht innerhalb einer Frist von ... Wochen, ist der Verlag berechtigt, unter Wahrung des Urheberpersönlichkeitsrechts des Übersetzers die Übersetzung durch Dritte ändern und, falls erforderlich, bearbeiten zu lassen. Zu solchen Änderungen oder Bearbeitungen ist der Übersetzer, nicht jedoch sein Rechtsnachfolger zu hören.

6.

Wird durch solche Änderungen und Bearbeitungen der Stil der Übersetzung derart beeinträchtigt, daß das Urheberpersönlichkeitsrecht des Übersetzers verletzt sein könnte, ist der Übersetzer berechtigt, dem Verlag die Erwähnung seines Namens als Übersetzer zu untersagen. Untersagt der Übersetzer dies nicht, ist der Verlag berechtigt, den Bearbeiter als Mitübersetzer zu erwähnen.

7.

Ergibt eine Überprüfung des Manuskripts, daß die Übersetzung auch nach Anwendung der Abs. 5 und 6 den Anforderungen der Abs.1 bis 4 nicht entspricht, oder verweigert der Originalautor eine ihm vorbehaltene Genehmigung der Übersetzung, ist der Verlag nicht zur Verwertung der Übersetzung verpflichtet.

§3 Rechte und Pflichten des Verlags

1.

Der Verlag ist, soweit dieser Vertrag nicht Abweichendes bestimmt, verpflichtet, das übersetzte Werk zu vervielfältigen, zu verbreiten, und dafür angemessen zu werben. Übt er sein Vervielfältigungs- und Verbreitungsrecht nicht aus, so hat er dies unter Angabe der Gründe dem Übersetzer unverzüglich mitzuteilen. Ist der Verlag zur Verwertung in deutscher Übersetzung von der Autorisation des Inhabers der Rechte am Originalwerk abhängig, richtet sich seine Publikationspflicht nach den mit diesem abgeschlossenen Vereinbarungen.

2.

Der Verlag übereignet dem Übersetzer kostenlos ein Exemplar des Originaltextes und stellt ihm folgende Arbeitsmittel leihweise zur Verfügung:

....

....

3.

Titel, Ausstattung, Buchumschlag, Auflagenhöhe, Auslieferungstermin, Ladenpreis und Werbemaßnahmen werden vom Verlag nach pflichtgemäßem Ermessen unter Berücksichtigung des Verlagszwecks sowie der im Verlagsbuchhandel für Ausgaben dieser Art herrschenden Übung bestimmt.

Das Recht des Verlags zur Bestimmung des Ladenpreises nach pflichtgemäßem Ermessen schließt auch dessen spätere Herauf- oder Herabsetzung ein. Bei Herabsetzung des Ladenpreises wird der Übersetzer vorher benachrichtigt.

§ 4 Rechtseinräumungen
1.

Soweit in der Person des Übersetzers in Ausübung der Übersetzung Urheberrechte oder ähnliche Schutzrechte entstehen, überträgt er dem Verlag räumlich unbeschränkt für die Dauer des gesetzlichen Urheberrechts das ausschließliche Recht zur Vervielfältigung und Verbreitung (Verlagsrecht/Hauptrecht) der Übersetzung für alle Ausgaben und Auflagen ohne Stückzahlbegrenzung.

2.

Der Übersetzer räumt dem Verlag für die Dauer des Hauptrechts gemäß Abs.1 außerdem folgende ausschließliche Nebenrechte ein:

a) das Recht des ganzen oder teilweisen Vorabdrucks und Nachdrucks auch in Zeitungen und Zeitschriften;

b) das Recht der Übersetzung in Mundarten;

c) das Recht zur Vergabe von Lizenzen für Taschenbuch-, Volks-, Sonder-, Reprint-, Schul- oder Buchgemeinschaftsausgaben;

d) das Recht zur Herausgabe von Mikrokopieausgaben;

e) das Recht zu sonstiger Vervielfältigung, insbesondere durch fotomechanische oder ähnliche Verfahren (z. B. Fotokopie);

f) das Recht zur Aufnahme auf Vorrichtungen zur wiederholbaren Wiedergabe mittels Bild- oder Tonträger sowie das Recht zu deren Vervielfältigung, Verbreitung und Wiedergabe;

g) das Recht zum Vortrag durch Dritte;

h) die an der Übersetzung oder ihrer Bild- und Tonträgerfixierung oder durch Lautsprecherübertragung oder Sendung entstehenden Wiedergabe- und Überspielungsrechte.

3.

Darüber hinaus räumt der Übersetzer dem Verlag für die Dauer des Hauptrechts gemäß Abs. 1 folgende weitere ausschließliche Nebenrechte ein:

a) das Recht zur Bearbeitung als Bühnenstück sowie das Recht der Aufführung des so bearbeiteten Werks;

b) das Recht zur Verfilmung einschließlich der Rechte zur Bearbeitung als Drehbuch und zur Vorführung des so hergestellten Films;

c) das Recht zur Bearbeitung und Verwertung der Übersetzung im Rundfunk, z.B. als Hörspiel einschließlich Wiedergaberecht (z.B. Gaststätten);

d) das Recht zur Bearbeitung und Verwertung der Übersetzung im Fernsehfunk (Television) einschließlich Wiedergabe (z.B. Gaststätten);

e) das Recht zur Vertonung der Übersetzung.

4.

Der Übersetzer räumt dem Verlag schließlich für die Dauer des Hauptrechts gemäß Abs. 1 folgende ausschließliche Nebenrechte ein:

a) die an der Übersetzung oder ihrer Bild- und Tonträgerfixierung oder durch Lautsprecherübertragung oder Sendung entstehenden Wiedergabe- und Überspielungsrechte;

b) das Recht zum gewerblichen oder nichtgewerblichen Ausleihen und Vermieten der Buchausgabe;

c) alle sonstigen durch die Verwertungsgesellschaft Wort wahrgenommenen Rechte nach deren Satzung, Wahrnehmungsvertrag und Verteilungsplan.

5.

Der Verlag ist berechtigt, alle ihm hiernach zustehenden Rechte auf Dritte zu übertragen oder Dritten Nutzungsrechte an diesen Rechten einzuräumen.

6.

Der Verlag verpflichtet sich, den Übersetzer über wesentliche Nebenrechtsabschlüsse zu unterrichten, insbesondere über solche gemäß Abs. 2c und Abs. 3. Der Verlag stellt dem Übersetzer ein Belegexemplar jeder Lizenzausgabe des Werks zur Verfügung.

7.

Der Verlag gibt dem Übersetzer alle Informationen, derer dieser zur Wahrnehmung seiner Rechte bei der VG Wort bedarf.

§ 5 Rückrufrecht des Übersetzers

Verwertet der Verlag die Übersetzung nicht (§ 2 Abs. 7, § 3 Abs. 1) oder verwertet er sie nicht weiter, so hat er dies dem Übersetzer unverzüglich mitzuteilen. Im übrigen steht dem Übersetzer dann ein Rückrufsrecht für seine Übersetzung gemäß § 41 UrhG zu.

§ 6 Honorar

1.

Der Übersetzer erhält für seine Tätigkeit und für die Übertragung sämtlicher Rechte gemäß § 4 als Gegenleistung ein Honorar von

DM/Euro …

pro Normseite (30 Zeilen zu 60 Anschlägen) des übersetzten Textes zahlbar wie folgt:

DM/Euro ... bei Abschluß des Vertrags
DM/Euro ... bei Ablieferung des ersten Drittels
DM/Euro ... bei Ablieferung des zweiten Drittels
DM/Euro ... bei Ablieferung des vollständigen Manuskripts.

oder

Der Übersetzer erhält für seine Tätigkeit und für die Übertragung sämtlicher Rechte gemäß § 4 als Gegenleistung ein Honorar von

DM/Euro ...

zahlbar wie folgt:

DM/Euro ... bei Abschluß des Vertrags
DM/Euro ... bei Ablieferung des ersten Drittels
DM/Euro ... bei Ablieferung des zweiten Drittels
DM/Euro ... bei Ablieferung des vollständigen Manuskripts.

2.

Übersteigt die Zahl der verkauften und bezahlten Exemplare ... Stück, steht dem Übersetzer ein zusätzliches Honorar zu und zwar in Höhe von ... % des um die darin enthaltene Mehrwertsteuer verminderten Ladenverkaufspreises (Nettoladenverkaufspreis).

oder

Übersteigt die Anzahl der verkauften und bezahlten Exemplare ... Stück, steht dem Übersetzer ein zusätzliches Honorar zu und zwar in Höhe von ... % des um die darin enthaltene Mehrwertsteuer verminderten Verlagsabgabepreises (Nettoverlagsabgabepreis).

oder

Übersteigt die Anzahl der verkauften und bezahlten Exemplare ... Stück, steht dem Übersetzer anstelle einer zusätzlichen umsatzbezogenen Honorierung ein zusätzliches Pauschalhonorar von

DM/Euro ..., ab weiteren ... Exemplaren von DM/Euro ... und ab weiteren Exemplaren ... von DM/Euro ... zu.

3.

Bei den im Abs. 2 genannten Stückzahlen wird der Verkauf von Rohbogen der Originalausgabe – außerhalb von Nebenrechtseinräumungen – berücksichtigt. Hierfür erhält der Übersetzer ein Honorar in Höhe von ... % des um die darin enthaltene Mehrwertsteuer verminderten Verlagsabgabepreises für Rohbogen.

und/oder

4.

Übersteigt der aus der Verwertung der Nebenrechte erzielte Verlagsanteil am Erlös den Betrag von DM/Euro ..., erhält der Übersetzer von dem darüber hinausgehenden Verlagsanteil am Erlös

... % bei den Nebenrechten des § 4 Abs. 2
... % bei den Nebenrechten des § 4 Abs. 3.

oder

Der aus der Verwertung der Nebenrechte erzielte Verlagsanteil am Erlös wird zwischen Übersetzer und Verlag geteilt, und zwar erhält der Übersetzer
... % bei den Nebenrechten des § 4 Abs. 2
... % bei den Nebenrechten des § 4 Abs. 3.

5.
Soweit Nebenrechte durch Verwertungsgesellschaften wahrgenommen werden, richten sich die Anteile von Verlag und Übersetzer nach deren satzungsgemäßen Bestimmungen.

§ 7 Abrechnung

1.
Ist der Übersetzer mehrwertsteuerpflichtig, zahlt der Verlag die auf die Honorarbeträge anfallende Mehrwertsteuer zusätzlich.

2.
Nach dem Tode des Übersetzers bestehen die Honorarverpflichtungen gegenüber den durch Erbschein ausgewiesenen Erben, die bei einer Mehrzahl von Erben einen gemeinsamen Bevollmächtigten zu benennen haben.

Für die absatzabhängigen Honorarbestandteile gelten zusätzlich folgende Bestimmungen:

3.
Honorarabrechnung und Zahlung erfolgen jährlich zum ... innerhalb der auf den Stichtag folgenden ... Wochen. Bei Nebenrechtsverwertungen mit im Einzelfall höheren Erlösen als DM/Euro ... für den Übersetzer erhält dieser eine à conto-Zahlung nach Geldeingang.

4.
Der Verlag ist verpflichtet, einem vom Übersetzer beauftragten Wirtschaftsprüfer, Steuerberater oder vereidigten Buchsachverständigen zur Überprüfung der Honorarabrechnungen Einsicht in die Bücher und Unterlagen zu gewähren. Die hierdurch anfallenden Kosten trägt der Verlag, wenn sich die Abrechnungen als fehlerhaft erweisen.

§ 8 Vergütung bei Nichtverwertung der Übersetzung

1.
Unterbleibt die Verwertung aus Gründen, die nicht beim Übersetzer liegen, erhält der Übersetzer eine Vergütung in Höhe des nach § 6 vereinbarten Honorars; liegt zum Zeitpunkt der Erklärung der Nichtverwertung erst ein Teil der Übersetzung vor, können Verlag und Übersetzer Abweichendes vereinbaren.

2.
Unterbleibt die Verwertung aus Gründen, die beim Übersetzer liegen, richtet sich die Vergütungspflicht nach den gesetzlichen Bestimmungen.

3.

Hat der Verlag gegenüber dem Übersetzer eine Publikationspflicht, bleiben weitergehende Ansprüche des Übersetzers auf Schadenersatz unberührt.

§ 9 Manuskriptablieferung

1.

Der Übersetzer verpflichtet sich, das kopier- und satzfähige (nicht: maschinenlesbare oder reprofähige), mit Schreibmaschine geschriebene Manuskript wie folgt abzuliefern:

ein Drittel (also bis Seite ... der Originalausgabe) bis spätestens ... 20 ...

ein weiteres Drittel (also bis Seite ...... der Originalausgabe) bis spätestens ... 20 ...

das letzte Drittel bzw. das gesamte Manuskript bis spätestens ... 20 ...

2.

Werden diese Fristen nicht eingehalten, gilt als angemessene Nachfrist ein Zeitraum von jeweils drei Wochen.

3.

Der Übersetzer vermerkt auf dem Manuskript den Beginn jeder neuen Seite des Originals.

4.

Das Manuskript bleibt Eigentum des Übersetzers. Es kann vom Übersetzer bis zu drei Monate nach Erscheinen des Werks zurückverlangt werden. Danach besteht keine Aufbewahrungspflicht des Verlags mehr.

5.

Der Übersetzer behält eine Ausfertigung des Manuskripts bei sich.

§ 10 Satz und Korrektur

1.

Die erste Korrektur des Satzes wird vom Verlag oder von der Druckerei vorgenommen. Der Verlag ist sodann verpflichtet, dem Übersetzer in allen Teilen gut lesbare Abzüge zu übersenden, die der Übersetzer unverzüglich honorarfrei korrigiert und mit dem Vermerk »druckfertig« versieht; durch diesen Vermerk werden auch etwaige Abweichungen vom Manuskript genehmigt. Abzüge gelten auch dann als »druckfertig«, wenn sich der Übersetzer nicht innerhalb angemessener Frist nach Erhalt zu ihnen erklärt hat.

2.

Nimmt der Übersetzer, abweichend von seinem Originalmanuskript, Änderungen im fertigen Satz vor, hat er die dadurch entstehenden Mehrkosten – berechnet nach dem Selbstkostenpreis des Verlags – in soweit zu tragen, als sie 10 % der Satzkosten übersteigen.

§ 11 Urheberbenennung

Der Verlag ist verpflichtet, den Übersetzer auch ohne dessen ausdrückliche Anweisung auf der Titelseite zu nennen. Bei Werbemaßnahmen für das Werk allein ist der Übersetzer ebenfalls zu nennen. Bei Lizenzausgaben hat der Verlag den Lizenznehmer zur Benennung des Übersetzers zu verpflichten.

§ 12 Rezensionen

Der Verlag wird bei ihm eingehende Rezensionen des Werks innerhalb des ersten Jahres nach Erscheinen umgehend, danach in angemessenen Zeitabständen dem Übersetzer zur Kenntnis bringen.

§ 13 Freiexemplare

1.

Der Übersetzer erhält für seinen eigenen Bedarf … Freiexemplare. Bei der Herstellung von mehr als … Exemplaren erhält der Übersetzer … weitere Freiexemplare und bei der Herstellung von mehr als … Exemplaren … weitere Freiexemplare.

2.

Darüber hinaus kann der Übersetzer Exemplare seines Werks mit einem Rabatt von … % vom Ladenpreis vom Verlag beziehen.

3.

Sämtliche gemäß Abs. 1 oder Abs. 2 übernommenen Exemplare dürfen nicht weiterverkauft werden.

§ 14 Verramschung, Makulierung

1.

Der Verlag kann das Werk verramschen, wenn der Verkauf in zwei aufeinanderfolgenden Kalenderjahren unter … Exemplaren pro Jahr gelegen hat. Am Erlös ist der Übersetzer mit … % beteiligt, sofern bei regulärem Verkauf ein zusätzliches Honorar gemäß § 6 Abs. 2 zu zahlen gewesen wäre.

2.

Erweist sich auch ein Absatz zum Ramschpreis als nicht durchführbar, kann der Verlag die Restauflage makulieren.

3.

Der Verlag ist verpflichtet, den Übersetzer vor einer beabsichtigten Verramschung bzw. Makulierung zu informieren. Der Übersetzer hat das Recht, durch einseitige Erklärung die noch vorhandene Restauflage bei beabsichtigter Verramschung zum Ramschpreis abzüglich des Prozentsatzes seiner Beteiligung und bei beabsichtigter Makulierung unentgeltlich ab Lager zu übernehmen. Bei beabsichtigter Verramschung kann das Übernahmerecht nur bezüglich der gesamten noch vorhandenen Restauflage ausgeübt werden.

4.

Das Recht des Übersetzers, im Falle der Verramschung oder Makulierung vom Vertrag zurückzutreten, richtet sich nach §§ 32 und 30 Verlagsgesetz.

5.

Den Bestimmungen der Abs. 1 bis 4 entgegenstehende Verpflichtungen des Verlags dem Inhaber der Originalrechte gegenüber schränken diese Rechte und Pflichten ein, soweit der Verlag sie dem Übersetzer im Kollisionsfalle bekannt gibt.

§ 15 Schlußbestimmungen

1.

Soweit dieser Vertrag keine Regelungen enthält, gelten die allgemeinen gesetzlichen Bestimmungen des Rechts der Bundesrepublik Deutschland. Die Nichtigkeit oder Unwirksamkeit einzelner Bestimmungen dieses Vertrags berührt die Gültigkeit der übrigen Bestimmungen nicht. Die Parteien sind alsdann verpflichtet, die mangelhafte Bestimmung durch eine solche zu ersetzen, deren wirtschaftlicher und juristischer Sinn dem der mangelhaften Bestimmung möglichst nahekommt.

2.

Die Parteien erklären, Mitglieder/Wahrnehmungsberechtigte folgender Verwertungsgesellschaften zu sein:

Der Verlag ....

Der Übersetzer ....

...., den...........................

....

(Übersetzter)   (Verlag)

Eine Wissenschaft für sich

Neben den Namen renommierter Wissenschaftsverlage, die Wissen-
schaftsautoren bereits während des Studiums kennenlernen, erinnern
sich viele auch an andere Verlage: Die sogenannten Dissertationsver-
lage, die Manuskripte von Dissertationen publizieren, ohne die sich
kein Doktor als solcher bezeichnen darf. Diese Publikationspflicht
sorgt ständig für Kunden bei den Verlagen. Sie verlangen einen sogenannten Druckkostenzuschuß, der tatsächlich nur ein Zuschuß sein
kann, aber auch viel mehr.

Der Digitaldruck hat inzwischen für solche in Kleinstauflagen hergestellten Bücher die Kosten erheblich reduziert. Trotzdem scheint,
sobald eine Publikation gefördert wird, der verlangte Druckkostenzuschuß sogar noch zu steigen. In jedem Fall aber: Immer wenn Autoren bezahlen sollen, ist ein kritischer Vergleich und ein nüchternes
Urteil gefragt. Verhandlungen können bares Geld sparen!

Wenn man von Verlagen Vertragsangebote erhält, ohne daß das
Manuskript überhaupt geprüft wurde, entsteht zwangsläufig der Eindruck, der zahlende Autor und nicht der künftige Käufer und Leser sei
der Verlagskunde. Hier einige Punkte, auf die man achten sollte:

- Auflage – ist sie realistisch? Bibliotheken kaufen seit einiger Zeit
  sehr sparsam ein und: Dissertationen sind selten gut verkäuflich.
  Eine Auflage von über 100 Exemplaren sollte mit den Auflagen
  anderer Dissertationen verglichen werden.
- Honorar: Selbst eine hohe prozentuale Beteiligung am Verkauf
  bringt Ihre eigene finanzielle Vorleistung nur dann zurück, wenn
  sich Ihr Buch wirklich gut verkauft (woran jeder gern glauben
  möchte …).
- Ladenpreis: ein realistischer Verkaufspreis (vergleichen Sie mit
  ähnlichen Werken!) ist wichtig, da viele Bibliotheken mit Buch-
  handlungen zusammenarbeiten, die selbstverständlich auch noch
  die branchenüblichen Rabatte erwarten.
- Veröffentlichungstermin: so konkret wie möglich.
- Zahl der Freiexemplare: Sie sollten schriftlich vereinbart werden,

sonst müssen Sie zusätzliche Exemplare Ihres Buchs (für wieviel?) vom Verlag kaufen.

- Wie lange bleibt Ihr Buch lieferbar? Die Grenze (Zahl der während des Jahres verkauften Exemplare) im Fall einer Verramschung oder Makulierung sollte in Ihrem Interesse niedrig sein.

- Werden Sie vom Verlag über eine beabsichtigte Aufgabe Ihres Werkes informiert und erhalten Sie Gelegenheit, die Bücher ganz oder teilweise zu erwerben? Mit welchem Rabatt?

- Nebenrechte: Sie sollten sie entweder nicht vergeben oder den Zugriff behalten – besonders wichtig für Veröffentlichungen in wissenschaftlichen Fachzeitschriften.

- Options- und Abtretungsklauseln sind bei bezahlten Werken unangemessen.

Falls Sie den Hausvertrag eines Verlags erhalten: Ein Vergleich mit dem Mustervertrag für wissenschaftliche Werke, der zwischen Verlegern und dem Deutschen Hochschul-Verband verhandelt wurde, zeigt Unterschiede zu dem Ihnen vorgelegten Vertrag.

»Angesichts der unterschiedlichen Erfordernisse bei den unterschiedlichen Publikationen vom Taschenbuch bis zum Loseblattwerk und zu hochspezialisierten Monographien ist bei jedem Vertragsabschluß sorgfältig zu prüfen, ob die in den Musterverträgen niedergelegten Regelungen für die spezifischen Fälle angemessen sind und inwieweit es spezieller ergänzender Vereinbarungen bedarf. Eine schematisch Anwendung wird nicht empfohlen; andererseits sollte man von den Musterverträgen nur in den Fällen abweichen, in denen es gewichtige sachlich Gründe gibt.«

Vertragsnormen für wissenschaftliche Verlagswerke, Fassung 2000, (herausgegeben vom Börsenverein des Deutschen Buchhandels und Deutscher Hochschul-Verband, Frankfurt a. M. 2000).

Verlagsvertrag über ein wissenschaftliches Werk[1]

§ 1 Vertragsgegenstand
1
Der Verfasser verpflichtet sich, ein … [2] dem Verlag zur Veröffentlichung zu überlassen. Zielgruppe sind … .

2
Der Arbeitstitel des Werkes lautet … . Der endgültige Titel wird in Abstimmung zwischen Verfasser und Verlag festgelegt, wobei der Verfasser dem Vorschlag des Verlages widersprechen kann, wenn der Vorschlag für ihn nach Treu und Glauben unzumutbar ist.

§ 2 Einräumung von Nutzungsrechten
1
Der Verfasser räumt dem Verlag hiermit die folgenden Nutzungsrechte ein[3]:
a) Zur Vervielfältigung und Verbreitung in gedruckter Form[4], und zwar als
Buchausgabe,
Taschenbuchausgabe,
Studienausgabe,
Sonderausgabe,
Buchgemeinschaftsausgabe,
Beitrag in Zeitschriften, Zeitungen und anderen Sammelwerken, auch als Vorabdruck oder Teilabdruck;
b) zur Vervielfältigung und Verbreitung durch fotomechanische Verfahren einschließlich Fernkopie;
c) zur Vervielfältigung und Verbreitung in einer Mikrokopie-, Mikrofiche-und Mikroformausgabe;

---

1 Der Verlagsvertrag regelt die Werknutzung in gedruckter Form, in der Form maschinenlesbarer Datenträger (offline) und im Wege elektronischer Datenübermittlung (online). Sofern nicht alle drei Nutzungsformen Vertragsgegenstand sein sollen, ist das Nichtgewünschte zu streichen.

2 Werkkategorie.

3 Nichtgewünschtes streichen.

4 Die Vertragsparteien können durch besondere Vereinbarung die Möglichkeit eines Print on Demand (POD), d.h. die Herstellung von Einzelexemplaren im Druck auf individuelle Anforderung durch Besteller, vorsehen, ggf. erst ab Herstellung eines bestimmten Teils der Auflage. Dabei wäre auch vertraglich zu regeln, ob der Verlag zu dieser Publikationsform nur berechtigt oder auch verpflichtet ist. § 2 Nr. 3 würde hierfür ebenfalls gelten. Ergänzend sollte vereinbart werden, dass eine Überschreitung der in dieser Bestimmung festgelegten Höhe der Erstauflage durch im Wege des POD hergestellte Exemplare der Zustimmung des Verfassers bedarf, die nicht wider Treu und Glauben versagt werden kann.

d) zur Vervielfältigung und Verbreitung auf Bild- und Tonträgern einschließlich Hörkassetten und Audio-CDs;

e) zur Vervielfältigung und Verbreitung in Form von Druck- und Tonträgerausgaben für Blinde und Sehbehinderte;

f) zur Vervielfältigung und Verbreitung auf maschinenlesbaren Datenträgern, insbesondere Disketten und CD-ROM (Datenträgerausgabe), auch vorab und auszugsweise[5];

g) zur elektronischen Speicherung, insbesondere in Datenbanken, und zum Verffügbarmachen für die Öffentlichkeit zum individuellen Abruf, zur Wiedergabe auf dem Bildschirm und zum Ausdruck beim Nutzer (Online-Nutzung), auch vorab und auszugsweise[6].

2

Die Rechte gemäß Nr. 1 Buchst. … werden als ausschließliche / nichtausschließliche Rechte[7], räumlich unbeschränkt/für das Gebiet von … [8] für die Dauer des Urheberrechts / für die Dauer von … Jahren[9] und unbeschränkt für alle Ausgaben und Auflagen / mengenmäßig beschränkt auf …[10] eingeräumt [11].

3

Für die erste Auflage sind … Exemplare vorgesehen. Der Verlag ist berechtigt, die Auflage im Ganzen oder in Teilmengen herzustellen.

4

Die Nutzungsrechte gemäß Nr. 1 Buchst. … gelten für das unveränderte Werk. Änderungen darf der Verlag im gesetzlichen Rahmen vornehmen[12]. Darüber hinaus erhält er das Recht, das Werk übersetzen zu lassen und in Übersetzung gemäß Nr. 1 Buchst. … zu nutzen, und zwar für alle Sprachen / mit Ausnahme der folgenden Sprachen[13]: … .

---

5   Multimedia-Nutzungen bedürfen einer besonderen Vereinbarung.

6   Multimedia-Nutzungen bedürfen einer besonderen Vereinbarung.

7   Nichtgewünschtes streichen. Verlagsrechte werden i.d.R. als ausschließliche Rechte eingeräumt.

8   Angabe des Gebiets, für das die Rechtseinräumung jeweils gelten soll. In der Regel werden Verlagsrechte räumlich unbeschränkt, d.h. weltweit, eingeräumt. Es können aber auch Länder ausgenommen oder die Rechtseinräumungen auf Deutschland beschränkt werden.

9   Angabe der Laufzeit des Vertrages, die bis zum Ablauf der Urheberrechtsschutzfrist (70 Jahre nach dem Tod des Verfassers) erstreckt werden kann. Kürzere Befristungen sind möglich.

10   Angabe der Auflagen- und Stückzahl bei Druckexemplaren und sonstigen Vervielfältigungsstücken, der Zahl der Abrufe bei Online-Übermittlung etc. Falls bei der Vervielfältigung im Druck keine Angabe gemacht wird, gilt der Vertrag für eine Auflage zu 1000 Stück; s. § 5 Abs. 1 Satz 1, Abs. 2 Satz 1 des Verlagsgesetzes (VerlG). In der Praxis verbreitet ist die auflagen- und stückzahlmäßig nicht begrenzte Rechtseinräumung.

11   Hinsichtlich der Ausschließlichkeit oder Nicht-Ausschließlichkeit der Nutzungsrechte und ihrer möglichen Begrenzung nach Gebiet, Dauer und Stückzahl können alle Nutzungsrechte gleich behandelt oder es kann zwischen ihnen differenziert werden. Im letzteren Fall muss der Umfang der Rechtseinräumung für jedes Recht angegeben werden.

12   Gemäß § 39 Abs. 2 des Urheberrechtsgesetzes (UrhG) sind Änderungen des Werkes zulässig, zu denen der Urheber seine Einwilligung nach Treu und Glauben nicht versagen kann.

13   Nichtgewünschtes streichen.

5

Der Verlag kann an den Nutzungsrechten gemäß Nr. 1 Buchst. ... Lizenzen an Dritte vergeben[14]. Erlischt ein Lizenzrecht wegen Erlöschens des zugrundeliegenden Nutzungsrechts des Verlages, so ist der Verfasser verpflichtet, dem Lizenznehmer die Nutzung zu den bisherigen Bedingungen für die mit dem Lizenznehmer vereinbarte Laufzeit zu gestatten; die Lizenzvergütung abzüglich einer Vermittlungsprovision von ... % zugunsten des Verlages steht dem Verfasser zu.

6

Übt der Verlag ein Nutzungsrecht aus, so gibt er dem Verfasser vor Veröffentlichung Kenntnis, insbesondere von einer Übersetzung. Äußert der Verfasser innerhalb angemessener Frist Änderungswünsche, so wird sich der Verlag diesen nicht wider Treu und Glauben verschließen. Vergibt der Verlag Lizenzen an Dritte, so wird er gegenüber den Lizenznehmern darauf hinwirken, dass dem Verfasser Gelegenheit zur Kenntnisnahme von der Lizenzausgabe vor deren Veröffentlichung gegeben wird und dass Änderungswünsche des Verfassers möglichst berücksichtigt werden. Das Recht des Verfassers, gegen Entstellungen oder Beeinträchtigungen seines Werkes vorzugehen, die geeignet sind, seine berechtigten geistigen oder persönlichen Interessen am Werk zu gefährden, bleibt unberührt[15].

§ 3 Pflicht zur Rechtsausübung

1

Der Verlag ist verpflichtet, von den ihm gemäß § 2 Nr. 1 eingeräumten Nutzungsrechten die folgenden selbst auszuüben[16]: ... .

2

Soweit der Verlag nicht verpflichtet ist, bestimmte Nutzungsrechte auszuüben, wird er das Interesse des Verfassers an einer bestmöglichen Nutzung des Werkes angemessen berücksichtigen und sich insbesondere um eine ihm zumutbare Lizenzvergabe bemühen. Dabei ist der Tatsache Rechnung zu tragen, dass einzelne Nutzungsarten in unerwünschter Konkurrenz zueinander stehen können. Auf Verlangen des Verfassers wird ihn der Verlag über diesbezügliche Schritte unterrichten.

§ 4 Beschaffenheit und Umfang des Werkes

1

Das Werk muss nach Art und Zweck dem Vereinbarten und dem anerkannten fachlichen Standard des behandelten Gebiets oder Themas Rechnung tragen. Zur Beurteilung darf der Verlag Fachberater hinzuziehen, die er zur Verschwiegenheit verpflichtet.

---

14 Eine Lizenz, d.h. eine ausschließliche oder nichtausschließliche Gestattung zur Nutzung des Werkes, kommt aus Rechtsgründen nur in Bezug auf ausschließliche Nutzungsrechte des Verlages in Betracht.

15 S. § 14 UrhG.

16 Das Verlagsgesetz kommt nur zur Anwendung, wenn der Verlag zur Vervielfältigung und Verbreitung einer Druckausgabe verpflichtet ist.

2

Der Verfasser / der Verlag[17] wird zur Vervollständigung oder Illustration benötigte fremde Text- und/oder Bildvorlagen beschaffen und die erforderlichen Nutzungsrechte oder Zustimmungen Dritter auf … Kosten … einholen.

3

Für die Erstellung von Registern und die benötigte Software wird Folgendes vereinbart: … .

4

Der Umfang des Werkes wird auf ca. … Druckseiten, das sind ca. … Manuskriptseiten (o. Zeilen zu je … Anschlägen), oder ca. … Wörter und/oder ca. … Zeichen (ohne Steuerzeichen und dgl.) zuzüglich … Abbildungen (davon in Farbe) festgelegt.

5

Im Fall einer wesentlichen Überschreitung des vereinbarten Werkumfangs ist der Verlag berechtigt, vom Verfasser ohne zusätzliche Vergütung eine angemessene Kürzung des Manuskripts zu verlangen, wobei insbesondere unvorhergesehene Umstände zu berücksichtigen sind.

6

Der Verfasser verpflichtet sich, dem Verlag ein vollständiges und satzfertiges Manuskript des Werkes einschließlich der durch ihn zu beschaffenden fremden Text- und/oder Bildvorlagen wie folgt zu überlassen[18]:

a) Einseitig und gut lesbar mit Schreibmaschine oder Computer geschrieben. Geringfügige handschriftliche Änderungen im maschinengeschriebenen Manuskript oder einer anderen Satzvorlage sind zulässig. Für Schreibkonventionen sowie Nummerierung von Fußnoten und Abbildungen gilt die diesbezügliche Anlage zum Vertrag.

b) Auf maschinenlesbarem Datenträger als elektronisch gespeichertes Manuskript; dabei ist ein zusätzlicher Papierausdruck zu überlassen. Für Schreibkonventionen, Nummerierung von Fußnoten und Abbildungen, Datenträgerspezifikation, Textverarbeitungsprogramm, Textauszeichnungen und sonstige Erfordernisse, insbesondere auch hinsichtlich der Abbildungen, gilt die diesbezügliche Anlage.

7

Das Originalmanuskript des Werkes sowie die durch den Verfasser beschafften Text- und/oder Bildvorlagen gehen nicht in das Eigentum des Verlages über.

8

Zur Sicherheit verwahrt der Verfasser eine Kopie des Manuskripts bzw. des Datenträgers bei sich.

---

17 Nichtgewünschtes streichen. Eine nähere Regelung im Vertrag empfiehlt sich; insbesondere ist über die Kostentragung zu befinden.

18 Nichtgewünschtes streichen.

§ 5 Ablieferungs- und Veröffentlichungstermin

1

Der Verfasser ist verpflichtet, das Manuskript dem Verlag bis spätestens … zu überlassen. Überschreitet er diesen Termin, so gilt als angemessene Nachfrist ein Zeitraum von … .

2

Der Verlag ist verpflichtet, das Werk, soweit er gemäß § 3 Nr. 1 zur Ausübung von Nutzungsrechten verpflichtet ist, bis … zu veröffentlichen. Überschreitet er diesen Termin, so gilt als angemessene Nachfrist ein Zeitraum von …

3

Wird eine Nachfrist nach Nrn. 1 oder 2 überschritten, ohne dass dafür sachlich gerechtfertigte Gründe vorliegen, so ist die andere Vertragspartei befugt, vom Vertrag zurückzutreten. Die Befugnis kann nur ausgeübt werden, nachdem die Vertragspartei den Rücktritt angekündigt hat und eine weitere Frist von … seit der Ankündigung verstrichen ist, ohne dass die andere Vertragspartei ihrer Pflicht gemäß Nrn. 1 bzw. 2 nachgekommen ist.

§ 6 Rechtliche Unbedenklichkeit / Haftung

1

Der Verfasser versichert, dass das Werk sowie die durch ihm beschafften fremden Text- und/oder Bildvorlagen keine Rechte Dritter verletzen, dass er befugt ist, über die zur Durchführung dieses Vertrages erforderlichen urheberrechtlichen Nutzungsrechte zu verfügen, und dass er bisher weder ganz noch teilweise eine der Einräumung von Rechten gemäß § 2 widersprechende Verfügung getroffen hat. Davon unberührt bleiben Verfügungen an Verwertungsgesellschaften – insbesondere an die VG WORT – nach deren zum Zeitpunkt des Vertragsabschlusses gültigen Wahrnehmungsverträgen.

2

Ist der Verfasser aus rechtlichen Gründen gehindert, eine der vorgenannten Versicherungen abzugeben, oder kommen ihm Zweifel an seiner Befugnis, so wird er den Verlag unverzüglich darüber unterrichten, sobald ihm das tatsächliche oder vermeintliche Rechtshindernis bekannt geworden ist. Gelingt es dem Verlag mit ihm zumutbarem Aufwand nicht, das Rechtshindernis oder die Unklarheit innerhalb angemessener Frist zu beseitigen, so darf er vom Vertrag zurücktreten, wenn das Hindernis einer Veröffentlichung des Werkes entgegensteht und die mit dem Hindernis behafteten Text- oder Bildteile für das Werk unverzichtbar sind.

3

Werden die Vertragsparteien einzeln oder gemeinsam durch Dritte wegen des Inhalts des Werkes auf Schadensersatz und/oder Kosten einer Rechtsverfolgung in Anspruch genommen, so haftet jede Vertragspartei im Innenverhältnis entsprechend dem Anteil ihres eigenen Verschuldens[19].

---

19 Abweichende Vereinbarungen, z.B. über eine Haftungsfreistellung, können getroffen werden.

§ 7 Enthaltungspflicht und Konkurrenzverbot

1

Der Verfasser wird sich während der Laufzeit des Vertrages (soweit nicht nach dem Urheberrechtsgesetz zulässig) jeder anderweitigen Vervielfältigung und Verbreitung und/oder unkörperlichen Übermittlung und Wiedergabe des Werkes enthalten. Er verpflichtet sich für denselben Zeitraum, zum gleichen Thema ein anderes Werk, das geeignet erscheint, dem vertragsgegenständlichen Werk ernsthaft Konkurrenz zu machen, nur nach schriftlicher Zustimmung des Verlages zu veröffentlichen oder veröffentlichen zu lassen. Die Zustimmung darf nicht wider Treu und Glauben verweigert werden.

2

Will der Verlag während der Laufzeit des Vertrages ein anderes Werk zum gleichen Thema veröffentlichen, so wird er den Verfasser darüber unterrichten. Die Pflicht des Verlages, sich gemäß § 8 Nr. 1 für die Verbreitung des vertragsgegenständlichen Werkes einzusetzen, besteht fort.

§ 8 Werbung / Ausstattung / Preis

1

Der Verlag wird sich in angemessener und branchenüblicher Weise für die Verbreitung des Werkes einsetzen, insbesondere in einer der Art und dem Charakter desselben entsprechenden Weise werben.

2

Der Verlag bestimmt formale Gestaltung und Ausstattung, Ladenpreis und Nutzervergütung bei Online-Nutzungen[20]. Es sind ein Preis von ... DM/ Euro und eine Nutzervergütung von ... DM/ Euro vorgesehen. Der Verlag kann Preis und Nutzervergütung erhöhen oder ermäßigen. Der Verfasser ist berechtigt zu widersprechen, wenn die Festsetzung für ihn unzumutbar ist.

§ 9 Korrektur

1

Die Vorkorrektur des Satzes oder des maschinenlesbar erfassten und auf Diskette, in einer Online-Datenbank oder anderweitig elektronisch gespeicherten Manuskripts des Werkes erfolgt durch den Verlag, eine Satz- oder Reproanstalt oder die Druckerei[21].

2

Der Verfasser ist verpflichtet, die Endkorrektur ohne zusätzliche Vergütung innerhalb einer Frist von ... nach Uberlassung des vorkorrigierten Manuskripts bzw. nach erstmaliger Ermöglichung des Online-Zugriffs auf das in einem Speichermedium, insbesondere einer Datenbank, gespeicherte vorkorrigierte Manuskript auszuführen und sodann unverzüglich die Freigabe zur Veröffentlichung zu erklären. Fahnenabzüge oder Papierausdrucke des endkorrigierten Manuskripts wird er mit einem entspre-

---

20 Nichteinschlägiges streichen.

21 Nichteinschlägiges streichen.

chenden Freigabevermerk versehen und namentlich abzeichnen. Durch die Freigabe zur Veröffentlichung des endkorrigierten Manuskripts werden auch eventuelle Abweichungen vom ursprünglichen Manuskript genehmigt.

3

Überschreitet der Verfasser die Frist gemäß Nr. 2, so wird ihn der Verlag auffordern, die Endkorrektur des Manuskripts innerhalb einer Nachfrist von … auszuführen und sodann unverzüglich die Freigabe zur Veröffentlichung zu erklären; Nr. 2 Sätze 2 und 3 gilt entsprechend. Wird auch die Nachfrist überschritten, ohne dass dafür sachlich gerechtfertigte Gründe vorliegen, so ist der Verlag befugt, die Endkorrektur auf Kosten des Verfassers selbst auszuführen oder ausführen zu lassen. Wird die Nachfrist aus sachlich gerechtfertigten Gründen überschritten, so werden sich die Vertragsparteien über eine Lösung verständigen, die eine schnellstmögliche Durchführung des Vertrages sicherstellt.

4

Nimmt der Verfasser sachlich nicht gebotene Änderungen im fertigen Satz oder nach Abschluss der Formatierung und/oder Gestaltung des maschinenlesbar erfassten und elektronisch gespeicherten, von ihm endkorrigierten Manuskripts vor, so hat er die dadurch entstehenden Mehrkosten – berechnet nach dem Selbstkostenpreis des Verlages – insoweit zu tragen, als diese Kosten 10 % der Satzkosten bzw. Kosten der Formatierung und/oder Gestaltung übersteigen.

§ 10 Neubearbeitung des Werkes

1

Die Vertragsparteien werden einander auf alle ihnen bekannten Umstände hinweisen, die eine Neubearbeitung des Werkes wünschenswert machen oder geboten erscheinen lassen.

2

Halten beide Vertragsparteien eine Neubearbeitung des Werkes für geboten, so treffen sie über den Ablieferungstermin eines neubearbeiteten Manuskripts eine besondere schriftliche Vereinbarung.

3

Lehnt der Verfasser eine Neubearbeitung des Werkes ab oder ist er nicht in der Lage, diese selbst vorzunehmen, so ist er berechtigt, dafür einen Dritten als Bearbeiter vorzuschlagen. Der Verlag darf sich dem Vorschlag nicht wider Treu und Glauben verschließen. Macht der Verfasser von seinem Vorschlagsrecht innerhalb einer Frist von … ab Aufforderung durch den Verlag keinen Gebrauch, so kann ihm der Verlag einen Bearbeiter eigener Wahl vorschlagen. Satz 2 gilt für den Verfasser entsprechend. Äußert er sich zum Vorschlag nicht innerhalb einer Frist von …, so gilt sein Einverständnis als erteilt.

4

Ist der Verfasser infolge von Krankheit, Tod oder aus sonstigen Gründen außerstande, sein Vorschlagsrecht gemäß Nr. 3 auszuüben, so benennt der Verlag einen Bearbeiter eigener Wahl. Der Verfasser bzw. sein Rechtsnachfolger kann der Benennung widersprechen, wenn diese für ihn nach Treu und Glauben unzumutbar ist.

5

Hält der Verlag eine Neubearbeitung des Werkes nicht für geboten, so darf er deren Veröffentlichung ablehnen, wenn dem nicht berechtigte Interessen des Verfassers entgegenstehen. Nach Aufforderung durch den Verfasser hat sich der Verlag innerhalb einer Frist von … zu erklären. Nach fruchtlosem Fristablauf oder Ablehnung ist der Verfasser befugt, vom Vertrag zurückzutreten. Der Rücktritt wird erst wirksam, wenn die laufende Auflage der Druckausgabe und/oder der Datenträgerausgabe beim Verlag vergriffen ist. Wird das Werk zur Online-Nutzung bereitgehalten, so wird der Rücktritt diesbezüglich nach Zugang der Erklärung des Verfassers wirksam.

§ 11 Nennung des Verfassers

1

Der Verlag ist verpflichtet, den Verfasser auf der Titelseite der Druckausgabe und/oder der Datenträgerausgabe sowie auf deren Einband bzw. Umhüllung und/oder zu Beginn jedes Zugriffs bei der Online-Nutzung sowie bei Werbemaßnahmen für das Werk wie folgt namentlich zu nennen: … .

2

Nimmt anstelle des Verfassers ein Dritter eine Neubearbeitung des Werkes vor und ist das durch den Dritten bearbeitete Werk vom Verfasser noch maßgeblich mitgeprägt, so wird der Verlag die namentliche Nennung des Verfassers in geeigneter Form beibehalten. Der Verfasser oder sein Rechtsnachfolger kann dieser Beibehaltung widersprechen, wenn sie für ihn nach Treu und Glauben unzumutbar ist.

3

Veröffentlicht der Verlag Neubearbeitungen des Werkes, die anstelle des Verfassers durch einen Dritten vorgenommen wurden (vgl. § 10 Nrn. 3 und 4), so darf er ab der … bearbeiteten Auflage oder nach Ablauf von … Jahren ab Erscheinen der ersten bearbeiteten Auflage und/oder nach Ablauf von … Jahren ab dem Beginn der Online-Nutzung allein den Bearbeiter namentlich nennen, es sei denn, das bearbeitete Werk ist immer noch vom ursprünglichen Verfasser nicht unwesentlich mitgeprägt.

§ 12 Honorar

1

Der Verfasser erhält für die vom Verlag selbst ausgeübten, ihm gemäß § 2 Nrn. 1 und 4 eingeräumten Nutzungsrechte je verkauftes und bezahltes, nicht remittiertes Exemplar und/oder je vergütungspflichtigen und bezahlten Online-Abruf ein Honorar, und zwar für die: Buchausgabe in Höhe von … %; Taschenbuchausgabe in Höhe von … % Übersetzungsausgabe in Höhe von … %; Mikroformausgabe in Höhe von … % Bild- oder Tonträgerausgabe in Höhe von … %; Datenträgerausgabe in Höhe von … % Online-Nutzung in Höhe von … %; -Ausgabe[22] in Höhe von … %

---

22 Einzelne Ausgabe- und Nutzungsformen können bei Bedarf gestrichen oder ergänzt werden.

des Ladenverkaufspreises / des Verlagsabgabepreises / des Jahresumsatzes des Verlages[23] mit dem Werk bzw. der Nutzervergütung für Online-Nutzungen abzüglich der darin enthaltenen gesetzlichen Mehrwertsteuer[24]. Weist der Verfasser nach, dass er nach deutschem Recht mehrwertsteuerpflichtig ist oder geworden ist, so zahlt der Verlag die auf das Honorar anfallende Mehrwertsteuer zusätzlich.

2

Beleg-, Frei-, Pflicht-, Prüf-, Werbe- und Besprechungsexemplare sowie für das Archiv des Verlages bestimmte Exemplare des Werkes sind honorarfrei. Sie unterliegen keinem Verwendungsnachweis durch den Verlag. Darunter fallen nicht Partie- und Portoersatzstücke sowie solche Exemplare, die für allgemeine Werbezwecke des Verlages abgegeben werden.

3

Nimmt anstelle des Verfassers ein Dritter eine Neubearbeitung des Werkes vor, so bleibt ein Honoraranspruch des Verfassers erhalten, wenn das bearbeitete Werk von ihm noch maßgeblich mitgeprägt ist; jedoch ermäßigt sich sein Honorar gemäß Nr. 1 für die erste Bearbeitung um ..., für die zweite Bearbeitung um ... . Ab der ... Bearbeitung entfällt der Honoraranspruch des Verfassers ganz[25].

4

Verwertet der Verlag ihm eingeräumte Nutzungsrechte durch Lizenzvergabe, so erhält der Verfasser zuzüglich zum Honorar gemäß Nr. 1 eine Beteiligung an den Nettoerlösen des Verlages (abzüglich insbesondere von Vermittlungsprovisionen für Dritte, Bearbeiterhonoraren etc.), und zwar

für Nutzungen gemäß § 2 Nr. 1 Buchst. ... : ... %
für Nutzungen gemäß § 2 Nr. 1 Buchst. ... : ... % [26], usw.

5

Abrechnungen und Zahlungen des Honorars gemäß Nr. 1 sowie von Erlösanteilen nach Nr. 4 erfolgen halbjährlich / jährlich[27] zum 30. Juni und/oder 31. Dezember eines Jahres, und zwar innerhalb des auf den Stichtag folgenden Quartals.

§ 13 Druckkostenzuschuss

1

Für die Veröffentlichung des Werkes bringt der Verfasser einen Druckkostenzuschuss in Höhe von ... DM/Euro einschließlich/zuzüglich[28] Mehrwertsteuer bei. Die Zahlung an den Verlag wird fällig zum ... . Der Zuschuss ist nicht rückzahlbar / wird ab dem ... verkauften und bezahlten, nicht remittierten Exemplar der Druckausgabe und/oder der

---

23 Nichtgewünschtes streichen.

24 Nichtzutreffendes bzw. Nichtgewünschtes streichen.

25 Weitere Differenzierungen können vereinbart werden.

26 Die zu beziffernden Prozentanteile beziehen sich auf die Lizenzerlöse, nicht auf das Honorar gemäß § 12 Nr. 1.

27 Nichtgewünschtes streichen.

28 Nichtgewünschtes streichen.

Datenträgerausgabe in Höhe von … DM/ Euro bzw. … DM/Euro je zusätzliches verkauftes und bezahltes, nicht remittiertes Exemplar vom Verlag zurückgezahlt[29].

2

Wird der Druckkostenzuschuss aus Fördermitteln Dritter (z.B. Deutsche Forschungsgemeinschaft, VG WORT) geleistet, so gelten dafür die jeweiligen Vergaberichtlinien.

§ 14 Freiexemplare / Zugriffsrecht

1

Der Verfasser erhält … Freiexemplare pro Auflage der Druckausgabe und/oder Freiexemplare pro Auflage der Datenträgerausgabe. Weitere Werkexemplare kann er vom Verlag mit einem Rabatt in Höhe von … % des Ladenverkaufspreises erwerben.

2

Wird das in einem Speichermedium, insbesondere einer Online-Datenbank, elektronisch gespeicherte Werk zum Abruf bereitgehalten, so ist der Verfasser berechtigt, es unentgeltlich auf einem maschinenlesbaren Datenträger und in einem eigenen Rechner zu speichern bzw. im Rahmen der üblichen Betriebszeiten des betreffenden Speichermediums … Mal oder … Minuten je Abruf auf dem eigenen Bildschirm wiederzugeben. Hat der Verlag das Werk in einem fremden Speichermedium gespeichert oder speichern lassen, so stellt er das unentgeltliche Zugriffsrecht des Verfassers auf das Speichermedium bzw. das Zugriffsrecht für weitere vergütungspflichtige Online-Übermittlungen des Werkes durch eine Vereinbarung mit dem Betreiber des Speichermediums vertraglich sicher.

3

Weder die Freiexemplare noch die vom Verlag mit Rabatt erworbenen Exemplare dürfen vom Verfasser gegen Entgelt veräußert werden. Die Online-Zugänglichmachung des kostenlos auf einem maschinenlesbaren Datenträger oder in einem eigenen Rechner gespeicherten oder unentgeltlich auf dem eigenen Bildschirm wiedergegebenen Werkes ist in jedem Fall unzulässig.

§ 15 Verramschung / Herabsetzung der Nutzervergütung / Makulierung / Löschung des Werkes

1

Der Verlag darf die Restauflage der Druckausgabe und/oder derDatenträgerausgabe verramschen und/oder die Nutzervergütung im Fall der Online-Nutzung des Werkes beliebig herabsetzen, wenn der Verkauf bzw. die Online-Nutzung in zwei aufeinanderfolgenden Kalenderjahren unter … Exemplaren bzw. Online-Abrufen pro Jahr gelegen hat. Zur Verramschung einer Restauflage der Druckausgabe ist der Verlag frühestens nach … Jahren ab Erscheinen des Werkes berechtigt[30]. Der Verfasser ist am Ramscherlös des Verlages aus dem Verkauf der Restauflage und/oder an der herabgesetzten Nutzervergütung je Abruf in prozentualer Höhe gemäß § 12 Nr. 1 beteiligt.

---

29 Nichtgewtinschte Alternative streichen.

30 Üblich ist eine Frist von 5 Jahren.

2

Erweist sich nach Ablauf der in Nr. 1 Satz 1 genannten Frist ein Verramschen und/oder eine Herabsetzung der Nutzervergütung als undurchführbar oder wirtschaftlich nicht sinnvoll, so darf der Verlag die jeweilige Restauflage ganz oder teilweise makulieren bzw. das zur Online-Nutzung bereitgehaltene Werk aus dem eigenen oder fremden Speichermedium, insbesondere einer Datenbank, löschen bzw. löschen lassen. Zu einer Teilmakulierung in einem der Absatzentwicklung der jeweiligen Restauflage angemessenen Umfang ist der Verlag jederzeit berechtigt.

3

Der Verlag ist verpflichtet, den Verfasser rechtzeitig vor einer Verramschung oder Makulierung der jeweiligen Restauflage und/oder vor einer Herabsetzung der Nutzervergütung oder vor der Löschung von seiner diesbezüglichen Absicht zu unterrichten und ggf. dem Verfasser die zur Verramschung oder vollständigen Makulierung vorgesehenen Werkexemplare zum Ramschpreis bzw. bei Makulierung zum unentgeltlichen Erwerb ab Lager anzubieten. Wird das Werk makuliert oder aus dem Speichermedium gelöscht, so fallen die dem Verlag gemäß § 2 eingeräumten Nutzungsrechte insoweit an den Verfasser zurück. Der Vertrag endet jedoch nicht, falls der Verlag das Recht zu einer Neuauflage hat.

§ 16 Außerordentliche Vertragsbeendigung

Beendet der Verfasser das Vertragsverhältnis vorzeitig durch außerordentliche Kündigung aus wichtigem Grund, so ist der Verlag befugt, bei Wirksamwerden der Vertragsbeendigung bereits vervielfältigte, aber nicht ausgelieferte Exemplare der Druckausgabe und/oder der Datenträgerausgabe noch bis zum Ablauf von … nach diesem Zeitpunkt zu verbreiten, bzw. verpflichtet, das in einem Speichermedium, insbesondere einer Online-Datenbank, gespeicherte Werk spätestens mit Ablauf von … nach Eintritt der Vertragsbeendigung aus dem eigenen oder fremden Speichermedium zu löschen bzw. löschen zu lassen. Bis zur fristgerechten Löschung aus dem Speichermedium darf das Werk weiterhin Nutzungsbefugten im Wege der Online-Übermittlung und durch Bildschirmwiedergabe zugänglich gemacht werden. § 12 gilt entsprechend.

§ 17 Besondere Vereinbarungen

…

Herausgeber und ihre Aufgaben

»Herausgeber« – entfernt erinnert das an den Frühstücksdirektor: Interessanter Titel, klangvoller Name oder beeindruckende Branchengeltung und hoher Bekanntheitsgrad. Wenn der Verlag den Herausgeber unter solchen Gesichtspunkten wählt, fällt das eigentlich schon unter den Begriff Verlagsmarketing. Dieser Herausgeber soll nur eines sein – Titular-Herausgeber eines Buchs, das er vielleicht noch nicht einmal vor Erscheinen gelesen hat. Die Kompetenz seines Namens wirkt verkaufsfördernd.

Anders der Literat oder Literaturwissenschaftler, der eine Buch-Reihe betreut, die er vielleicht selbst konzipiert, weiterentwickelt und einem Verlag angeboten hat: Von der Auswahl der Autoren, den Vertragsverhandlungen, der Lektorierung der Manuskripte bis zur Wahl des Reihentitels und des Umschlag für das einzelne Buch. Der Herausgeber ist fast ein Verleger, aber nur fast. Der entscheidende Unterschied: Der Verlag hat den Herausgeber bestellt und ihn mit diesen Aufgaben betraut. Das Verlegen der Bücher bleibt Aufgabe des Verlags, insbesondere die finanzielle Seite. Der Verlag trägt das verlegerische Risiko und erbringt alle anderen verlegerischen Leistungen.

Zwischen diesen beiden Polen ist jede Vertragsgestaltung denkbar, die das Verhältnis zwischen Verlag und Herausgeber regelt – besser für alle, wenn darin die Einzelheiten genau bestimmt sind. In dem nachfolgend abgedruckten Mustervertrag heißt es in einer Fußnote: Bei Vertragsende … »ist häufig unklar, welche Vertragspartei das betreffende Werk – möglichst unter dem bisherigen Titel – fortführen darf. Ist darüber vertraglich nichts vereinbart, so wird im Fall einer gerichtlichen Auseinandersetzung danach gefragt, wer ›Herr des Unternehmens‹ (im übertragenen Sinn) ist. Dabei muß anhand von bestimmten Kriterien wie gedankliche Konzeption, inhaltliche und förmliche Gestaltung, redaktionelle Verantwortung, Finanzierung etc. geprüft werden, wem der überwiegende Anteil an der Realisierung des Verlagsobjekts … gebührt. Es empfiehlt sich deshalb, hierüber eine eindeutige Regelung zu treffen, die ein eventuell bestehendes Titelrecht mit umfassen sollte.«

Herausgebervertrag

Herausgebervertrag über ein wissenschaftliches Werk mit mehreren Verfassern / eine wissenschaftliche Zeitschrift[1].

§ 1 Vertragsgegenstand

1

Gegenstand des Vertrages ist die Herausgabe eines Werkes / einer Zeitschrift über ...[2].

2

Der Titel lautet:

Oder[3]:

Der Arbeitstitel lautet: ... . Der endgültige Titel wird in Abstimmung zwischen Herausgeber[4] und Verlag festgelegt. Wird darüber keine Einigung erzielt, so bestimmen der Verlag / der Herausgeber den Titel[5]. Die andere Vertragspartei kann der Titelbestimmung widersprechen, wenn diese für sie nach Treu und Glauben unzumutbar ist.

3

Der Verlag beauftragt ...[6] mit der Herausgabe. Weitere Herausgeber sind: ...[7].

§ 2 Aufgaben des Herausgebers

1

Das Werk / die Zeitschrift wird in der bisherigen Konzeption fortgeführt.

Oder[8]:

Die Konzeption des Werkes / der Zeitschrift wird vom Herausgeber / vom Verlag / von den Vertragsparteien gemeinsam[9] entwickelt. Die Einzelheiten der Konzeption und

---

1   Nichtgewünschtes streichen.

2   Gebiet oder Thema. Es kann sich dabei auch um die Herausgabe eines bestehenden Werkes in einer Neuauflage bzw. einer bestehenden Zeitschrift handeln.

3   Nichtzutreffendes streichen.

4   Sind mehrere Herausgeber bestellt, so erstrecken sich die Regelungen des vorliegenden Vertragsmusters auf eine Mehrheit der Herausgeber, bzw. entsprechende Rechte und Pflichten sind nach Maßgabe der jeweiligen Funktion der einzelnen Herausgeber unter diesen aufzuteilen. Es empfiehlt sich, über die Zusammenarbeit der Herausgeber eine besondere Vereinbarung zu treffen. Darin sollte insbesondere auch die Befugnis geregelt werden, für die Herausgeber verbindliche Erklärungen gegenüber dem Verlag abzugeben und von diesem solche Erklärungen entgegenzunehmen (s. auch Fußn. 41). Einer Sonderregelung bedarf auch die Berufung eines etwaigen Beirates. Vgl. im Übrigen § 1 Nr. 1 mit Fußn. 5 bzw. 6 der Musterverträge Nrn. 3 und 5.

5   Nichtgewünschtes streichen.

6   Namen einer Person oder Institution.

7   Namen weiterer Personen oder Institutionen.

8   Nichtgewünschte Alternative streichen.

9   Nichtgewünschtes streichen.

Programmplanung ergeben sich aus dem anliegenden Editionsplan, der Bestandteil dieses Vertrages ist.

2

Der Herausgeber übernimmt die editorische Betreuung und trägt für die innere Geschlossenheit des Werkes / der Zeitschrift Sorge. Er übernimmt die wissenschaftliche Verantwortung. Zu seinen Aufgaben gehören insbesondere[10]:

a) Die Festlegung der inhaltlichen Ausrichtung;

b) die Auswahl des behandelten Stoffes;

c) die Erstellung von einheitlichen Redaktionsrichtlinien im Einvernehmen mit dem Verlag;

d) die Auswahl von und Verhandlung mit Verfassern von zur Veröffentlichung geeignet erscheinenden Beiträgen, wobei entsprechende Verträge mit den Verfassern durch den Verlag abgeschlossen werden[11]; ein Muster für diese Verträge ist Anlage des vorliegenden Vertrages.

e) die Prüfung von Beitragsmanuskripten einschließlich Bildvorlagen auf Eignung zur Veröffentlichung;

f) die Entscheidung über Annahme oder Ablehnung von Beitragsmanuskripten; im Fall einer Manuskriptablehnung nach erfolgtem Vertragsabschluss mit dem betreffenden Verfasser ist das vorherige Einvernehmen mit dem Verlag herzustellen.

g) die Anordnung der Verfasserbeiträge;

h) die Verfasser der Beitragsmanuskripte und den Verlag zur Erfüllung ihrer jeweiligen Verpflichtungen aus den zwischen ihnen abgeschlossenen Verträgen anzuhalten, insbesondere zur Wahrung der darin vereinbarten oder den Verfassern durch den Verlag auf der Grundlage dieser Verträge gesetzten Fristen;

i) die Durchsicht der Fahnenabzüge und Papierausdrucke der durch die Verfasser jeweils endkorrigierten, mit einem Freigabevermerk versehenen und namentlich abgezeichneten[12] Beitragsmanuskripte. Nimmt der Herausgeber sachlich nicht gebotene Änderungen im fertigen Satz oder nach Abschluß der Formatierung und/oder Gestaltung der maschinenlesbar erfaßten und elektronisch gespeicherten Manuskripte vor, so hat er die dadurch entstehenden Mehrkosten – berechnet nach dem Selbstkostenpreis des Verlages – insoweit zu tragen, als diese Kosten 10% der Satzkosten bzw. Kosten der Formatierung und/oder Gestaltung übersteigen.

---

10 Nichtgewünschtes streichen.

11 Hierfür stehen die Vertragsmuster Nrn. 3 oder 5 bzw. der Revers gemäß Muster Nr. 4 zur Verfügung. – Bei durch Herausgeber editorisch betreuten Mehrautorenwerken kann es sich empfehlen, Verlagsverträge mit den Verfassern nur für *eine* Auflage abzuschließen; vgl. Fußn. 17 zu § 2 Nr. 2 des Mustervertrages Nr. 2.

12 Zur Verpflichtung der Verfasser zur Endkorrektur ihrer jeweiligen Beiträge vgl. § 10 Nr. 2 des Mustervertrages Nr. 2 sowie § 7 Nr. 2 der Muster Nrn. 3 und 5.

§ 3 Form der Veröffentlichung / Ablieferungs- und Veröffentlichungstermin

1

Das Werk / die Zeitschrift wird in gedruckter Form[13] / als maschinenlesbare Datenträgerausgabe (insbesondere CD-ROM) / im Wege der unkörperlichen elektronischen Übermittlung und Wiedergabe (Online-Ausgabe)[14] veröffentlicht.

Nur bei Zeitschriften:

2

[15] Die Veröffentlichung erfolgt periodisch, und zwar … .

3

Der Herausgeber überläßt das Gesamtmanuskript des Werkes / des jeweils aktuellen Zeitschriftenheftes dem Verlag bis spätestens … . Überschreitet er den Termin, so gilt als angemessene Nachfrist ein Zeitraum von …

Oder – nur bei Zeitschriften – [16]:

Der Herausgeber überlässt die durch ihn angenommenen Beitragsmanuskripte dem Verlag fortlaufend / heftweise[17].

4

Der Verlag wird das Werk / die Zeitschrift bis … / gemäß dem Editionsplan (s. § 2 Nr. 1 – untere Alternative –)[18] veröffentlichen. Überschreitet er den Termin, so gilt als angemessene Nachfrist ein Zeitraum von … .

5

Wird eine Nachfrist gemäß Nrn. 3 oder 4 überschritten, ohne dass dafür sachlich gerechtfertigte Gründe vorliegen, so ist die andere Vertragspartei befugt, vom Vertrag zurückzutreten. Die Befugnis kann nur ausgeübt werden, nachdem die Vertragspartei den Rücktritt angekündigt hat und eine weitere Frist von … seit der Ankündigung verstrichen ist, ohne dass die andere Vertragspartei ihrer Pflicht gemäß Nrn. 3 bzw. 4 nachgekommen ist.

§ 4 Beschaffenheit, Umfang, Ausstattung und Preis des Werkes

1

Zur Beurteilung, ob die Beitragsmanuskripte dem anerkannten fachlichen Standard der

---

13 Die Vertragsparteien können durch besondere Vereinbarung die Möglichkeit eines Print on Dernand (POD), d.h. die Herstellung von Einzelexemplaren im Druck auf individuelle Anforderung durch Besteller, vorsehen, ggf. erst ab Herstellung eines bestimmten Teils der Auflage. Dabei wäre auch vertraglich zu regeln, ob der Verlag zu dieser Publikationsform nur berechtigt oder auch verpflichtet ist. Vgl. auch § 2 Nr. 1 a) mit Fußn. 10 des Mustervertrages Nr. 2.

14 Nichtgewünschtes streichen.

15 Falls nicht einschlägig, streichen.

16 Nichtgewünschte bzw. nichteinschlägige Alternative streichen.

17 Nichtgewünschtes streichen.

18 Nichtzutreffendes streichen.

behandelten Gebiete oder Themen Rechnung tragen, kann / muß[19] der Herausgeber ...
Fachberater hinzuziehen, die er zur Verschwiegenheit verpflichtet[20].

Oder[21]:

Für die Annahme der Beitragsmanuskripte gilt folgende Verfahrensweise: ... .

2

[22] Soweit dies nicht Aufgabe der Verfasser der Beiträge oder des Verlages ist, wird der
Herausgeber zur Vervollständigung oder Illustration benötigte fremde Text- und/oder
Bildvorlagen beschaffen und die erforderlichen Nutzungsrechte oder Zustimmungen
Dritter auf ... Kosten ... einholen.

Die beschafften Text- und/oder Bildvorlagen gehen nicht in das Eigentum des Verlages
über.

Oder – insbesondere bei Zeitschriften – [23]:

Die beschafften Text- und/oder Bildvorlagen verbleiben beim Verlag, soweit sich der
Herausgeber eine Rückgabe nicht ausdrücklich vorbehalten hat.

3

Für die Erstellung von Registern und die benötigte Software wird Folgendes vereinbart: ... .

4

Der Umfang des Werkes wird auf ca. ... Druckseiten, das sind ca. ... Manuskriptseiten
(à. ... Zeilen zu je ... Anschlägen), oder ... Wörter und/oder ... Zeichen (ohne Steuerzeichen und dgl.) zuzüglich ... Abbildungen (davon ... in Farbe) festgelegt.

Oder – nur bei Zeitschriften – [24]:

Der Umfang eines Jahrgangs der Zeitschrift beträgt ... Druckseiten (einschließlich
Register), derjenige eines einzelnen Heftes ca. ... Druckseiten. Der Herausgeber trägt
dafür Sorge, dass der vereinbarte Jahrgangsumfang im Wesentlichen erreicht und nicht
überschritten wird.

5

Soweit die Verträge des Verlages mit den Verfassern der für das Werk bestimmten
Beiträge dies vorsehen[25], hat der Herausgeber im Fall einer wesentlichen Überschreitung des nach Nr. 4 festgelegten Umfangs die Verfasser zu einer angemessenen Kürzung einzelner Beitragsmanuskripte anzuhalten und ggf. die Kürzung selbst vorzunehmen, soweit die Überschreitung nicht durch unvorhergesehene Umstände sachlich
geboten ist. Es darf sich dabei nicht um Kürzungen handeln, die das Persönlichkeitsrecht der Verfasser berühren. Kommt der Herausgeber einer der in Satz 1 genannten

---

19 Nichtgewünschtes streichen.

20 Ggf. sind für hinzugezogene Fachberater Vergütungen durch den Verlag vorzusehen.

21 Nichtgewünschte Alternative streichen.

22 Bei Zeitschriften i.d.R. nicht sinnvoll; ggf. streichen.

23 Nichtgewünschte Alternative streichen.

24 Nichtgewünschte bzw. nichteinschlägige Alternative streichen.

25 Vgl. § 5 Nr. 5 des Mustervertrages Nr. 2 sowie § 4 Nr. 3 der Muster Nrn. 3 und 5.

Pflichten nicht innerhalb angemessener Frist ab Aufforderung nach und überschreitet er auch eine ihm gesetzte angemessene Nachfrist, so ist der Verlag befugt, die Kürzung auf Kosten des Herausgebers selbst vorzunehmen oder durch einen Dritten vornehmen zu lassen[26]. Anstelle der Kürzung ist der Verlag berechtigt, vom Vertrag zurückzutreten. Das Rücktrittsrecht kann nur ausgeübt werden, nachdem der Verlag den Rücktritt angekündigt hat und eine weitere Frist von … seit der Ankündigung verstrichen ist, ohne dass der Herausgeber einer seiner Pflichten gemäß Satz 1 nachgekommen ist.

6

Der Verlag bestimmt die formale Gestaltung und Ausstattung. Diesbezügliche Wünsche des Herausgebers sind nach Möglichkeit zu berücksichtigen.

7

Der Preis wird durch den Verlag nach Anhörung des Herausgebers festgelegt.

§ 5 Einräumung von Nutzungsrechten / rechtliche Unbedenklichkeit / Haftung

1

Soweit der Herausgeber durch Auswahl oder Anordnung der Beiträge oder durch deren Bearbeitung Inhaber eines eigenen Urheberrechts ist, räumt er dem Verlag hiermit diejenigen Nutzungsrechte in demselben Umfang ein, welche die Verfasser hinsichtlich ihrer Beiträge dem Verlag einräumen[27], vor allem das Recht zur Vervielfältigung und Verbreitung in gedruckter Form[28] für bestimmte Ausgaben, das Recht zur Vervielfältigung und Verbreitung auf maschinenlesbaren Datenträgern, insbesondere Disketten und CD-ROM (Datenträgerausgabe)[29], sowie das Recht zur elektronischen Speicherung, insbesondere in Datenbanken, und zum Verfügbarmachen für die Offentlichkeit zum individuellen Abruf, zur Wiedergabe auf dem Bildschirm und zum Ausdruck beim Nutzer (Online-Nutzung), auch vorab und auszugsweise[30]. Die diesbezüglichen Bestimmungen des dem vorliegenden Vertrag beigefügten Musters für die Verträge zwischen den Verfassern und dem Verlag gelten entsprechend[31].

2

Im Rahmen von Nr. 1 sichert der Herausgeber die Freiheit von Rechten Dritter an den und seine Verfügungsbefugnis über die dem Verlag eingeräumten Nutzungsrechte, auch in Bezug auf die durch ihn beschafften fremden Text-und/oder Bildvorlagen (vgl. § 4 Nr. 2), in demselben Umfang zu wie die Verfasser hinsichtlich ihrer Beiträge[32].

---

26 Sind mehrere Herausgeber bestellt, so sollte für die Ersatzvornahme eine angemessene Lösung vereinbart werden, z. B. die Kürzung von Beitragsmanuskripten durch einen bereits vorhandenen oder im Wege der Ersatzberufung bestellten neuen Mitherausgeber (s. auch Fußn. 4).

27 Vgl. im Einzelnen § 2 der Musterverträge Nrn. 2, 3 und 5 sowie Nrn. 1 bis 4 des Reverses gemäß Muster Nr. 4.

28 Zur Möglichkeit eines *Print on Demand* s. Fußn. 13.

29 Multimedia-Nutzungen bedürfen einer besonderen Vereinbarung.

30 Multimedia-Nutzungen bedürfen einer besonderen Vereinbarung.

31 S. § 2 Nr. 2 d).

32 Vgl. § 7 Nrn. 1 und 2 des Mustervertrages Nr. 2, § 6 Nrn. 1 und 2 der Muster Nrn. 3 und 5 sowie Nr. 5 des Reverses gemäß Muster Nr. 4.

3

Werden die Vertragsparteien einzeln oder gemeinsam durch Dritte wegen der Leistungen des Herausgebers nach Nrn. 1 oder 2 auf Schadensersatz und/oder Kosten einer Rechtsverfolgung in Anspruch genommen, so haftet jede Vertragspartei im Innenverhältnis entsprechend dem Anteil ihres eigenen Verschuldens[33].

§ 6 Enthaltungspflicht / Konkurrenzverbot

1

Der Herausgeber verpflichtet sich für die Laufzeit dieses Vertrages, in ähnlicher Funktion an einem anderen Werk / einer anderen Zeitschrift, das bzw. die geeignet erscheint, dem vertragsgegenständlichen Werk bzw. der vertragsgegenständlichen Zeitschrift ernsthaft Konkurrenz zu machen, nur mit schriftlicher Zustimmung des Verlages mitzuwirken. Die Zustimmung darf nicht wider Treu und Glauben verweigert werden.

2

Will der Verlag während der Laufzeit des Vertrages ein anderes Werk / eine andere Zeitschrift auf dem gleichen Gebiet oder zum gleichen Thema veröffentlichen, so wird er den Herausgeber darüber unterrichten und dessen berechtigten Einwänden im Rahmen von Treu und Glauben Rechnung tragen.

§ 7 Nutzungsrechte an den Verfasserbeiträgen / »Recht am Unternehmen« einschließlich Titelrecht / Abonnenten[34]

1

Sämtliche Nutzungsrechte an den Beiträgen der Verfasser erwirbt der Verlag. Dieser trifft mit den Verfassern entsprechende vertragliche Vereinbarungen[35].

2

Das Recht am Unternehmen und ein eventuelles Recht am Werktitel[36] liegen beim Verlag / beim Herausgeber / bei den Vertragsparteien gemeinsam[37].

---

32 Vgl. § 7 Nrn. 1 und 2 des Mustervertrages Nr. 2, § 6 Nrn. 1 und 2 der Muster Nrn. 3 und 5 sowie Nr. 5 des Reverses gemäß Muster Nr. 4.

33 Abweichende Vereinbarungen, z.B. über eine Haftungsfreistellung, können getroffen werden.

34 Falls nicht einschlägig, streichen.

35 auch § 2 Nr. 2 d) und § 5 Nr. 1; vgl. ferner die Mustervertr. Nrn. 2, 3 und 5 sowie den Revers gemäß Muster Nr. 4.

36 Kommt es zwischen einem Herausgeber (oder Herausgebergremium) und dem Verlag zu Streitigkeiten, deren Folge die Beendigung des Herausgebervertrages ist, so ist häufig unklar, welche Vertragspartei das betreffende Werk – möglichst unter dem bisherigen Titel – fortführen darf. Ist darüber vertraglich nichts vereinbart, so wird im Fall einer gerichtlichen Auseinandersetzung danach gefragt, wer ›Herr des Unternehmens‹ (im übertragenen Sinn verstanden: Unternehmen = das Werk als solches) ist. Dabei muß anhand von bestimmten Kriterien wie gedankliche Konzeption, inhaltliche und förmliche Gestaltung, redaktionelle Verantwortung, Finanzierung etc. geprüft werden, wem der überwiegende Anteil an der Realisierung des Verlagsobjekts und damit die *Unternehmensherrschaft* daran gebührt. Es empfiehlt sich deshalb, hierüber eine eindeutige Regelung zu treffen, die ein eventuell bestehendes Titelrecht mit umfassen sollte.

37 Nichtgewünschtes bzw. Nichtzutreffendes streichen.

3

[38] Hinsichtlich der Abonnenten wird für den Fall der Vertragsbeendigung Folgendes vereinbart: ... .

§ 8 Bestellung von weiteren Herausgebern

Erscheint die Hinzuziehung weiterer Personen oder Institutionen wünschenswert oder geboten, so sind Herausgeber und Verlag[39] berechtigt, entsprechende Vorschläge zu machen. Die andere Vertragspartei kann dem Vorschlag widersprechen, wenn dieser für sie nach Treu und Glauben unzumutbar ist.

Oder[40]:

Erscheint die Hinzuziehung weiterer Personen oder Institutionen wünschenswert oder geboten, so entscheiden die Vertragsparteien gemeinsam über deren Bestellung als Herausgeber.

Die Aufgabenverteilung zwischen den Herausgebern wird in einer besonderen Vereinbarung geregelt, die Bestandteil dieses Vertrages ist[41].

§ 9 Zusammenarbeit mit den Verfassern

Soweit die Verträge des Verlages mit den Beitragsverfassern dies vorsehen[42], gilt Folgendes:

Der Herausgeber ist befugt, den Verfassern der Beiträge sachlich begründete und ihnen nach Treu und Glauben zumutbare Anregungen zu geben, die sie zu berücksichtigen haben. Kommen die Verfasser dieser Pflicht nicht innerhalb angemessener Frist nach, so kann der Herausgeber die betreffenden Handlungen selbst vornehmen oder durch einen Dritten vornehmen lassen, soweit es sich dabei um Maßnahmen handelt, die das Persönlichkeitsrecht der Verfasser nicht berühren. Darüber hinaus ist der Herausgeber befugt, von den Verfassern Auskunft über den Stand der Arbeiten an ihren jeweiligen Beiträgen zu verlangen.

Nicht bei Zeitschriften:
§ 10 Neubearbeitung des Werkes[43]

1

Die Vertragsparteien werden einander auf alle ihnen bekannten Umstände hinweisen, die eine Neubearbeitung wünschenswert machen oder geboten erscheinen lassen.

---

38   Falls nicht einschlägig, streichen.

39   Ggf. Nichtgewünschtes streichen.

40   Nichtgewünschte Alternative streichen.

41   Sind mehrere Herausgeber bestellt, so empfiehlt es sich, eine Sprecherregelung zu treffen (s. auch Fußn. 4).

42   Vgl. § 4 Nr. 1 des Mustervertrages Nr. 2 sowie § 3 der Muster Nrn. 3 und 5.

43   Falls nicht einschlägig, streichen.

2

Halten Herausgeber und Verlag eine Neubearbeitung für geboten, so treffen die Vertragsparteien über den Ablieferungstermin eines bearbeiteten Gesamtmanuskripts des Werkes eine besondere schriftliche Vereinbarung.

3

Im Fall einer Neubearbeitung des Werkes ist der Verlag mit Zustimmung des Herausgebers berechtigt, einzelne Beiträge der Verfasser wegzulassen[44] und neue Beiträge aufzunehmen.

4

Hält eine Vertragspartei eine Neubearbeitung nicht für geboten, so hat sie sich innerhalb einer Frist von ... zu erklären. Nach fruchtlosem Fristablauf und Ablauf einer angemessenen Nachfrist von ... oder nach Ablehnung ist die andere Vertragspartei befugt, das Vertragsverhältnis schriftlich zu kündigen, wenn der Verweigerung einer Neubearbeitung ihre berechtigten Interessen entgegenstehen. Die Kündigung wird erst wirksam, wenn die laufende Auflage der Druckausgabe und/oder der Datenträgerausgabe beim Verlag vergriffen ist. Wird das Werk zur Online-Nutzung bereitgehalten, so wird die Kündigung diesbezüglich ... nach Zugang des Kündigungsschreibens wirksam.

§ 11 Nennung des Herausgebers

1

Der Verlag ist verpflichtet, den Herausgeber in der üblichen Weise namentlich zu nennen.

Oder[45]:

2

Übernimmt anstelle des Herausgebers ein Dritter die editorische Betreuung und ist die durch den Dritten übernommene Betreuung vom Herausgeber noch maßgeblich mitgeprägt, so wird der Verlag dessen namentliche Nennung – neben derjenigen des Dritten als neuem Herausgeber – in geeigneter Form beibehalten. Der alte Herausgeber oder sein Rechtsnachfolger kann dieser Beibehaltung widersprechen, wenn sie für ihn nach Treu und Glauben unzumutbar ist.

Nicht bei Zeitschriften:

3

[46] Veröffentlicht der Verlag Neubearbeitungen des Werkes, die anstelle des Herausgebers durch einen Dritten editonsch betreut wurden, so darf er ab der bearbeiteten Auflage oder nach Ablauf von ... Jahren ab Erscheinen der ersten bearbeiteten Auflage

---

44   Vgl. § 19 Verlagsgesetz.

45   Je nach den Umständen kann es ratsam sein, die Herausgebernennung konkret zu regeln, insbesondere, wenn mehrere Herausgeber bestellt sind.

46   Falls nicht einschlägig, streichen.

und/oder nach Ablauf von … Jahren ab dem Beginn der Online-Nutzung im Verhältnis zum Herausgeber allein den Dritten als neuen Herausgeber namentlich nennen, es sei denn, die durch den Dritten übernommene Betreuung ist immer noch vom alten Herausgeber nicht unwesentlich mitgeprägt.

§ 12 Honorar / Aufwendungsersatz

1

Der Herausgeber erhält ein Pauschalhonorar / ein pauschales Druckbogenhonorar (à 16 Seiten)[47] in Höhe von … DM/Euro je Kalenderjahr, zahlbar in monatlichen Abschlägen von je … DM/Euro, erstmals zum …

Oder[48]:

Der Herausgeber erhält je verkauftes und bezahltes, nicht remittiertes Exemplar des Werkes und/oder je vergütungspflichtigen und bezahlten Online-Abruf ein Honorar, und zwar für die Buchausgabe in Höhe von … %

Taschenbuchausgabe in Höhe von … %; Übersetzungsausgabe in Höhe von … %

Mikroformausgabe in Höhe von …%; Bild- oder Tonträgerausgabe in Höhe von … %

Datenträgerausgabe in Höhe von … %; Online-Nutzung in Höhe von … %

… – Ausgabe[49] in Höhe von … %

des Ladenverkaufspreises / des Verlagsabgabepreises / des Jahresumsatzes des Verlages[50] mit dem Werk bzw. der Nutzervergütung für Online-Nutzungen abzüglich der darin enthaltenen gesetzlichen Mehrwertsteuer[51].

Weist der Herausgeber nach, dass er nach deutschem Recht mehrwertsteuerpflichtig ist oder geworden ist, so zahlt der Verlag die auf das Honorar anfallende Mehrwertsteuer zusätzlich.

2

[52] Beleg-, Frei-, Pflicht-, Prüf-, Werbe- und Besprechungsexemplare sowie für das Archiv des Verlages bestimmte Exemplare des Werkes sind honorarfrei. Sie unterliegen keinem Verwendungsnachweis durch den Verlag. Darunter fallen nicht Partie- und Portoersatzstücke sowie solche Exemplare, die für allgemeine Werbezwecke des Verlages abgegeben werden.

3

[53] Übernimmt anstelle des Herausgebers ein Dritter die editorische Betreuung, so bleibt ein Honoraranspruch des Herausgebers erhalten, wenn die durch den Dritten übernommene Betreuung vom Herausgeber noch maßgeblich mitgeprägt ist; jedoch

---

47 Nichtgewünschtes streichen.

48 Nichtgewünschte Alternative streichen. – Untere Alternative bei Zeitschriften i.d.R. nicht sinnvoll.

49 Einzelne Ausgabe- und Nutzungsformen können bei Bedarf gestrichen oder ergänzt werden.

50 Nichtgewünschtes streichen.

51 Nichtzutreffendes bzw. Nichtgewünschtes streichen.

52 Streichen, falls Nr. 1 – obere Alternative – einschlägig. – Bei Zeitschriften i.d.R. nicht sinnvoll; ggf. streichen.

53 Bei Zeitschriften i.d.R. nicht sinnvoll; ggf. streichen.

ermäßigt sich sein Honorar gemäß Nr. 1 für die laufende Auflage der Druckausgabe und/oder der Datenträgerausgabe und/oder im Fall der Online-Nutzung für das laufende Kalenderjahr um …, für die folgende Auflage bzw. das folgende Kalenderjahr um … . Ab der … folgenden Auflage bzw. dem … folgenden Kalenderjahr entfällt der Honoraranspruch des Herausgebers ganz[54].

4

[55] Verwertet der Verlag ihm durch den Herausgeber eingeräumte Nutzungsrechte durch Lizenzvergabe, so erhält dieser zuzüglich zum Honorar gemäß Nr. 1 eine Beteiligung an den Nettoerlösen des Verlages (abzüglich insbesondere von Vermittlungsprovisionen für Dritte, Bearbeiterhonoraren etc.), und zwar

für folgende Nutzungen gemäß § 5 Nr. 1: … %

für folgende Nutzungen gemäß § 5 Nr. 1: … %[56], *usw.*

5

Nicht bei Zeitschriften[57]: Das Honorar nach Nr. 1 wird bei Erscheinen des Werkes bzw. dessen erstmaligem Verfügbarmachen für die Offentlichkeit zur Online-Nutzung fällig. *Oder*[58]:

Abrechnungen und Zahlungen des Honorars nach Nr. 1 sowie von Erlösanteilen nach Nr. 4 erfolgen halbjährlich /jährlich[59] zum 30. Juni und/oder 31. Dezember eines Jahres, und zwar innerhalb des auf den Stichtag folgenden Quartals.

6

Über den Ersatz von Aufwendungen wird Folgendes vereinbart: … .

§ 13 Freiexemplare / Zugriffsrecht

1

Der Herausgeber erhält … Freiexemplare pro Auflage der Druckausgabe und/oder … Freiexemplare pro Auflage der Datenträgerausgabe. Weitere Exemplare kann der Herausgeber vom Verlag mit einem Rabatt in Höhe von … % des Ladenverkaufspreises erwerben.

2

Wird das bzw. die in einem Speichermedium, insbesondere einer Online-Datenbank, elektronisch gespeicherte Werk / Zeitschrift zum Abruf bereitgehalten, so ist der Herausgeber berechtigt, es bzw. sie unentgeltlich auf einem maschinenlesbaren Datenträger und in einem eigenen Rechner zu speichern bzw. im Rahmen der üblichen Betriebszeiten des betreffenden Speichermediums … Mal oder … Minuten je Abruf auf dem

---

54   Weitere Differenzierungen können vereinbart werden.

55   Streichen, falls Nr. 1 – obere Alternative – einschlägig.

56   Die zu beziffernden Prozentanteile beziehen sich auf die Lizenzerlöse, nicht auf das Absatzhonorar gemäß § 12

Nr. 1 – untere Alternative –.

57   Für diese ist eine geeignete Fälligkeitsregelung zu treffen, falls die untere Alternative nicht angewendet wird.

58   Nichteinschläge Alternative streichen.

59   Nichtgewünschtes streichen.

eigenen Bildschirm wiederzugeben. Hat der Verlag das Werk / die Zeitschrift in einem fremden Speichermedium gespeichert oder speichern lassen, so stellt er das unentgeltliche Zugriffsrecht des Herausgebers auf das Speichermedium bzw. das Zugriffsrecht für weitere vergütungspflichtige Online-Übermittlungen des Werkes bzw. der Zeitschrift durch eine Vereinbarung mit dem Betreiber des Speichermediums vertraglich sicher.

3

Weder die Freiexemplare noch die vom Verlag mit Rabatt erworbenen Exemplare dürfen vom Herausgeber gegen Entgelt veräußert werden. Die Online-Zugänglichmachung des bzw. der kostenlos auf einem maschinenlesbaren Datenträger oder in einem eigenen Rechner gespeicherten oder unentgeltlich auf dem eigenen Bildschirm wiedergegebenen Werkes / Zeitschrift ist in jedem Fall unzulässig.

§ 14 Vertragslaufzeit und -beendigung

1

Das Vertragsverhältnis wird auf unbestimmte Zeit / für die Dauer von ... Jahren[60] abgeschlossen. Seine Laufzeit verlängert sich jeweils um ein weiteres Jahr, wenn es nicht mit einer Frist von ... Monaten vor Ablauf schriftlich gekündigt wird. Im Übrigen kann es nur aus wichtigem Grund gekündigt werden.

2

Das Vertragsverhältnis endet mit dem Tod des Herausgebers oder der Vollendung seines ... Lebensjahres. Es kann schriftlich mit einer Frist von ... Monaten gekündigt werden, sobald der Herausgeber aus seinen akademischen Funktionen ausscheidet.

3

Bei Beendigung des Vertragsverhältnisses entscheidet der Verlag, falls er gemäß § 7 Nr. 2 das Recht am Unternehmen[61] hat, über die Rechtsnachfolge des Herausgebers. War im Fall von Nr. 2 Satz 1 – erste Alternative – der verstorbene Herausgeber Herr des Unternehmens, so entscheiden darüber seine Erben[62].

§ 15 Besondere Vereinbarungen

...

---

60 Nichtgewünschtes streichen.

61 Zu den Begriffen des »Herrn des Unternehmens« und der Unternehmensherrschaft s. Fußn. 36.

62 Sind mehrere Herausgeber bestellt, so sollte vereinbart werden, dass die verbleibenden Mitherausgeber über die Rechtsnachfolge in der Herausgeberschaft entscheiden, ggf. durch Kooptation eines Dritten anstelle des verstorbenen Herausgebers im Einvernehmen mit dem Verlag (s. auch FuBn. 4).

Vertrag mit einem Zuschußverlag

Bevor Sie einen Vertrag mit einem Zuschußverlag unterschreiben und
die Umkehrung des Verlagsprinzips (Nicht der Verleger legt vor, sondern der Autor) akzeptieren, prüfen Sie diese Punkte:

- Haben Sie Bücher des Vertragspartners gesehen?
- Wird im Vertrag die Gesamtauflage Ihres Buches festgelegt?
- Wird die Gesamtauflage gedruckt, ist das nachprüfbar?
- Verbindlicher Erscheinungstermin?
- Wird eine Vorauszahlung vom Autor verlangt?
- Haben Sie ein Angebot bei einer Buchdruckerei eingeholt?
- Handelt es sich demnach noch um einen Zuschuss?
- Ihre Gesamtkosten geteilt durch Freiexemplare: Was kostet Sie
  dann der einzelne Band?
- Wenn Sie weitere 100 oder 200 Exemplare haben möchten, welche
  Summe sollen Sie dann jeweils dafür bezahlen?
- Sind die Kosten für die angebotenen Leistungen einzeln aufge-
  führt, z. B. Lektorat, Gestaltung, Druck, Werbung?
- Sind im Vertrag Werbemaßnahmen genannt?
- Sind Maßnahmen zur Leserwerbung beziffert?
- Welche Vertriebsleistung erbringt das Unternehmen?
- Haben Sie verschiedenen Buchhändlern das Buchprogramm des
  Verlags gezeigt? Ist es bekannt und wird daraus verkauft?
- Wieviel Presseexemplare werden (Liste der Empfänger) versandt?
- Haben Sie die VS-Landesgeschäftstelle (Ver.di) gefragt, ob und
  welche Erfahrungen andere Autoren mit dem Unternehmen ge-
  macht haben?
- Wenn Sie sich entschieden haben, für die Veröffentlichung Ihres
  Werkes zu zahlen: Haben Sie den Vertrag vor Unterschrift von
  einem auf Verlagsrecht spezialisierten Anwalt auf Ihre und die Ver-
  pflichtungen Ihres Vertragspartners prüfen lassen?

Markenrecht

Einführung

Als Marke können Wörter, Bilder, Logos, Zahlen- und Buchstaben-kombinationen, aber auch Verpackungen oder Autmachungen sowie Farbgestaltungen geschützt werden. Auch sogenannte Jingles, d. h. Klang- oder Melodienfolgen, sind markenschutzfähig.

Marken sind nach dem in Deutschland geltenden Recht frei über-tragbar, und es können Markenlizenzen gewährt werden. Demnach ist die Marke also ein selbständiges Wirtschaftsgut.

Mit Eintragung der Marke hat der Inhaber das Recht, diese mit dem bekannten ® oder dem Titel »Schutzmarke« zu versehen.

Nur eingetragene Marken dürfen mit dem ® (»registriert«) verse-hen werden. Wird aus »Werbegründen« auch für nicht registrierte Marken das ® verwendet, hat der Wettbewerb das Recht, hiergegen vorzugehen.

Markenschutz erfordert eine Anmeldung beim jeweiligen Patent-amt und es gilt auch hier das Prinzip der Territorialität und Priorität. Mit der Anmeldung der Marke ist gleichzeitig anzugeben, für welche Waren und/oder Dienstleistungen Schutz begehrt wird. Nur für die angegebenen Waren und/oder Dienstleistungen und die diesen ähnli-chen Produkte oder Leistungen gilt mit Registrierung der Marke der dem Inhaber zustehende Schutz auf Unterlassung, Schadensersatz und Auskunftsanspruch gegenüber einem Markenverletzer. Eine deutsche Marke zieht bei Schutz für bis zu drei Waren- und Dienst-leistungsklassen und einer verlängerbaren Schutzdauer von 10 Jahren Kosten von etwa 800 Euro nach sich.

In Deutschland gilt eine Marke zunächst für 10 Jahre als eingetra-gen. Eine Verlängerung jeweils im Zehnjahresturnus ist möglich. Damit besitzt eine Marke keine endliche Laufzeit wie ein Patent, son-dern kann über Jahrzehnte gehalten werden und einen immer größe-ren Besitzstand begründen.

Nicht alle Markenwörter sind schutzfähig. So wird sogenannten beschreibenden Zeichen, z. B. »Fitneß-Küche« oder »Gesundheits-Dienst«, der Schutz von Amts wegen regelmäßig versagt. Auch ist es, von Ausnahmen abgesehen, nicht möglich, Begriffe zu schützen, die für den Wettbewerb zur ungehinderten Bezeichnung bestimmter Produkte oder Leistungen freizuhalten sind. Beispielsweise kommt dem Begriff »Qualität« ein Freihaltebedürfnis zu. Nicht eingetragen werden auch Hoheitszeichen, Wappen, amtliche Prüf- und Gewährszeichen, da es auch hier nicht zulässig ist, daß einzelne Unternehmen derartige Zeichen für die Allgemeinheit blockieren.

Vor der Benutzung bzw. vor der Anmeldung einer eigenen Marke sollte überprüft werden, ob diese nicht bereits für einen Dritten geschützt ist. Das Deutsche Patent- und Markenamt führt eine solche Recherche nicht von Amts wegen durch. Insofern kann es dazu kommen, daß die eigene Marke anstandslos eingetragen wird, jedoch zu einem späteren Zeitpunkt eine Kollision mit einem älteren Recht auftritt und damit die eigene, jüngere Marke sich als wertlos herausstellt.

In Deutschland gilt nach der Eintragung der Marke eine dreimonatige sogenannte Widerspruchsfrist. Im Rahmen dieser Widerspruchsfrist haben die Inhaber älterer ähnlicher Zeichen, die für die gleichen oder ähnliche Waren oder Dienstleistungen angemeldet oder eingetragen sind, die Möglichkeit, das Entstehen eines störenden Schutzrechts, das sich zu eng an das eigene Zeichen anlehnt, zu verhindern. Das Widerspruchsverfahren wird vor dem Deutschen Patent- und Markenamt sowie im letzten Rechtszug vor dem Bundespatentgericht mit Revisionsmöglichkeit zum Bundesgerichtshof durchgeführt.

Wurde die eigene Marke eingetragen, dann sollte zumindest durch eine laufende Überwachung überprüft werden, ob nicht andere Unternehmen sich an das eigene Zeichen anlehnen. Je größer der Abstand fremder Zeichen von der eigenen Marke gehalten wird, desto wirksamer und besser ist der eigene Markenschutz. Es besteht die Möglichkeit, die Überwachung durch hierauf spezialisierte Unternehmen durchführen zu lassen, die mögliche Kollisionsfälle erkennen und dem Markeninhaber mitteilen.

Nutzungspflicht: Markenschutz nur zeitlich begrenzt auf Vorrat
Wird eine eigene Marke als Vorratsmarke angemeldet und eingetragen, ist zu berücksichtigen, daß nach Ablauf einer sogenannten Benutzungsschonfrist von 5 Jahren, beginnend mit dem Eintragungstag, die Benutzung der jeweiligen Marke aufgenommen werden muß, da ansonsten die Möglichkeit besteht, daß Dritte, die sich vom Markenschutz gestört fühlen, die Löschung wegen nicht rechtserhaltender Benutzung beantragen. Will man hier die Vorratsmarke weiterhin erhalten und ist eine Benutzung nicht beabsichtigt, verbleibt nur die Neuanmeldung der Marke mit dann beginnender neuer Benutzungsschonfrist.

Der Schutzgrad einer eingetragenen Marke ist sehr hoch. Die eingetragene Marke verschafft dem Inhaber für die Waren- und Dienstleistungen, für die die Eintragung erfolgte, ein Monopol, das nur unter besonderen Voraussetzungen (z. B. fehlende Benutzung nach Ablauf der Benutzungsschonfrist, prioritätsältere Rechte Dritter) zu Fall gebracht werden kann.

»In der Belletristik ist sicher oft der Autor selbst die Marke. Ich glaube trotzdem, daß es möglich ist, einen Verlag als Marke zu positionieren.«

Karin Schmidt-Friederichs (Verlag Hermann Schmidt Mainz)

Titelrecht

Ist der Buchtitel schutzfähig? Bei allgemeinen, sogenannten schwachen Titeln wie *Das Gartenbuch* für einen Gartenratgeber, ist ein Titelschutz ausgeschlossen. Der Titel muß unterscheidungskräftig sein – ein lediglich inhaltsbeschreibender Name, eine Gattungsbezeichnung ist nicht schutzfähig. Was nicht heißen soll, daß so ein Titel für das entsprechende Buch nicht genau der richtige ist, nur läßt sich dafür kein Exklusivitätsanspruch durchsetzen. Ob ein Titel bereits vergeben ist, sollte man schon aus eigenem Marketinginteresse prüfen.

Dagegen wäre: *Mein lila Hängemattengarten* ein sogenannter starker Titel, rechtlich gesehen. Nicht nur aus rechtlicher Sicht gilt der Grundsatz: Je origineller der Titel, um so stärker ist er.

Um sicherzugehen, können Sie vorab, während der Buchvorbereitung, Ihren Buchtitel durch eine Titelschutzanzeige beanspruchen:

Unter Hinweis auf §§ 5, 15 MarkenG nehme ich Titelschutz in Anspruch für Druckerzeugnisse in allen Schreibweisen, Darstellungsformen und Kombinationen:

Mein lila Hängemattengarten

(Verlags- oder Eigenname und Anschrift).

Börsenblatt für den Deutschen Buchhandel, Anzeigenabteilung, Postfach 10 04 42, 60004 Frankfurt a. M., Kosten für eine Anzeige: ca. 50 EUR. Im *Titelschutzanzeiger*, Pressefachverlag GmbH, Eidelstädter Weg 22, 20255 Hamburg, der auch unter Juristen weit verbreitet ist, kostet eine Anzeige in Standardformat ca. 130 EUR zzgl. MwSt. Die Titelschutzanzeige sichert den gewählten Titel für etwa sechs Monate gegenüber späteren Rechten Dritter. Wird ein Titel, den man trotz Recherche nicht gefunden hat, doch schon von einem anderen Verlag benutzt, hat dieser die älteren Rechte. Er könnte verlangen, dass man ihn nicht weiter verwendet. Titel von Druckschriften können als Marken eingetragen werden – wenn sie markenfähig sind. Ein nur den Inhalt beschreibender Titel kann nach dem Markengesetz als freihaltebedürftig angesehen werden.

Titelverwechslung

Bei der Prüfung, ob ältere Rechte bestehen, müssen die drei Quellen des Markengesetzes, nämlich Marken selbst, Titelschutzrechte sowie Namensrechte, Sortenbezeichnungen oder dergleichen, berücksichtigt werden. Recherchemittel sind Marken- und Firmendatenbanken, Branchenverzeichnisse, Internet-Domain-Suchmaschinen sowie Recherchen in den Bildmarkenarchiven des Patentamtes.

Zentraler Begriff des Marken- und Firmenrechts ist die sogenannte Verwechslungsgefahr, die immer im Wechselspiel zwischen Marke und Firma einerseits und den geschützten Produkten, Dienstleistungen bzw. der jeweiligen Branche andererseits zu sehen ist.

Es gibt immer wieder unbeabsichtigt oder beabsichtigt ähnliche Titel. So hat der Scherz Verlag mit seinem Bestsellertitel *Sorge dich nicht, lebe!* von Dale Carnegie der Edition Tiamat den weiteren Gebrauch des Titels *Sorge dich nicht, lese!* und dem Kleinverlag Pendragon den Titel der Persiflage *Sorge dich nicht, schwebe!* untersagt.

Unbeabsichtigte Ähnlichkeiten bei der Titelwahl können leicht vorkommen und werden oft kollegial bereinigt. ars vivendi hatte *Hinter dem Zaun das Paradies* herausgebracht, bei Insel gab es aber schon *Hinter Mauern ein Paradies*. ars vivendi veröffentlichte beide Titel mit dem pfiffigen Hinweis: »Zwei wichtige Bücher zum Thema ›Garten‹, leider mit ähnlichen Titeln, was wir bedauern. Am besten, Sie bestellen beide und vergleichen selbst!«

Der Europa Verlag hatte im Börsenblatt eine Anzeige geschaltet und neben seinem Buch von Jonathan Rutherford *Männer lieben anders* den Rowohlt-Band von Carola Stern *Männer lieben anders* abgebildet. »Pardon, Kollegen. Wir haben zwar ins VLB geschaut, nicht aber Euren Titelschutz gelesen.« Der Titel lag offensichtlich in der Luft, Rowohlt hatte ihn aber durch eine Titelschutzanzeige vorher für sich beansprucht.

Manchmal löst der Erfolg eines Themas und Titels eine ganze Serie ähnlicher, erlaubter Titel aus, wie die zahlreichen Pferde-Titel. Solange jedoch keine Verwechslungsgefahr besteht, ist dies erlaubt.

Titel-Tips

- Recherchieren Sie, ob der geplante Titel frei ist. Sie können die bereits veröffentlichten oder angemeldeten Titel im Verzeichnis lieferbarer Bücher nachschlagen (www.buchhandel.de), in der Datenbank der Deutschen Bibliothek (www.ddb.de) suchen oder Sie lassen eine Recherche durchführen (Adressen siehe www.buchpartner.com).

- Der Schutz eines Titel setzt eine unterscheidungs- und kennzeichnungskräftige Bezeichnung voraus.

- Keinen originären Titelschutz genießen Gattungsbezeichnungen, allgemeine Wendungen der Umgangssprache und rein inhaltsbeschreibende Titel, an denen ein Freihaltebedürfnis der Allgemeinheit besteht. Eigentlich nicht schutzfähige Bezeichnungen können im Nachhinein kraft Verkehrsgeltung Titelschutz erhalten.

- Das Recht am Titel steht dem zu, der den Titel berechtigterweise benutzt: Das heißt: Wer zuerst kommt, mahlt zuerst.

- Der Titelschutz beginnt, wenn der Titel auf dem Markt ist und den erforderlichen Grad von Verkehrsgeltung hat.

- Durch öffentliche Ankündigung (Titelschutzanzeige) kann der Beginn des Titelschutzes vorverlegt werden, bis das Werk erscheint. Frist: etwa ein halbes Jahr bis zum Erscheinen.

- Wer einen identischen oder ähnlichen Titel in einer Weise benutzt, die eine Verwechslung ermöglicht, kann vom Inhaber des Titelrechts auf Unterlassung und Schadensersatz in Anspruch genommen werden.

- Mit der endgültigen Aufgabe der Titelbenutzung endet der Titelschutz.

- Wer mehr als nur den Titel für sein Buch oder ein anderes Medium schützen oder für Merchandisingprodukte nutzen möchte, sollte an eine Registrierung des Titels im Markenregister als eingetragene Marke denken. Das ist übrigens auch interessant, wenn man (statt nur ein halbes Jahr durch eine Titelschutzanzeige) bis zu 5 Jahre Vorlauf für die Benutzung des Titels haben möchte.

Domains im Internet

Ein guter Domain-Name ist Gold wert. Das haben »Domain-Grabber« schon früh erkannt und sich bekannte Namen reservieren lassen, um sie später Unternehmen, Markenartiklern oder anderen Interessenten zu verkaufen. Inzwischen hat die Rechtsprechung solchen Geschäftsleuten den Spaß verdorben. Markenbesitzer können mit guten Aussichten versuchen, den Domaininhaber zu zwingen, ihnen den Domainnamen zu überlassen, denn Internetadressen besitzen Namensfunktion (§ 13 MarkenG sowie § 12 BGB). Beispiel: Die Inhaberin der Wortmarke *Brockhaus* konnte sich gegen den Inhaber der Domain *brockhaus.de* durchsetzen. Auch geht man inzwischen davon aus, daß ein bekannter Firmenname den (jüngeren) Domain-Inhaber zur Unterlassung der Benutzung zwingen kann. Die Firma könnte sich wahrscheinlich sogar, gestützt auf die prioritätsältere Verkehrsgeltung ihres Namens, gegen einen jüngeren Domain-Inhaber mit gleichlautendem bürgerlichem Namen durchsetzen.

Wichtiges Kriterium: Branchennähe. Wer unter seinem Namen ganz andere Kreise mit seinem Angebot anspricht, als der Inhaber einer Domain gleichen Namens, wird es mangels Verwechslungsgefahr schwer haben, die Aufgabe des Domain-Namens durchzusetzen.

Wenn Domains allein mit dem Ziel ausgewählt und reserviert wurden, um die Verwendung zu blockieren oder den Namen zu verkaufen, käme evtl. eine Unterlassungsklage wegen unlauteren Wettbewerbs in Betracht. Kaufverträge über Internetadressen, die Namensrechte Dritter verletzen, sind übrigens sittenwidrig und daher unwirksam.

Unter www.denic.de kann man recherchieren, ob der gewünschte Name noch frei ist oder wer als Inhaber eingetragen ist. Die Reservierung erfolgt über einen sogenannten Provider. Am besten belegt man naheliegende Varianten (beispielsweise ähnliche Schreibweise, mit oder ohne Bindestrich, Artikel etc.) mit, um späteren Rechtsstreit von vornherein zu vermeiden. Man wird ohne Rechtsberatung im Konfliktfall nicht auskommen, denn die Gerichtsentscheidungen sind noch relativ uneinheitlich.

Häufige Rechtsfragen
Albtraum aller Autoren: Das Plagiat

Plagiat (lat. plagium) kommt von Menschenraub. Raub verstehen wir auch heute noch darunter. Das Grimmsche Wörterbuch bezeichnet es eindeutig, »das plagiat«, als »literarischen diebstahl« und den »plagiator« als »literarischen dieb«. Der Duden spricht vom plagiieren als geistigen Diebstahl begehen, sich mit fremden Federn schmücken, abschreiben, abkupfern ... Die Angst des Schriftstellers vor dem Plagiat trägt einen Janus-Kopf: Es ist nicht nur die Sorge, das eigene Werk mißbräuchlich verwendet zu sehen, sondern selbst, wenn auch versehentlich, fremde Ideen, Stoff, Formulierungen zu verwenden, die er bereits bei einem Kollegen gelesen hat. Manche Autoren lesen keine anderen Werke, während sie an einem Buch arbeiten; andere versuchen erst gar nicht, die »Übernahme« fremder Texte zu vermeiden. Der Respekt vor dem Recht des Urhebers geht in Zeiten millionenfacher tagtäglicher Urheberrechtsverletzungen im Internet verloren.

Je größer der Erfolg eines Werkes, um so eher werden Ähnlichkeiten bekannt. Der legendäre Zauberlehrling *Harry Potter* und seine »muggles« sollen nicht allein eine Erfindung der Bestsellerautorin Jane Rowling sein, behauptet die Schriftstellerin Nancy Stouffer. Gerichtlich soll geklärt werden, ob zwei Autorinnen die gleiche Idee und sogar den gleichen Begriff, nämlich »muggles«, finden konnten.

Auch Mario Vargas Llosa wurde des Plagiats bezichtigt, dessen Buch *Das Fest des Ziegenbocks* große Teile aus dem Werk Bernard Diederichs *Tod der Ziege* enthalten sollen. Vargas Llosa hat zugegeben, Informationen von Diederich verwendet zu haben, bestreitet aber den Plagiatsvorwurf.

Nicht unüblich ist die Art, sich bei Sachbüchern auf bereits vorhandenes Material zu beziehen, allerdings mit deutlichem Quellenvermerk und Genehmigung des Autors oder Verlags. Eine besondere

Genehmigung ist nicht erforderlich, wenn ein Abdruck ausdrücklich erlaubt oder sogar erwünscht ist.

Der Kohl-Biograph und Journalist Klaus Dreher hat Hans Leyendecker vorgeworfen, sein bei DVA erschienenes Buch *Helmut Kohl – Leben mit Macht* »fast vollständig abgeschrieben« zu haben. Leyendecker meinte jedoch, er stelle in seinem bei Steidl erschienen Buch *Helmut Kohl, die Macht und das Geld* bekannte Fakten in einen neuen Zusammenhang. Der Verlag verteidigte seinen Autor etwas lahm mit dem Hinweis, »die Fakten eines Lebens gibt es nur einmal, sie kann man nicht neu erfinden.«

Eine solche Argumentation ist bei Plagiatsvorwürfen problematisch, denn dann würde dem Werk die Originalität fehlen, es wäre keine eigene persönliche Schöpfung, die aber wäre Voraussetzung für den Urheberrechtsschutz.

Einen der größten Plagiatsskandale deckte der Hamburger Orientwissenschaftler Gernot Rotter auf, als er mit seinem Buch *Allahs Plagiator* dem früheren ARD-Nahostkorrespondenten und Buchautor Gerhard Konzelmann nachwies, aus der wissenschaftlichen Literatur in großem Stil abgeschrieben zu haben. Rotter, selbst Plagiatsopfer des »Khalifen von Stuttgart« folgte in acht Konzelmann-Bänden den Beutezügen des bekannten Sachbuchautors.

Da offenbart die amerikanische Literaturwissenschaftlerin Carolyn Heilbrun, besser bekannt als Crime-Sister Amanda Cross, ganz einfach ihre Quellen. Sie wählt ihre unfreiwilligen literarischen Leihgeber sorgfältig aus: Nach Virginia Woolf, James Joyce und W.H. Auden veröffentlichte sie in Anlehnung an John leCarré *Agent in eigener Sache*, beruft sich auf Carrés Smiley, stellt vor Beginn eines jeden Kapitels ein Carré-Zitat. Carré reagierte wie ein Gentleman: »Ich muß sie entweder gerichtlich verfolgen – oder heiraten.«

»Über Plagiatoren sollte man nicht zu hart urteilen. Es kann durchaus ein Milderungsgrund sein, daß ihre Einfälle nicht von ihnen stammen.«
George Bernhard Shaw

Wie schützt man sich vor Ideenklau?

Drehbuchautoren fürchten den Ideenklau nicht weniger als Theaterautoren. Tatsächlich ist die Einstellung bei Film und Fernsehen etwas locker gegenüber den Rechten der Urheber. Bekannt wurde der Streit um *Germania3* von Heiner Müller, der ganze Textpassagen aus zwei Werken Brechts übernommen hatte. Müllers lakonische Antwort zu den Vorwürfen: Er habe »soviel abgeschrieben, daß kein Einzelner es merken kann.« Nun allerdings sind Brechts Erben etwas kleinlich, hat doch der Meister der Klebelogie erklärt: »Geistiges Eigentum ist eben so eine Sache, die zu Schrebergärten u. dgl. Angelegenheiten gehört«. Das Bundesverfassungsgericht entschied schließlich zugunsten Müllers Verlag Kiepenheuer & Witsch. Die zitierten 18 von insgesamt 75 Textseiten wurden sozusagen als künstlerisches Stilmittel bewertet, da es auch um eine kritische Würdigung »Brechts als Person der Zeit- und Geistesgeschichte« ginge.

Es gab »Schtonk« als Peter Märtesheimer den Auftrag erhielt, das Drehbuch für die Stern-Story der Hitler-Tagebücher zu schreiben, denn sein Drehbuch wurde verworfen und Helmut Dietl beauftragt. Märtesheimer verklagte daraufhin Dietl: »Nach meiner Auffassung ist das Buch, das Herr Dietl dann geschrieben hat, auf der Grundlage meines Buchs entstanden.« Schwieriger wird es allerdings, wenn Autoren Exposés einreichen und ihnen nach ein, zwei Jahren ihre Idee im Film wiederbegegnet.

Die Angst vor Ideenklau scheint nicht ganz unberechtigt zu sein, wenn man die an Dr. Anni Patay gerichteten Briefe eines süddeutschen Theaterverlags liest: »Die netteste Idee steckt in *Der kleine Zauberer*. Nicht traurig sein: Wir, da wir nicht alles drucken können, müssen halt ›g'schleckig‹ sein.« Drei Monate später schreibt der Lektor: »Ihre Idee vom *Kleinen Zauberer* fanden nicht nur wir, sondern auch unsere Autorin … so reizend, daß sie – davon angeregt – spontan ein Stück für Kinder verfaßt hat. Wir fanden es gelungen, und haben uns zur Veröffentlichung entschlossen. Jetzt hoffen wir natürlich, daß Ihnen das kleine Spiel gefällt! Und daß wir Sie nicht nur als

›küssende Muse‹, sondern demnächst auch als veritable Autorin in unserem Programm begrüßen dürfen. Bitte halten Sie uns über Ihr Theaterschaffen auf dem Laufenden! Herzlich …«

Die »küssende Muse« traute ihren Augen nicht: Da wurde aus der Großmutter die Omi, aus Kurt der Kurti und in beiden Stücken heißt der Gnom »Buckli, der kleine Zauberer«. Seither, so die Autorin des ursprünglichen Stücks, erscheint *Der kleine Zauberer* jedes Jahr im Auswahlkatalog des Verlags – nicht ohne Hinweis auf das Aufführungsrecht: »… unerlaubtes Abschreiben« … muß »als Verstoß gegen das Urheberrecht verfolgt werden.«

Hätte sich die Autorin, Frau Dr. Patay, gegen den von ihr vermuteten Ideenklau schützen können? Sie weiß zwar, daß die »Bearbeitung eines Stücks sehr wichtig ist, aber noch wichtiger ist die Grundidee eines Stücks.« Das Schreiben des Verlags klingt für sie, als ob man möglichen Ansprüchen vorbeugen wollte, vielleicht wäre bei einer sofortigen Reaktion darauf eine Einigung möglich gewesen. Wie aber verhält es sich, wenn man der Behauptung vorbeugen will, ein ganz ähnliches Manuskript wie das eigene habe schon vorher vorgelegen?

Als preiswerte Möglichkeit bietet sich an, das Manuskript, das bei einem Verlag eingereicht werden soll, vorher an einen Freund per Post mit gut lesbarem Poststempel zu senden. Dieser sollte dann das Eingangsdatum auch auf dem Manuskriptumschlag vermerken, beides gut aufheben und im Notfall bereit sein, als Zeuge für den Empfang des Briefes an diesem Tag zur Verfügung zu stehen.

Der etwas teurere Weg führt zum Notar, bei dem man eine sogenannte Prioritätsverhandlung durchführen lassen kann. Dabei hinterlegt man sein Manuskript und versichert an Eides statt, daß man das Werk selbst geschaffen hat. Dieser notariellen Urkunde käme erhöhter Beweiswert in einem Rechtsstreit zu. Benutzt dann jemand urheberrechtswidrig das Manuskript, hat man entweder über den Freund oder über die notarielle Urkunde die Möglichkeit nachzuweisen, daß das Manuskript existierte, bevor es urheberrechtswidrig nachgeahmt wurde. An der mangelnden Möglichkeit, dies nachzuweisen, scheitert so mancher Prozeß.

Verfilmungsrechte

Wer einen Vertrag über die Verfilmung seines Buchs oder eines schon vorliegenden Drehbuchs abschließen will, ist gut beraten, einen Experten, entweder einen auf Urheberrecht spezialisierten Anwalt oder eine gute Script-Agentur hinzuzuziehen. Man hält es kaum für möglich, wie selbst ARD-Anstalten und ZDF über Bedingungen und Verträge feilschen. Erst recht gilt das für die privaten Sender und Produzenten.

Es geht dabei nicht selten um viel Geld. Für eine Serienfolge von dreißig Minuten erhält der Autor etwa 10.000 EUR und ggf. Wiederholungshonorare. Bei einem 90-Minuten-Film sind es leicht 50.000 EUR, die der Autor verdient. Bekannte Namen im Drehbuch-Business wie Felix Huby oder Fred Breinersdorfer können entsprechend mehr verlangen.

Für neue Autoren in diesem Genre ist die Marktsituation eher nachteilig: Sie haben meist nur die Wahl zwischen dem einen vorgelegten Vertrag oder – keinem. Der Weg des Autors, vom ersten Vorschlag bis zum gesendeten Film, ist nicht nur ein langer und mühsamer, scheinbar auch ein unvermeidlich oft mit Enttäuschungen gepflasterter.

Wolfgang Brenner, erfahrener Drehbuchautor, schildert in seinem Beitrag *Dramaturgie ist eine Machtfrage* (erschienen in: *Deutsches Jahrbuch für Autoren, Autorinnen 2000/2001*) die Probleme der Zusammenarbeit mit Produzenten und Regisseuren. Die beginnen erst nach Vertragsschluß. Das kann ein Stoffentwicklungsvertrag sein, ein Exposé-Vertrag oder auch ein Verfilmungsvertrag, je nachdem, wann man einsteigt – und wieder aussteigt.

In einem Stoffentwicklungsvertrag, falls der Autor auch die Option zur Drehbuchentwicklung erhält, sollten in jedem Fall auch die Honorare für eine eventuelle Realisierung geregelt sein.

Beim Exposé-Vertrag ist die im Exposé ausgeführte Idee urheberrechtlich geschützt, während generell eine Idee an sich nicht den Schutz des Urheberrechts genießt. Die Idee muß also weiterentwickelt sein, die originelle Handlung beispielsweise könnte als schutzfähig angesehen werden. Wichtig für Autoren: In diesem Stadium sollte die Drehbuchbearbeitung vertraglich zugesichert sein. Da Produzenten und Redakteure unersättlich nach neuem Stoff hungern, diesen aber – aus ihrer Sicht verständlich – gern mit bewährten Drehbuchautoren bearbeiten, können gute Ideen leicht auf dem Schreibtisch eines Kollegen landen. Autoren sollten deshalb ihr Recht an der ausgestalteten Idee sichern, indem sie mit ihrem Exposé vor dem Anbieten zu einem Urheberrechtsanwalt gehen und eine Prioritätsverhandlung verlangen. Damit haben sie im Streitfall ein gutes Beweismittel in Händen.

Die öffentlichen Anstalten haben in ihren Verträgen die maximalen Rechte für sich abgedeckt, sie tendieren zum »Rechte-Buyout«. Privatrechtliche Sender verlangen sogar die Printrechte, das ist den öffentlichen Anstalten verwehrt, weil es ihrem Auftrag widerspricht. Zu empfehlen ist Autoren allenfalls ein Kompromiß, beispielsweise daß das Sendeunternehmen eine Option erhält, wenn es bis zu einem bestimmten Termin einen geeigneten Verlag nachweist. Bis dahin sollte auch das Bearbeitungsrecht für den Autor gesichert und das Honorar geregelt sein.

Bei der Verfilmung eines Buchs kauft der Sender die Stoffrechte vom Autor, oft auch vom Verlag, der die Nebenrechte wahrnimmt. Dabei geht es für den Autor um die Frage, ob er das Drehbuch bearbeitet, ob er es überhaupt bearbeiten kann oder möchte. Wenn, was oft der Fall ist, ein Drehbuchautor den Stoff bearbeitet, ist zu klären, ob der Original-Autor dann ein Mitspracherecht hat.

Hinzu kommt die Frage, ob der Buchtitel verwendet wird oder nicht, das kann für die Buchverkäufe wichtig sein – in jeder Weise. Der Autor, der in einem erfahrenen Verlagshaus veröffentlicht, kann sich auf die Expertise der Lizenzabteilung seines Verlags verlassen. Dessen Verträge werden von den Sendern auch eher respektiert, – die Verhandlungspartner sind ebenbürtig. Der Rowohlt Verlag unterhält beispielsweise eine eigene Filmlizenz-Agentur, die von Michael Töteberg geleitet wird. Während sich bei einem Filmerfolg leicht noch einmal 10 oder 20.000 Exemplare eines Buchs verkaufen lassen, ist der Flop trotz aller Professionalität nicht ausgeschlossen, wie *Der große Bagarozy*, verfilmt von Bernd Eichinger, bewies.

Für die Lizenzabteilungen der Verlage ist die Einschätzung, ob der richtige Partner für die Verfilmung gewählt wurde, entscheidend: Die üblichen Optionsverträge geben dem Produzenten bis zu 24 Monate das Recht am Stoff für eine Verfilmung. Der Produzent kann die Zeit für eine Planung, von der Finanzierung bis zur Wahl der Schauspieler nutzen – damit ist jedoch der Stoff erst mal vom Markt.

Über Lizenzsummen ist wenig zu erfahren. Der höchste in Deutschland gezahlte Betrag für eine Buchverfilmung – es sollen zwei Millionen Mark gewesen sein – war nach einem Bericht der Frankfurter Allgemeinen nicht etwa ein Klassiker oder das Werk eines Nobelpreisträgers. Es war, ja, *Das kleine Arschloch* von Walter Moers, erschienen im Eichborn Verlag, verfilmt von Senator Film.

Internet-Impressum

Websites müssen ein deutlich sichtbares Impressum und eine E-Mail-Funktion haben. Das Teledienstegesetz verlangt schon seit 1997 Namen und Anschrift, jetzt ist durch das Gesetz über den Elektronischen Geschäftsverkehr die Informationspflicht erweitert worden. Auch muß die Handelsregistereintragung (ggfs. mit Geschäftsführer) genannt werden, die Umsatzsteuer-Identifikations-Nummer, die Steuernummer und – sofern für das Geschäft erforderlich – die entsprechenden Hinweise auf behördliche Zulassungen. Freiberufler müssen, sofern zutreffend, Angaben zur gesetzlichen Berufsbezeichnung, zu berufsrechtlichen Regelungen, die für die jeweilige Berufsgruppe gelten mag und die zuständige Kammer nennen. Diese Informationen müssen »leicht erkennbar, unmittelbar erreichbar und ständig verfügbar« sein, sonst droht ein Bußgeld bis zu 50 000 EUR.

Wer Links zu anderen Websites unterhält, sollte sie genau prüfen und sich vorsichtshalber distanzieren, z. B. durch einen Hinweis, daß man sich den Inhalt verlinkter Seiten nicht zu eigen mache.

Fortsetzung bekannter Romane

Wer meint, er hätte *die* grandiose Idee, wenn er einen weltberühmten Roman, der sich bereits als Best- und Longseller-Dauererfolg erwiesen hat, fortschreibt, sollte sich, vielleicht noch rechtzeitig, an das Schicksal von *Laras Tochter* erinnern. Unter dem Pseudonym Alexander Mollin veröffentlichte ein Autor die Fortsetzung von Boris Pasternaks Weltbestseller *Doktor Schiwago*. Das Buch erschien 1994 in Deutschland bei Bertelsmann unter dem Titel *Laras Tochter*.

Der italienische Verlag Feltrinelli, Erstverlag und Lizenzinhaber von *Doktor Schiwago*, wehrte sich mit einer Klage gegen den Bertelsmann-Verlag. Der Rechtsstreit ging bis zum Bundesgerichtshof, der sich dem Urteil des Oberlandesgerichts Karlsruhe anschloß, mit der Begründung, das Buch greife die gesamte Romanwelt Pasternaks auf, auch wenn es sich später von Schauplätzen und Personen löse. *Doktor Schiwago* sei somit nicht nur als Anregung für den Tochter-Roman verwendet worden und verletze daher als nichtselbständiges Werk das Urheberrecht. Immerhin hatte Bertelsmann in der Zwischenzeit etwa 140.000 Exemplare von *Laras Tochter* verkauft. Nur zu einer Taschenbuchausgabe ist es dann nicht mehr gekommen. Der Autor ist übrigens Rechtsanwalt – ob spezialisiert auf Urheberrecht ist nicht bekannt.

Der Schriftsteller Andrew Cowie, der Arthur Conan Doyles Sherlock Holmes-Romane als Vorlage verwendete, ließ sich etwas Ungewöhnliches einfallen. Er entnahm aus Sherlock Holmes-Romanen Zitate und baute daraus einen neuen Roman. Was die Freunde Sherlock Holmes empört, sind die kleinen Persönlichkeitsveränderungen: Die beiden Detektive sind schwul und es geschieht ein Mord an ihrem farbigen, eifersüchtigen Ex-Liebhaber … Ein Kläger gegen dieses literarische Sakrileg wird sich wohl kaum finden: Die Rechte dürften frei sein, da Sir Arthur 1930 verstorben ist.

Literarisches Erbe

»Kleinkariertes Witwenverhalten« lautete die Schlagzeile des Berichts über einen Streit um die deutsche Ausgabe von Jay Parinis *Dunkle Passagen*, einem biografischen Roman über Walter Benjamin. Parini hatte, ganz im Sinne Benjamins, der den Gedanken geistigen Eigentums ablehnte, seinen »Roman« mit Benjamin-Texten versehen, ohne dafür die Abdruckgenehmigung der Walter-Benjamin-Nachlaßverwaltung und des Suhrkamp Verlags zu besitzen. Parinis Buch erschien zuerst bei Henry Holt, New York und Holt-Verleger war damals Michael Naumann, zur Zeit des Streits Kulturstaatsminister. Er hielt den Nachlaßverwaltern Benjamins »fehlgeleitetes Witwenverhalten« vor, das deutsche Zitatrecht nannte er »kleinkariert«.

Autoren fanden die Einstellung zum Urheberrecht des obersten Kulturpolitikers bemerkenswert. Die Erben sind es, die den literarischen Nachlaß, manchmal eifersüchtig, im Sinne des Künstlers verwalten. Wenn sie nicht mitspielen, Rechte nicht einfach herausgeben, auf Werktreue bestehen, werden sie angegriffen.

Auch lebenden Autoren geht es oft nicht besser: Die Inszenierung *Werther in New York* von Tim Staffel in Berlin war so verändert, daß Name des Autors und Originaltitel nicht mehr verwendet werden durften. Stattdessen hieß es: »*Werther* – sehr frei nach Motiven eines Stücks von Tim Staffel mit freundlicher Genehmigung von Autor und Verlag.« Drehbuchautor Stefan Kolditz hat seinen Namen aus der Produktion des Spielfilms *Gripsholm* zurückgezogen. Wenige Wochen vor Drehbeginn habe der Regisseur das Drehbuch ohne Rücksprache mit dem Autor, der vier Jahre an dem Drehbuch gearbeitet hatte, verändert.

Wer nicht mehr lebt, kann sich nicht mehr wehren. Die Brecht-Erben beispielsweise wehren sich unter anderem gegen verfremdende Inszenierungen von Brecht-Stücken »... an Texten Kürzungen vorzunehmen, ist selbstverständlich zulässig ... Nur an ihnen herumzumurksen oder Neues hineinschreiben – das geht nicht, dafür gibt's den

Urheberrechtsschutz. Wenn so ein eitler Flaps von Regisseur glaubt, daß aus ihm der Baum der Erkenntnis emporwächst, möchte ich ihm am liebsten raten: Schreiben Sie doch selber ein Stück oder lassen Sie eins schreiben!« meint Brechts Tochter Barbara Schall-Brecht, die bei der Verwaltung des geistigen Erbes von einem Sekretariat mit zwei Mitarbeiterinnen unterstützt wird.

Auch der Sohn von James Joyce verwaltet die Rechte am Werk des Vaters mit großer Sorgfalt, ebenso Ingeborg Bachmanns Bruder Heinz Bachmann und seine Schwester Isolde, die den literarischen Nachlaß gemeinsam pflegen und die Tantiemen, Kosten abgezogen, weiter für die Nachlasspflege verwenden, wie Dietmar Grieser in seinem Buch *Glückliche Erben* berichtet.

Das Urheberrecht schützt ein Werk für 70 Jahre nach dem Tod des Künstlers. Eigentlich hätte bis zum Jahr 2059 kein Stück von Thomas Bernhard »innerhalb der Grenzen des österreichischen Staates … aufgeführt, gedruckt oder auch nur vorgetragen« werden dürfen, wenn es nach dem Testament des 1989 verstorbenen Dichters gegangen wäre. Der Halbbruder Bernhards, Peter Fabjan, als Universalerbe und gemeinsam mit Siegfried Unseld zum Testamentsvollstrecker bestimmt, stellte den zwölf Mitgliedern der neugeschaffenen Stiftung (u. a. Literaturwissenschaftler und Bernhard-Übersetzer) die Frage, ob es nach zehn Jahren zu verantworten sei, den letzten Willen seines Halbbruders zu mißachten. Elf sagten ja. Unseld bekannte, die Entscheidung, sich gegen das Testament des Autors zu wenden, »sei eine der schwersten in meiner 40-jährigen Verleger-Laufbahn« gewesen.

Schwer vielleicht, andererseits: Nur aufgeführte Stücke bringen Tantiemen –, die auch zur Nachlaßpflege benötigt werden.

»Kafka hatte testamentarisch verfügt, alles zu seinen Lebzeiten nicht Gedruckte sei zu vernichten. Max Brod hat sich darüber hinweggesetzt und auf diese Weise wichtigste Literatur erhalten. Ein bißchen spielt das in so manche Verfügungen über künstlerische Nachlässe hinein – mag es Selbstzweifel des Autors sein oder auch nur Koketterie …«
Thomas Roth in *Glückliche Erben. Der Dichter und sein Testament* von Dietmar Griese.

Wie komme ich an ein Pseudonym?

Ganz einfach: Sie nehmen es sich! Es gibt keine Zentralstelle für die Vergabe von Decknamen, Hauptabteilung Literatur. Jeder kann sich ein Pseudonym wählen, unter dem er veröffentlichen möchte. Aber schon aus eigenem Interesse sollte man vorher untersuchen, ob dieser Name bereits verwendet wird. Sich Andrea Brown zu nennen, wenn die echte gerade einen Bestseller gelandet hat und ihr Name überall bekannt ist, wäre rechtlich bedenklich und verwerflich. Es kann Sie allerdings niemand daran hindern, unter Ihrem Realnamen zu veröffentlichen, selbst wenn er gleich lautet wie der eines bekannten Autors.

Allerdings ergibt sich aus dem sogenannten Recht der Gleichnamigen eine Verpflichtung, mögliche Irreführungen in zumutbarer Weise zu verhindern. Ein Autor, der real lediglich den gleichen Nachnamen wie ein bekannter Autor hat, müßte also stets seine Vornamen hinzufügen. Hat der unbekannte Autor womöglich einen übereinstimmenden Vor- und Nachnamen mit einem bekannten Autor und eventuell weitere eingetragene Vornamen, dann muß er diese hinzufügen.

Die Motive für die Wahl eines Pseudonyms können vielfältig sein: Auf jeden Fall soll den Lesern die wahre Identität (bis zur unweigerlichen Entlarvung durch einen Spurenleser aus der Journalistenriege) verborgen bleiben. Wer allerdings ein Pseudonym wählt, um sich eventuellen rechtlichen Konsequenzen seiner Veröffentlichung zu entziehen, wird damit nicht lange Erfolg haben.

Vielschreiber wie Ruth Rendell (Barbara Vine) oder Stephen King (Richard Bachmann) sind unter ihren Pseudonymen fast ebenso bekannt wie unter ihrem echten Namen. Sie teilen ihre bewundernswerte Schreibproduktivität durch zwei, um ihren Namen nicht zu verschleißen. Manchmal kann Scham oder Cleverness der Grund dafür sein, wenn Autoren sich Ersatznamen für Werke unterschiedlicher Stilrichtungen und Leserschaften aussuchen. Wer nebenbei als Heftromanautor oder als Magazin-Kolumnist sein Geld verdient, arbeitet oft im Schutz eines Pseudonyms. Um die Leser anspruchsvoller Werke aus seiner Feder nicht zu irritieren, verwendet er einen anderen als den eigenen Namen. Für seine Lyrik oder literarischen Roman hält er den echten Namen von Trivialität unbefleckt …

Welches Genre Oscar Herbert Breucker gepflegt hat, wird aus seinen Pseudonymen deutlich: Arizona-Tiger, Tex Connor, Billy Jenkins um nur drei seiner 26 Decknamen zu nennen. Manchmal möchte eine inzwischen verheiratete Autorin ihren Mädchennamen, unter dem sie vorher schon veröffentlicht hatte, weiterverwenden – schon ist ein Pseudonym zum eigentlichen Familiennamen entstanden. Ein anderer Grund für den Gebrauch eines Decknamens: Wer hätte nicht Verständnis, daß Charlotte von Hünerbein lieber unter ihrem Mädchennamen Charlotte von Ende bekannt werden wollte?

Manche Autoren schufen nicht nur zahlreiche Romanfiguren, sondern auch mehrere Schriftsteller-Egos. Hans Magnus Enzensberger gab sich den nicht weniger markanten Namen Serenus M. Brezengang, Günter Grass ist in die Haut von Artur Knoff geschlüpft, Ror Wolf wurde zu Raoul Tranchirer, Kurt Tucholsky war Paulus Bünzly, Hugo Grotius, Kaspar Hauser, Theobald Körner, Peter Panter, Old Shatterhand, Theobald Tiger, Ignaz Wrobel oder er zeichnete mit »Von einem Berliner«. Den Pseudonymenrekord hält wohl Fernando Pessoa, der nicht nur 44 verschiedene Pseudonyme, oder Heteronyme, wie er sie nannte, benutzte, sondern auch konsequent in 44 verschiedenen Stilen schrieb und für einige sogar verschiedene Biographien erfand – oder Autobiographien?

Eine rechtliche Konsequenz sollte bedacht werden: Während sonst das Urheberrecht 70 Jahre nach dem Tod des Urhebers erlischt, ist nach § 66 UrhG bei anonymen oder pseudonymen Werken das Urheberrecht 70 Jahre nach der Veröffentlichung erloschen, es sei denn der Urheber offenbart seine Identität oder läßt seinen wahren Namen in die Urheberrolle eintragen (Kosten etwa 10 EUR plus Bekanntmachung im Bundesanzeiger).

Ghostwriter und Multi-Autoren-Projekte

Auftragsschreiber haben zwar die Gewißheit, daß ihre Arbeit honoriert wird, sie müssen nicht erst einen Verlag suchen. Aber Termindruck und mögliche Probleme der Zusammenarbeit, auch bei Projekten, an denen mehrere Autoren schreiben, sind die Kehrseite der Sicherheit. Der Verlagslektor pocht auf den Termin und merkt dann an, die eigentliche Arbeit beginne ja erst nach dem Vorliegen des Manuskripts: Überarbeiten, überarbeiten, überarbeiten – bis der Stoff marktgerecht aufbereitet sei. Genehmigungen für Zitate einholen, Bildmaterial besorgen, Text auf Diskette fertig korrekturgelesen abliefern.

Dem geistesbleichen Autor dämmert nun langsam, daß der nette Brief des Lektors ein wenig zu sehr durch seine Kürze bestach. Vielleicht hatte er all die lästigen Details auflisten müssen, die zu dem Job gehören. Und der Autor greift zur Feder, um diese Punkte aufzuschreiben – für den nächsten Schreibauftrag in Kooperation oder als Single-Autor:

- Grundlage der Zusammenarbeit – eine Art Präambel, die den Charakter der Arbeit und des geplanten Werks kurz kennzeichnet und die Beteiligten in ihrem Verhältnis zueinander nennt.
- Skizzierung des geplanten Inhalts, mit Arbeitstitel und wenn möglich schon mit vorläufigem Inhaltsverzeichnis.
- Form und Stil des geplanten Werks, »im Stil von …«
- Seitenzahl nach Standard-Manuskriptseiten oder Gesamtzahl der Zeichen.
- Anzahl und Länge vereinbarter Gespräche, Gesprächsorte, Reisekostenersatz.
- Aufzeichnungsform, nur Gesprächsnotizen oder Band?
- Material, das dem Autor zur Verfügung gestellt wird, angefangen von Dokumenten bis hin zu Korrespondenz oder Tagebuchaufzeichnungen (möglichst auflisten).
- Verwendung des Materials, Wort- und Bildzitate, Kostenregelung.
- Kooperation und Unterstützung bei der Beschaffung von Information und Material aus externen Quellen, Kostenregelung.

- Leistungsumfang bis zu welchem Stadium leistet der Autor, wann übernimmt ein Verlag.
- Vorlage des Manuskripts, Form und Termin.
- Änderungswünsche, weitere Bearbeitung, Zeitrahmen.
- Stichentscheid bei Uneinigkeit: Autor oder Auftraggeber?
- Ist kein Verlag eingeschaltet: Es ist nicht Aufgabe des Autors, einen Verlag zu suchen, er kann aber konsultiert werden. Entscheidungseinfluß des Autors, Zeitrahmen, Kostenregelung.
- Bei prominenten Persönlichkeiten kann eine Literaturagentur eingeschaltet sein, die den Autor gegenüber Verlagen vertritt.
- Wie wird das Auflagenhonorar aufgeteilt, wenn der Autor schon ein Festhonorar erhalten hat?
- Autorenschaft: Erscheint der Name des Autors überhaupt, wenn ja ‚in welcher Form? Als Co-Autor, »geschrieben mit« oder »aus Gesprächen«?
- Findet sich kein Verlag für das Werk, darf es auch in einem sogenannten Zuschußverlag erscheinen? Kann der Autor in dem Fall seinen Namen zurückziehen?
- Verwendet der Autor ein Pseudonym für dieses Werk? Exklusiv oder darf er es weiter für andere Werke verwenden? Wird der Autor nicht erwähnt: Besteht Schweigepflicht für den Ghost? Wie lange?
- Das Urheberrecht liegt grundsätzlich beim Autor, jedoch ist in solchen Fällen eine andere Regelung denkbar. Bei gemeinsamem Urheberrecht kann es im Streitfall ernste Probleme geben. Ein Schlichter sollte eingesetzt werden.
- Liegt das Urheberrecht bei einer Seite allein, sollten die Rechte der anderen Seite genannt werden.
- Hat der Autor eine Option auf ein Folgewerk?
- Eine Regelung für den Streitfall: Wieviel Honorar erhält der Autor, wenn die Arbeit, aus welchen Gründen auch immer, abgebrochen wird? Wer hat die Rechte an der bereits geleisteten Arbeit?

Ein Vertrag sollte in jedem Fall von einem Fachanwalt oder der Interessenvertretung geprüft werden.

Ist der Co-Autor immer der Dumme?

Sie stehen oft unverdientermaßen an zweiter oder dritter Stelle, obwohl ihr Beitrag zum Werk gleichwertig ist. Welche Erwähnung als gleichberechtigter Mitautor können sie beanspruchen? Hier ein Beispiel aus dem wissenschaftlichen Bereich: Zwei Kolleginnen arbeiten bereits am sechsten gemeinsamen Werk, das kurz darauf veröffentlicht wird. Der Name der einen stand immer als erster Autorenname alphabetisch vor dem Namen der anderen und ist daher in Literaturverzeichnissen und in Bibliographien als Autorenreferenz leicht zu finden. Der Name der Co-Autorin dagegen, der im Buchtitel an zweiter Stelle genannt wird, erscheint bei der Suche in der themenbezogenen Fachliteratur oft gar nicht in den Literaturverzeichnissen. Die Co-Autorin, die findet, daß ihr Name zur Abwechslung auch einmal Erwähnung in den Literaturverzeichnissen finden sollte, schlägt vor, im nächsten gemeinsamen Werk ihren Namen an erster Stelle zu nennen. Leider lehnt die andere Mitarbeiterin den Vorschlag ab.

Am besten, man bespricht diese Frage, bevor es zu einer Zusammenarbeit kommt.Vielleicht einigt man sich auf eine abwechselnde Erstnennung, vielleicht auf das Weglassen der Vornamen und die Nennung beider Nachnamen – etwa: Köster, Wendel.

Copyright

Das ©-Zeichen ist weitverbreitet und mit ihm die Auffassung, daß erst wenn dieses Zeichen vermerkt ist, ein Werk Urheberschutz genießt. Das ist nicht richtig, denn nach dem deutschen Recht entsteht das Urheberrecht mit der Schöpfung des Werkes selbst. Es braucht keine zusätzliche Kennzeichnung. Seit die USA der Berner Übereinkunft beigetreten sind, ist die Eintragung des Copyright nicht mehr erforderlich. Wer es freillig dennoch tun möchte, zahlt beim US Copyright Office etwa 20 $. Inzwischen hat es sich auch in Deutschland eingebürgert, das Zeichen mit Jahreszahl und Namen beispielsweise im Impressum abzudrucken.

Wahr und beweisbar

Das Grundrecht der Pressefreiheit für Autoren und Verlage hat seine Grenzen, wenn es um die bewußte Verbreitung falscher Tatsachenbehauptungen geht oder solcher, deren Unrichtigkeit erwiesen ist. Aber die Unterscheidung, ob es sich um eine Tatsachenbehauptung oder um eine erlaubte Meinungsäußerung handelt, ist für Laien manchmal schwierig:

Eine Tatsachenbehauptung muß wahr und beweisbar sein. Auch wenn unwahre Tatsachenbehauptungen, die ein anderer aufgestellt hat, weiterverbreitet werden, selbst mit Namensnennung der Quelle, haften Autor und Verleger. Es kann sich beispielsweise um üble Nachrede nach dem Strafgesetzbuch oder Kreditgefährdung nach dem BGB handeln, während nach dem StGB eine Beleidigung auch durch eine Meinungsäußerung möglich ist.

Eine Meinungsäußerung wird man dann annehmen können, wenn der Text durch Stellungnahme, Meinung, Dafürhalten gekennzeichnet ist und subjektive Ansichten als solche erkennbar ausdrückt. Diese sind auch nicht beweisbar. Als Faustregel gilt: Nur was bewiesen werden kann, ist Tatsache, alles andere Werturteil.

Eine Meinungsäußerung ist frei vertretbar, darf aber nicht ohne weiteres die Grenze zur Schmähkritik überschreiten: Ein verletzendes Werturteil sei zwar zulässig, solange es nicht vorsätzlich ehrkränkend und ohne sachlichen Bezug sei, erklären die Autoren Peters und Prinz (*Medienrecht*). Zum Beispiel sei nicht statthaft, Thomas Anders als eine »höhensonnengeschwärzte Gesangsschwuchtel« (Schmerzensgeld 15.000 DM) zu bezeichnen.

Focus-Chefredakteur Helmut Markwort durfte zwar Plumperquatsch genannt werden, gegen die Karikatur, die ihm statt *Fakten, Fakten, Fakten* drei andere F-Wörter in den Mund legten, konnte er sich jedoch erfolgreich vor Gericht zur Wehr setzen.

Eine Meinungsäußerung, die nicht auf eine Diffamierung angelegt ist, sondern sich im Rahmen einer sachlichen Diskussion bewegt, wird wohl kaum beanstandet werden können. Vor allem bei sachlich gehaltener Verbraucheraufklärung wird ein Unternehmen auch scharfe Formulierungen hinnehmen müssen. Berühmtes Beispiel: Das »Kredithai«-Urteil des Bundesgerichtshofs.

Unzulässig wäre dagegen eine Schmähkritik, wenn sie als gezielte Herabwürdigung angesehen werden kann. Das Oberlandesgericht Frankfurt hat beispielsweise eine Restaurantkritik, wonach Gerichte »wie eine Portion Pinscherkot« seien und weitere drastische Ausführungen dazu als unzulässig, nicht einmal als mögliche Satire eingestuft.

Wer nicht riskieren will, sein Buch vom Markt nehmen, Kosten und Schadenersatz leisten zu müssen, sollte im Zweifel den entsprechenden Text einem erfahrenen Anwalt vorlegen. Oft genügen schon geringe Korrekturen, die die Aussage nicht zu mindern brauchen, um den Text unangreifbar zu machen.

Die Schranken der Pressefreiheit finden sich in den allgemeinen Gesetzen, insbesondere was die Vorschriften zum Schutz des Persönlichkeitsrechts betrifft. Nach dem Strafrecht sind Beleidigungen, üble Nachrede und Verleumdung sogar strafbar, wenn es sich um Publikationen handelt.

Auch die Verletzung des Rechts am eigenen Bild kann strafbar sein: Fotos von Personen dürfen nur mit deren Einwilligung verbreitet werden. Sie gilt als erteilt, wenn der Fotografierte ein Honorar dafür erhalten hat. Nur Persönlichkeiten der Zeitgeschichte dürfen ohne ihre Zustimmung abgebildet werden.

»Sprechen – und noch viel mehr Schreiben – das ist etwas höchst Verantwortliches.«
                                                        Karl Popper

Verwertungsgesellschaften

Bei der Hauptausschüttung 2000 der Verwertungsgesellschaft Wort erhielten über 90 000 Autoren Geld. Die Schecks von der VG Wort sind weder Autorenförderungsmaßnahmen, um die man sich bewerben muss, noch sind es Geschenke oder Almosen: Jeder angemeldete Rechteinhaber hat einen Rechtsanspruch darauf. Dennoch gibt es zahlreiche Autoren, die aus Unkenntnis auf die ihnen zustehenden Beträge Jahr für Jahr verzichten. Dabei liegt der Ausschüttungsbetrag für Fachbücher beispielsweise bei einem halben Tausender!

Es sind nicht nur Autoren, die von der VG Wort Geld bekommen, auch die teilnehmenden Verlage erhalten als Rechteinhaber Vergütungen für Sendungen in Hörfunk und Fernsehen, aus der Fotokopiergeräteabgabe etc. Für Selbstverleger kommt also auch die Anmeldung als Verlag in Frage.

Die Verwertungsgesellschaft Bild-Kunst kümmert sich um die Interessen Bildender Künstler. Da zahlreiche Autoren gleichzeitig als Multitalente illustrieren, ist ihre Anmeldung als Urheber des künstlerischen Werks bei der VG Bild-Kunst angeraten. Ebenso können Verlage Bücher zur Vergütung melden, die illustriert sind (Tabellen oder Schaubilder etc. zählen nicht).

VG Wort, Goethestr. 49, 80336 München
VG Bild-Kunst, Weberstr. 61, 53113 Bonn
VG Büro Berlin, Köthener Str. 44, 10963 Berlin

Die GEMA, Gesellschaft für musikalische Aufführungs- und mechanische Verfielfältigungsrechte ist nicht nur Komponisten und Musikverlegern bekannt, auch Textdichter sind Wahrnehmungsberechtigte.

GEMA, Rosenheimer Str. 11, 81667 München, oder: Bayreuther Str. 37, 10787 Berlin.

Gesetzestexte

Werkarten

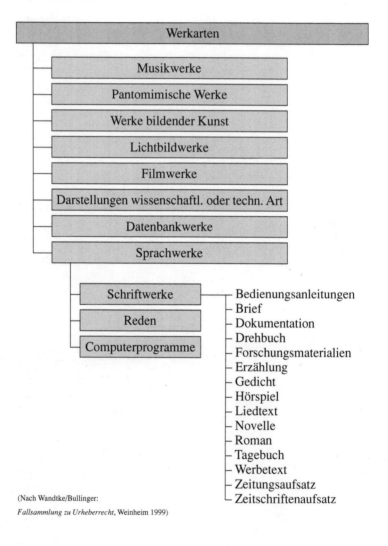

(Nach Wandtke/Bullinger:

Fallsammlung zu Urheberrecht, Weinheim 1999)

3. Urheberrechtsgesetz

(Text und Änderung durch das Gesetz zur Stärkung der vertraglichen Stellung von Urhebern und ausübenden Künstlern)

Erster Teil. Urheberrecht

Erster Abschnitt. Allgemeines

§ 1

Die Urheber von Werken der Literatur, Wissenschaft und Kunst genießen für ihre Werke Schutz nach Maßgabe dieses Gesetzes.

Zweiter Abschnitt. Das Werk

§ 2 Geschützte Werke

(1) Zu den geschützten Werken der Literatur, Wissenschaft und Kunst gehören insbesondere:

1. Sprachwerke, wie Schriftwerke, Reden und Computerprogramme;

2. Werke der Musik;

3. pantomimische Werke einschließlich der Werke der Tanzkunst;

4. Werke der bildenden Künste einschließlich der Werke der Baukunst und der angewandten Kunst und Entwürfe solcher Werke;

5. Lichtbildwerke einschließlich der Werke, die ähnlich wie Lichtbildwerke geschaffen werden;

6. Filmwerke einschließlich der Werke, die ähnlich wie Filmwerke geschaffen werden;

7. Darstellungen wissenschaftlicher oder technischer Art, wie Zeichnungen, Pläne, Karten, Skizzen, Tabellen und plastische Darstellungen.

(2) Werke im Sinne dieses Gesetzes sind nur persönliche geistige Schöpfungen.

§ 3 Bearbeitungen

Übersetzungen und andere Bearbeitungen eines Werkes, die persönliche geistige Schöpfungen des Bearbeiters sind, werden unbeschadet des Urheberrechts am bearbeiteten Werk wie selbständige Werke geschützt. Die nur unwesentliche Bearbeitung eines nicht geschützten Werkes der Musik wird nicht als selbständiges Werk geschützt.

§ 4 Sammelwerke und Datenbankwerke

(1) Sammlungen von Werken, Daten oder anderen unabhängigen Elementen, die aufgrund der Auswahl oder Anordnung der Elemente eine persönliche geistige Schöpfung sind (Sammelwerke), werden, unbeschadet eines an den einzelnen Elementen gegebenenfalls bestehenden Urheberrechts oder verwandten Schutzrechts, wie selbständige Werke geschützt.

(2) Datenbankwerk im Sinne dieses Gesetzes ist ein Sammelwerk, dessen Elemente
systematisch oder methodisch angeordnet und einzeln mit Hilfe elektronischer Mittel oder auf andere Weise zugänglich sind. Ein zur Schaffung des Datenbankwerkes oder zur Ermöglichung des Zugangs zu dessen Elementen verwendetes Computerprogramm (§ 69 a) ist nicht Bestandteil des Datenbankwerkes.

§ 5 Amtliche Werke

(1) Gesetze, Verordnungen, amtliche Erlasse und Bekanntmachungen sowie Entscheidungen und amtlich verfaßte Leitsätze zu Entscheidungen genießen keinen urheberrechtlichen Schutz.

(2) Das gleiche gilt für andere amtliche Werke, die im amtlichen Interesse zur allgemeinen Kenntnisnahme veröffentlicht worden sind, mit der Einschränkung, daß die
Bestimmungen über Änderungsverbot und Quellenangabe in § 62 Abs. 1 bis 3 und
§ 63 Abs. 1 und 2 entsprechend anzuwenden sind.

§ 6 Veröffentlichte und erschienene Werke

(1) Ein Werk ist veröffentlicht, wenn es mit Zustimmung des Berechtigten der Öffentlichkeit zugänglich gemacht worden ist.

(2) Ein Werk ist erschienen, wenn mit Zustimmung des Berechtigten Vervielfältigungsstücke des Werkes nach ihrer Herstellung in genügender Anzahl der Öffentlichkeit angeboten oder in Verkehr gebracht worden sind. Ein Werk der bildenden
Künste gilt auch dann als erschienen, wenn das Original oder ein Vervielfältigungsstück des Werkes mit Zustimmung des Berechtigten bleibend der Öffentlichkeit zugänglich ist.

Dritter Abschnitt. Der Urheber

§ 7 Urheber

Urheber ist der Schöpfer des Werkes.

§ 8 Miturheber

(1) Haben mehrere ein Werk gemeinsam geschaffen, ohne daß sich ihre Anteile gesondert verwerten lassen, so sind sie Miturheber des Werkes.

(2) Das Recht zur Veröffentlichung und zur Verwertung des Werkes steht den Miturhebern zur gesamten Hand zu; Änderungen des Werkes sind nur mit Einwilligung der
Miturheber zulässig. Ein Miturheber darf jedoch seine Einwilligung zur Veröffentlichung, Verwertung oder Änderung nicht wider Treu und Glauben verweigern. Jeder
Miturheber ist berechtigt, Ansprüche aus Verletzungen des gemeinsamen Urheberrechts geltend zu machen; er kann jedoch nur Leistung an alle Miturheber verlangen.

(3) Die Erträgnisse aus der Nutzung des Werkes gebühren den Miturhebern nach dem
Umfang ihrer Mitwirkung an der Schöpfung des Werkes, wenn nichts anderes zwischen den Miturhebern vereinbart ist.

(4) Ein Miturheber kann auf seinen Anteil an den Verwertungsrechten (§ 15) verzichten. Der Verzicht ist den anderen Miturhebern gegenüber zu erklären. Mit der Erklärung wächst der Anteil den anderen Miturhebern zu.

§ 9 Urheber verbundener Werke

Haben mehrere Urheber ihre Werke zu gemeinsamer Verwertung miteinander verbunden, so kann jeder vom anderen die Einwilligung zur Veröffentlichung, Verwertung und Änderung der verbundenen Werke verlangen, wenn die Einwilligung dem anderen nach Treu und Glauben zuzumuten ist.

§10 Vermutung der Urheberschaft

(1) Wer auf den Vervielfältigungsstücken eines erschienenen Werkes oder auf dem Original eines Werkes der bildenden Künste in der üblichen Weise als Urheber bezeichnet ist, wird bis zum Beweis des Gegenteils als Urheber des Werkes angesehen; dies gilt auch für eine Bezeichnung, die als Deckname oder Künstlerzeichen des Urhebers bekannt ist.

(2) Ist der Urheber nicht nach Absatz 1 bezeichnet, so wird vermutet, daß derjenige ermächtigt ist, die Rechte des Urhebers geltend zu machen, der auf den Vervielfältigungsstücken des Werkes als Herausgeber bezeichnet ist. Ist kein Herausgeber angegeben, so wird vermutet, daß der Verleger ermächtigt ist.

Vierter Abschnitt. Inhalt des Urheberrechts

1. Allgemeines

§ 11

Das Urheberrecht schützt den Urheber in seinen geistigen und persönlichen Beziehungen zum Werk und in der Nutzung des Werkes. Es dient zugleich der Sicherung einer angemessenen Vergütung für die Nutzung des Werkes.

2. Urheberpersönlichkeitsrecht

§ 12 Veröffentlichungsrecht

(1) Der Urheber hat das Recht zu bestimmen, ob und wie sein Werk zu veröffentlichen ist.

(2) Einem Urheber ist es vorbehalten, den Inhalt seines Werkes öffentlich mitzuteilen oder zu beschreiben, solange weder das Werk noch der wesentliche Inhalt oder eine Beschreibung des Werkes mit seiner Zustimmung veröffentlicht ist.

§13 Anerkennung der Urheberschaft

Der Urheber hat das Recht auf Anerkennung seiner Urheberschaft am Werk. Er kann bestimmen, ob das Werk mit einer Urheberbezeichnung zu versehen und welche Bezeichnung zu verwenden ist.

§14 Entstellung des Werkes

Der Urheber hat das Recht, eine Entstellung oder eine andere Beeinträchtigung seines Werkes zu verbieten, die geeignet ist, seine berechtigten geistigen oder persönlichen Interessen am Werk zu gefährden.

3. Verwertungsrechte

§ 15 Allgemeines

(1) Der Urheber hat das ausschließliche Recht, sein Werk in körperlicher Form zu verwerten; das Recht umfaßt insbesondere

1. das Vervielfältigungsrecht (§ 16),
2. das Verbreitungsrecht (§ 17),
3. das Ausstellungsrecht (§ 18).

(2) Der Urheber hat ferner das ausschließliche Recht, sein Werk in unkörperlicher Form öffentlich wiederzugeben (Recht der öffentlichen Wiedergabe); das Recht umfaßt insbesondere

1. das Vortrags-, Aufführungs- und Vorführungsrecht (§19),
2. das Senderecht (§ 20),
3. das Recht der Wiedergabe durch Bild- oder Tonträger (§ 21),
4. das Recht der Wiedergabe von Funksendungen (§ 22).

(3) Die Wiedergabe eines Werkes ist öffentlich, wenn sie für eine Mehrzahl von Personen bestimmt ist, es sei denn, daß der Kreis dieser Personen bestimmt abgegrenzt ist und sie durch gegenseitige Beziehungen oder durch Beziehung zum Veranstalter persönlich untereinander verbunden sind.

§ 16 Vervielfältigungsrecht

(1) Das Vervielfältigungsrecht ist das Recht, Vervielfältigungsstücke des Werkes herzustellen, gleichviel in welchem Verfahren und in welcher Zahl

(2) Eine Vervielfältigung ist auch die Übertragung des Werkes auf Vorrichtungen zur wiederholbaren Wiedergabe von Bild- oder Tonfolgen (Bild- oder Tonträger), gleichviel, ob es sich um die Aufnahme einer Wiedergabe des Werkes auf einen Bild- oder Tonträger oder um die Übertragung des Werkes von einem Bild- oder Tonträger auf einen anderen handelt.

§ 17 Verbreitungsrecht

(1) Das Verbreitungsrecht ist das Recht, das Original oder Vervielfältigungsstücke des Werkes der Öffentlichkeit anzubieten oder in Verkehr zu bringen.

(2) Sind das Original oder Vervielfältigungsstücke des Werkes mit Zustimmung des zur Verbreitung Berechtigten im Gebiet der Europäischen Union oder eines anderen Vertragsstaates des Abkommens über den Europäischen Wirtschaftsraum im Wege der Veräußerung in Verkehr gebracht worden, so ist ihre Weiterverbreitung mit Ausnahme der Vermietung zulässig.

(3) Vermietung im Sinne der Vorschriften dieses Gesetzes ist die zeitlich begrenzte, unmittelbar oder mittelbar Erwerbszwecken dienende Gebrauchsüberlassung. Als Vermietung gilt jedoch nicht die Überlassung von Originalen oder Vervielfältigungsstücken

1. von Bauwerken und Werken der angewandten Kunst oder

2. im Rahmen eines Arbeits- oder Dienstverhältnisses zu dem ausschließlichen Zweck, bei der Erfüllung von Verpflichtungen aus dem Arbeits- oder Dienstverhältnis benutzt zu werden.

§ 18 Ausstellungsrecht

Das Ausstellungsrecht ist das Recht, das Original oder Vervielfältigungsstücke eines unveröffentlichten Werkes der bildenden Künste oder eines unveröffentlichten Lichtbildwerkes öffentlich zur Schau zu stellen.

§19 Vortrags-, Aufführungs- und Vorführungsrecht

(1) Das Vortragsrecht ist das Recht, ein Sprachwerk durch persönliche Darbietung öffentlich zu Gehör zu bringen.

(2) Das Aufführungsrecht ist das Recht, ein Werk der Musik durch persönliche Darbietung öffentlich zu Gehör zu bringen oder ein Werk öffentlich bühnenmäßig darzustellen.

(3) Das Vortrags- und das Aufführungsrecht umfassen das Recht, Vorträge und Aufführungen außerhalb des Raumes, in dem die persönliche Darbietung stattfindet, durch Bildschirm, Lautsprecher oder ähnliche technische Einrichtungen öffentlich wahrnehmbar zu machen.

(4) Das Vorführungsrecht ist das Recht, ein Werk der bildenden Künste, ein Lichtbildwerk, ein Filmwerk oder Darstellungen wissenschaftlicher oder technischer Art durch technische Einrichtungen öffentlich wahrnehmbar zu machen. Das Vorführungsrecht umfaßt nicht das Recht, die Funksendung solcher Werke öffentlich wahrnehmbar zu machen (§ 22).

§ 20 Senderecht

Das Senderecht ist das Recht, das Werk durch Funk, wie Ton- und Fernsehrundfunk, Satellitenrundfunk, Kabelfunk oder ähnliche technische Mittel, der Öffentlichkeit zugänglich zu machen.

§ 20a Europäische Satellitensendung

(1) Wird eine Satellitensendung innerhalb des Gebietes eines Mitgliedstaates der Europäischen Union oder Vertragsstaates des Abkommen über den Europäischen Wirtschaftsraum ausgefüllt, so gilt sie ausschließlich als in diesem Mitgliedstaat oder Vertragsstaat erfüllt.

(2) Wird eine Satellitensendung im Gebiet eines Staates ausgeführt, der weder Mitgliedstaat der Europäischen Union noch Vertragsstaat des Abkommens über den

Europäischen Wirtschaftsraum ist und in dem für das Recht der Satellitensendung das in Kapitel II der Richtlinie 93/831EWG des Rates vom 27. September 1993 zur Koordinierung bestimmter urheber- und leistungsschutzrechtlicher Vorschriften betreffend Satellitenrundfunk und Kabelweiterverbreitung (AB1. EG Nr. L 248 S. 15) vorgesehene Schutzniveau nicht gewährleistet ist, so gilt sie als in dem Mitgliedstaat oder Vertragsstaat erfolgt,

1. in dem die Erdfunkstation liegt, von der aus die programmtragenden Signale zum Satelliten geleitet werden, oder

2. in dem das Sendeunternehmen seine Niederlassung hat, wenn die Voraussetzung nach Nummer 1 nicht gegeben ist.

Das Senderecht ist im Fall der Nummer 1 gegenüber dem Betreiber der Erdfunkstation, im Fall der Nummer 2 gegenüber dem Sendeunternehmen geltend zu machen.

(3) Satellitensendung im Sinne von Absatz 1 und 2 ist die unter der Kontrolle und Verantwortung des Sendeunternehmens stattfindende Eingabe der für den öffentlichen Empfang bestimmten programmtragenden Signale in eine ununterbrochene Übertragungskette, die zum Satelliten und zurück zur Erde führt.

§ 20 b Kabelweitersendung

(1) Das Recht, ein gesendetes Werk im Rahmen eines zeitgleich, unverändert und vollständig weiterübertragenen Programms durch Kabelsysteme oder Mikrowellensysteme weiterzusenden (Kabelweitersendung), kann nur durch eine Verwertungsgesellschaft geltend gemacht werden. Dies gilt nicht für Rechte, die ein Sendeunternehmen in Bezug auf seine Sendungen geltend macht.

(2) Hat der Urheber das Recht der Kabelweitersendung einem Sendeunternehmen oder einem Tonträger- oder Filmhersteller eingeräumt, so hat das Kabelunternehmen gleichwohl dem Urheber eine angemessene Vergütung für die Kabelweitersendung zu zahlen. Auf den Vergütungsanspruch kann nicht verzichtet werden. Er kann im voraus nur an eine Verwertungsgesellschaft abgetreten und nur durch eine solche geltend gemacht werden. Diese Regelung steht Tarifverträgen und Betriebsvereinbarunger von Sendeunternehmen nicht entgegen, soweit dadurch dem Urheber eine angemessene Vergütung für jede Kabelweitersendung eingeräumt wird.

§ 21 Recht der Wiedergabe durch Lild- oder Tonträger

Das Recht der Wiedergabe durch Bild- oder Tonträger ist das Recht, Vorträge oder Aufführungen des Werkes mittels Bild- oder Tonträger öffentlich wahrnehmbar zu machen. §19 Abs. 3 gilt entsprechend.

§ 22 Recht der Wiedergabe von Funksendungen

Das Recht der Wiedergabe von Funksendungen ist das Recht, Funksendungen des Werkes durch Bildschirm, Lautsprecher oder ähnliche technische Einrichtungen öffentlich wahrnehmbar zu machen. §19 Abs. 3 gilt entsprechend.

§ 23 Bearbeitungen und Umgestaltungen

Bearbeitungen oder andere Umgestaltungen des Werkes dürfen nur mit Einwilligung des Urhebers des bearbeiteten oder umgestalteten Werkes veröffentlicht oder verwertet werden. Handelt es sich um eine Verfilmung des Werkes, um die Ausführung von Plänen und Entwürfen eines Werkes der bildenden Künste, um den Nachbau eines Werkes der Baukunst oder um die Bearbeitung oder Umgestaltung eines Datenbankwerkes, so bedarf bereits das Herstellen der Bearbeitung oder Umgestaltung der Einwilligung des Urhebers.

§ 24 Freie Benutzung

(1) Ein selbständiges Werk, das in freier Benutzung des Werkes eines anderen geschaffen worden ist, darf ohne Zustimmung des Urhebers des benutzten Werkes veröffentlicht und verwertet werden.

(2) Absatz 1 gilt nicht für die Benutzung eines Werkes der Musik, durch welche eine Melodie erkennbar dem Werk entnommen und einem neuen Werk zugrunde gelegt wird.

4. Sonstige Rechte des Urhebers

§ 25 Zugang zu Werkstocken

(1) Der Urheber kann vorn Besitzer des Originals oder eines Vervielfältigungsstückes seines Werkes verlangen, daß er ihm das Original oder das Vervielfältigungsstück zugänglich macht, soweit dies zur Herstellung von Vervielfältigungsstücken oder Bearbeitungen des Werkes erforderlich ist und nicht berechtigte Interessen des Besitzers entgegenstehen.

(2) Der Besitzer ist nicht verpflichtet, das Original oder das Vervielfältigungsstück dem Urheber herauszugeben.

§ 26 Folgerecht

(1) Wird das Original eines Werkes der bildenden Künste weiterveräußert und ist hieran ein Kunsthändler oder Versteigerer als Erwerber, Veräußerer oder Vermittler beteiligt, so hat der Veräußerer dem Urheber einen Anteil in Höhe von fünf vom Hundert des Veräußerungserlöses zu entrichten. Die Verpflichtung entfällt, wenn der Veräußerungserlös weniger als 50 Euro beträgt.

(2) Der Urheber kann auf seinen Anteil im voraus nicht verzichten. Die Anwartschaft darauf unterliegt nicht der Zwangsvollstreckung; eine Verfügung über die Anwartschaft ist unwirksam.

(3) Der Urheber kann von einem Kunsthändler oder Versteigerer Auskunft darüber verlangen, welche Originale von Werken des Urhebers innerhalb des letzten vor dem Auskunftsersuchen abgelaufenen Kalenderjahres unter Beteiligung des Kunsthändlers oder Versteigerers weiterveräußert wurden.

(4) Der Urheber kann, soweit dies zur Durchsetzung seines Anspruchs gegen den Ver-

äußerer erforderlich ist, von dem Kunsthändler oder Versteigerer Auskunft über den Namen und die Anschrift des Veräußerers sowie über die Höhe des Veräußerungserlöses verlangen. Der Kunsthändler oder Versteigerer darf die Auskunft über Namen und Anschrift des Veräußerers verweigern, wenn er dem Urheber den Anteil entrichtet.

(5) Die Ansprüche nach den Absätzen 3 und 4 können nur durch eine Verwertungsgesellschaft geltend gemacht werden.

(6) Bestehen begründete Zweifel an der Richtigkeit oder Vollständigkeit einer Auskunft nach Absatz 3 oder 4, so kann die Verwertungsgesellschaft verlangen, daß nach Wahl des Auskunftspflichtigen ihr oder einem von ihm zu bestimmenden Wirtschaftsprüfer oder vereidigten Buchprüfer Einsicht in die Geschäftsbücher oder sonstige Urkunden soweit gewährt wird, wie dies zur Feststellung der Richtigkeit oder Vollständigkeit der Auskunft erforderlich ist. Erweist sich die Auskunft als unrichtig oder unvollständig, so hat der Auskunftspflichtige die Kosten der Prüfung zu erstatten.

(7) (aufgehoben)

(8) Die vorstehenden Bestimmungen sind auf Werke der Baukunst und der angewandten Kunst nicht anzuwenden.

§ 27 Vergütung für Vermietung und Verleihen

(1) Hat der Urheber das Vermietrecht (§ 17) an einem Bild- oder Tonträger dem Tonträger- oder Filmhersteller eingeräumt, so hat der Vermieter gleichwohl dem Urheber eine angemessene Vergütung für die Vermietung zu zahlen. Auf den Vergütungsanspruch kann nicht verzichtet werden. Er kann im voraus nur an eine Verwertungsgesellschaft abgetreten werden.

(2) Für das Verleihen von Originalen oder Vervielfaltigungsstücken eines Werkes, deren Weiterverbreitung nach §17 Abs. 2 zulässig ist, ist dem Urheber eine angemessene Vergütung zu zahlen, wenn die Originale oder Vervielfältigungsstucke durch eine der Öffentlichkeit zugängliche Einrichtung (Bücherei, Sammlung von Bild- oder Tonträgern oder anderer Originale oder Vervielfältigungsstücke) verliehen werden. Verleihen im Sinne von Satz 1 ist die zeitlich begrenzte, weder unmittelbar noch mittelbar Erwerbszwecken dienende Gebrauchsüberlassung; § 17 Abs. 3 Satz 2 findet entsprechende Anwendung.

(3) Die Vergütungsansprüche nach den Absätzen 1 und 2 können nur durch eine Verwertungsgesellschaft geltend gemacht werden.

Fünfter Abschnitt. Rechtsverkehr im Urheberrecht

1. Rechtsnachfolge in das Urheberrecht

§ 28 Vererbung des Urheberrechts

(1) Das Urheberrecht ist vererblich.

(2) Der Urheber kann durch letztwillige Verfügung die Ausübung des Urheberrechts einem Testamentsvollstrecker übertragen. § 2210 des Bürgerlichen Gesetzbuchs ist nicht anzuwenden.

§ 29 Rechtsgeschäfte über das Urheberrecht

(1) Das Urheberrecht ist nicht übertragbar, es sei denn, es wird in Erfüllung einer Verfügung von Todes wegen oder an Miterben im Wege der Erbauseinandersetzung übertragen.

(2) Zulässig sind die Einräumung von Nutzungsrechten (§ 31), schuldrechtliche Einwilligungen und Vereinbarungen zu Verwertungsrechten sowie die in § 39 geregelten Rechtsgeschäfte über Urheberpersönlichkeitsrechte.

§ 30 Rechtsnachfolger des Urhebers

Der Rechtsnachfolger des Urhebers hat die dem Urheber nach diesem Gesetz zustehenden Rechte, soweit nichts anderes bestimmt ist.

2. Nutzungsrechte

§ 31 Einräumung von Nutzungsrechten

(1) Der Urheber kann einem anderen das Recht einräumen, das Werk auf einzelne oder alle Nutzungsarten zu nutzen (Nutzungsrecht). Das Nutzungsrecht kann als einfaches oder ausschließliches Recht sowie räumlich, zeitlich oder inhaltlich beschränkt eingeräumt werden.

(2) Das einfache Nutzungsrecht berechtigt den Inhaber, das Werk auf die erlaubte Art zu nutzen, ohne daß eine Nutzung durch andere ausgeschlossen ist.

(3) Das ausschließliche Nutzungsrecht berechtigt den Inhaber, das Werk unter Ausschluß aller anderen Personen auf die ihm erlaubte Art zu nutzen und Nutzungsrechte einzuräumen. Es kann bestimmt werden, daß die Nutzung durch den Urheber vorbehalten bleibt. § 35 bleibt unberührt.

(4) Die Einräumung von Nutzungsrechten für noch nicht bekannte Nutzungsarten sowie Verpflichtungen hierzu sind unwirksam.

(5) Sind bei der Einräumung eines Nutzungsrechts die Nutzungsarten nicht ausdrücklich einzeln bezeichnet, so bestimmt sich nach dem von beiden Partnern zugrunde gelegten Vertragszweck, auf welche Nutzungsarten es sich erstreckt. Entsprechendes gilt für die Frage, ob ein Nutzungsrecht eingeräumt wird, ob es sich um ein einfaches oder ausschließliches Nutzungsrecht handelt, wie weit Nutzungsrecht und Verbotsrecht reichen und welchen Einschränkungen das Nutzungsrecht unterliegt.

§ 32 Angemessene Vergütung

(1) Der Urheber hat für die Einräumung von Nutzungsrechten und die Erlaubnis zur Werknutzung Anspruch auf die vertraglich vereinbarte Vergütung. Ist die Höhe der Vergütung nicht bestimmt, gilt die angemessene Vergütung als vereinbart. Soweit

die vereinbarte Vergütung nicht angemessen ist, kann der Urheber von seinem Vertragspartner die Einwilligung in die Änderung des Vertrages verlangen, durch die dem Urheber die angemessene Vergütung gewährt wird.

(2) Eine nach einer gemeinsamen Vergütungsregel (§ 36) ermittelte Vergütung ist angemessen. Im übrigen ist die Vergütung angemessen, wenn sie im Zeitpunkt des Vertragsschlusses dem entspricht, was im Geschäftsverkehr nach Art und Umfang der eingeräumten Nutzungsmöglichkeit, insbesondere nach Dauer und Zeitpunkt der Nutzung, unter Berücksichtigung aller Umstände üblicher- und redlicherweise zu leisten ist.

(3) Auf eine Vereinbarung, die zum Nachteil des Urhebers von den Absätzen 1 und 2 abweicht, kann der Vertragspartner sich nicht berufen. Die in Satz 1 bezeichneten Vorschriften finden auch Anwendung, wenn sie durch anderweitige Gestaltungen umgangen werden. Der Urheber kann aber unentgeltlich ein einfaches Nutzungsrecht für jedermann einräumen.

(4) Der Urheber hat keinen Anspruch nach Absatz 1 Satz 3, soweit die Vergütung für die Nutzung seiner Werke tarifvertraglich bestimmt ist.

§ 32 a Weitere Beteiligung des Urhebers

(1) Hat der Urheber einem anderen ein Nutzungsrecht zu Bedingungen eingeräumt, die dazu führen, dass die vereinbarte Gegenleistung unter Berücksichtigung der gesamten Beziehungen des Urhebers zu dem anderen in einem auffälligen Missverhältnis zu den Erträgen und Vorteilen aus der Nutzung des Werkes steht, so ist der andere auf Verlangen des Urhebers verpflichtet, in eine Änderung des Vertrages einzuwilligen, durch die dem Urheber eine den Umständen nach weitere angemessene Beteiligung gewährt wird. Ob die Vertragspartner die Höhe der erzielten Erträge oder Vorteile vorhergesehen haben oder hätten vorhersehen können, ist unerheblich.

(2) Hat der andere das Nutzungsrecht übertragen oder weitere Nutzungsrechte eingeräumt und ergibt sich das auffällige Missverhältnis aus den Erträgnissen oder Vorteilen eines Dritten, so haftet dieser dem Urheber unmittelbar nach Maßgabe des Absatzes 1 unter Berücksichtigung der vertraglichen Beziehungen in der Lizenzkette. Die Haftung des anderen entfällt.

(3) Auf die Ansprüche nach Absätzen 1 und 2 kann im Voraus nicht verzichtet werden. Die Anwartschaft hierauf unterliegt nicht der Zwangsvollstreckung; eine Verfügung über die Anwartschaft ist unwirksam.

(4) Der Urheber hat keinen Anspruch nach Absatz 1, soweit die Vergütung nach einer gemeinsamen Vergütungsregel (§ 36) oder tarifvertraglich bestimmt worden ist und ausdrücklich eine weitere angemessene Beteiligung für den Fall des Absatzes 1 vorsieht.

§ 32b Zwingende Anwendung

Die §§ 32 und 32 a finden zwingend Anwendung,

1. wenn auf den Nutzungsvertrag mangels einer Rechtswahl deutsches Recht anzuwenden wäre oder

2. soweit Gegenstand des Vertrages maßgebliche Nutzungshandlungen im räumlichen Geltungsbereich dieses Gesetzes sind.

§ 33 Weiterwirkung von Nutzungsrechten

Ausschließliche und einfache Nutzungsrechte bleiben gegenüber später eingeräumten Nutzungsrechten wirksam. Gleiches gilt, wenn der Inhaber des Rechts, der das Nutzungsrecht eingeräumt hat, wechselt oder wenn er auf sein Recht verzichtet.

§ 34 Übertragung von Nutzungsrechten

(1) Ein Nutzungsrecht kann nur mit Zustimmung des Urhebers übertragen werden. Der Urheber darf die Zustimmung nicht wider Treu und Glauben verweigern.

(2) Werden mit dem Nutzungsrecht an einem Sammelwerk (§ 4) Nutzungsrechte an den in das Sammelwerk aufgenommenen einzelnen Werken übertragen, so genügt die Zustimmung des Urhebers des Sammelwerkes.

(3) Ein Nutzungsrecht kann ohne Zustimmung des Urhebers übertragen werden, wenn die Übertragung im Rahmen der Gesamtveräußerung eines Unternehmens oder der Veräußerung von Teilen eines Unternehmens geschieht. Der Urheber kann das Nutzungsrecht zurückrufen, wenn ihm die Ausübung des Nutzungsrechts durch den Erwerber nach Treu und Glauben nicht zuzumuten ist. Satz 2 findet auch dann Anwendung, wenn sich die Beteiligungsverhältnisse am Unternehmen des Inhabers des Nutzungsrechts wesentlich ändern.

(4) Der Erwerber des Nutzungsrechts haftet gesamtschuldnerisch für die Erfüllung der sich aus dem Vertrag mit dem Urheber ergebenden Verpflichtungen des Veräußerers, wenn der Urheber der Übertragung des Nutzungsrechts nicht im Einzelfall ausdrücklich zugestimmt hat.

(5) Der Urheber kann auf das Rückrufsrecht und die Haftung des Erwerbers im Voraus nicht verzichten. Im Übrigen können der Inhaber des Nutzungsrechts und der Urheber Abweichendes vereinbaren.

§ 35 Einräumung weiterer Nutzungsrechte

(1) Der Inhaber eines ausschließlichen Nutzungsrechts kann weitere Nutzungsrechte nur mit Zustimmung des Urhebers eimäumen. Der Zustimmung bedarf es nicht, wenn das ausschließliche Nutzungsrecht nur zur Wahrnehmung der Belange des Urhebers eingeräumt ist.

(2) Die Bestimmungen in § 34 Abs. 1 Satz 2, Abs. 2 und Abs. 5 Satz 2 sind entsprechend anzuwenden.

§ 36 Gemeinsame Vergütungsregeln

(1) Zur Bestimmung der Angemessenheit von Vergütungen nach § 32 stellen Vereinigungen von Urhebern mit Vereinigungen von Werknutzern oder einzelnen Werk-

nutzern gemeinsame Vergütungsregeln auf. Die gemeinsamen Vergütungsregeln sollen die Umstände des jeweiligen Regelungsbereichs berücksichtigen, insbesondere die Struktur und Größe der Verwerter. In Tarifverträgen enthaltene Regelungen gehen gemeinsamen Vergütungsregeln vor.

(2) Vereinigungen nach Absatz 1 müssen repräsentativ, unabhängig und zur Aufstellung gemeinsamer Vergütungsregeln ermächtigt sein.

(3) Ein Verfahren zur Aufstellung gemeinsamer Vergütungsregeln vor der Schlichtungsstelle (§ 36 a) findet statt, wenn die Parteien dies vereinbaren. Das Verfahren findet auf schriftliches Verlangen einer Partei statt, wenn

1. die andere Partei nicht binnen drei Monaten, nachdem eine Partei schriftlich die Aufnahme von Verhandlungen verlangt hat, Verhandlungen über gemeinsame Vergütungsregeln beginnt,

2. Verhandlungen über gemeinsame Vergütungsregeln ein Jahr, nachdem schriftlich ihre Aufnahme verlangt worden ist, ohne Ergebnis bleiben oder 3. eine Partei die Verhandlungen endgültig für gescheitert erklärt hat.

(4) Die Schlichtungsstelle hat den Parteien einen begründeten Einigungsvorschlag zu machen, der den Inhalt der gemeinsamen Vergütungsregeln enthält. Er gilt als angenommen, wenn ihm nicht innerhalb von drei Monaten nach Empfang des Vorschlages schriftlich widersprochen wird.

§ 36 a Schlichtungsstelle

(1) Zur Aufstellung gemeinsamer Vergütungsregeln bilden Vereinigungen von Urhebern mit Vereinigungen von Werknutzern oder einzelnen Werknutzern eine Schlichtungsstelle, wenn die Parteien dies vereinbaren oder eine Partei die Durchführung des Schlichtungsverfahrens verlangt.

(2) Die Schlichtungsstelle besteht aus einer gleichen Anzahl von Beisitzern, die jeweils von einer Partei bestellt werden, und einem unparteiischen Vorsitzenden, auf dessen Person sich beide Parteien einigen sollen.

(3) Kommt eine Einigung über die Person des Vorsitzenden nicht zustande, so bestellt ihn das nach § 1062 der Zivilprozessordnung zuständige Oberlandesgericht. Das Oberlandesgericht entscheidet auch, wenn keine Einigung über die Zahl der Beisitzer erzielt wird. Für das Verfahren vor dem Oberlandesgericht gelten die §§ 1063, 1065 der Zivilprozessordnung entsprechend.

(4) Das Verlangen auf Durchführung des Schlichtungsverfahrens gemäß § 36 Abs. 3 Satz 2 muss einen Vorschlag über die Aufstellung gemeinsamer Vergütungsregeln enthalten.

(5) Die Schlichtungsstelle fasst ihren Beschluss nach mündlicher Beratung mit Stimmenmehrheit. Die Beschlussfassung erfolgt zunächst unter den Beisitzern; kommt eine Stimmenmehrheit nicht zustande, so nimmt der Vorsitzende nach weiterer Beratung an der erneuten Beschlussfassung teil. Benennt eine Partei keine Mitglieder oder bleiben die von einer Partei genannten Mitglieder trotz rechtzeitiger Einladung der Sitzung fern, so entscheiden der Vorsitzende und die erschienenen

Mitglieder nach Maßgabe der Sätze 1 und 2 allein. Der Beschluss der Schlichtungsstelle ist schriftlich niederzulegen, vom Vorsitzenden zu unterschreiben und beiden Parteien zuzuleiten.

(6) Soweit zwischen den Parteien keine anderweitige Vereinbarung getroffen wird, trägt der Antragsteller die Kosten des Schlichtungsverfahrens.

(7) Die Parteien können durch Vereinbarung die Einzelheiten des Verfahrens vor der Schlichtungsstelle regeln.

(8) Das Bundesministerium der Justiz wird ermächtigt, durch Rechtsverordnung ohne Zustimmung des Bundesrates die weiteren Einzelheiten des Verfahrens vor der Schlichtungsstelle zu regeln sowie weitere Vorschriften über die Kosten des Verfahrens und die Entschädigung der Mitglieder der Schlichtungsstelle zu erlassen.

§ 37 Verträge über die Einräumung von Nutzungsrechten

(1) Räumt der Urheber einem anderen ein Nutzungsrecht am Werk ein, so verbleibt ihm im Zweifel das Recht der Einwilligung zur Veröffentlichung oder Verwertung einer Bearbeitung des Werkes.

(2) Räumt der Urheber einem anderen ein Nutzungsrecht zur Vervielfältigung des Werkes ein, so verbleibt ihm im Zweifel das Recht, das Werk auf Bild- oder Tonträger zu übertragen.

(3) Räumt der Urheber einem anderen ein Nutzungsrecht zu einer öffentlichen Wiedergabe des Werkes ein, so ist dieser im Zweifel nicht berechtigt, die Wiedergabe außerhalb der Veranstaltung, für die sie bestimmt ist, durch Bildschirm, Lautsprecher oder ähnliche technische Einrichtungen öffentlich wahrnehmbar zu machen.

§ 38 Beiträge zu Sammlungen

(1) Gestattet der Urheber die Aufnahme des Werkes in eine periodisch erscheinende Sammlung, so erwirbt der Verleger oder Herausgeber im Zweifel ein ausschließliches Nutzungsrecht zur Vervielfältigung und Verbreitung. Jedoch darf der Urheber das Werk nach Ablauf eines Jahres seit Erscheinen anderweit vervielfältigen und verbreiten, wenn nichts anderes vereinbart ist.

(2) Absatz 1 Satz 2 gilt auch für einen Beitrag zu einer nicht periodisch erscheinenden Sammlung, für dessen Überlassung dem Urheber kein Anspruch auf Vergütung zusteht.

(3) Wird der Beitrag einer Zeitung überlassen, so erwirbt der Verleger oder Herausgeber ein einfaches Nutzungsrecht, wenn nichts anderes vereinbart ist. Räumt der Urheber ein ausschließliches Nutzungsrecht ein, so ist er sogleich nach Erscheinen des Beitrags berechtigt, ihn anderweit zu vervielfältigen und zu verbreiten, wenn nichts anderes vereinbart ist.

§ 39 Änderungen des Werkes

(1) Der Inhaber eines Nutzungsrechts darf das Werk, dessen Titel oder Urheberbezeichnung (§ 10 Abs. 1) nicht ändern, wenn nichts anderes vereinbart ist.

(2) Änderungen des Werkes und seines Titels, zu denen der Urheber seine Einwilligung nach Treu und Glauben nicht versagen kann, sind zulässig.

§ 40 Verträge über künftige Werke

(1) Ein Vertrag, durch den sich der Urheber zur Einräumung von Nutzungsrechten an künftigen Werken verpflichtet, die überhaupt nicht näher oder nur der Gattung nach bestimmt sind, bedarf der schriftlichen Form. Er kann von beiden Vertragsteilen nach Ablauf von fünf Jahren seit dem Abschluß des Vertrages gekündigt werden. Die Kündigungsfrist beträgt sechs Monate, wenn keine kürzere Frist vereinbart ist.

(2) Auf das Kündigungsrecht kann im voraus nicht verzichtet werden. Andere vertragliche oder gesetzliche Kündigungsrechte bleiben unberührt.

(3) Wenn in Erfüllung des Vertrages Nutzungsrechte an künftigen Werken eingeräumt worden sind, wird mit Beendigung des Vertrages die Verfügung hinsichtlich der Werke unwirksam, die zu diesem Zeitpunkt noch nicht abgeliefert sind.

§ 41 Rückrufsrecht wegen Nichtausübung

(1) Übt der Inhaber eines ausschließlichen Nutzungsrechts das Recht nicht oder nur unzureichend aus und werden dadurch berechtigte Interessen des Urhebers erheblich verletzt, so kann dieser das Nutzungsrecht zurückrufen. Dies gilt nicht, wenn die Nichtausübung oder die unzureichende Ausübung des Nutzungsrechts überwiegend auf Umständen beruht, deren Behebung dem Urheber zuzumuten ist.

(2) Das Rückrufsrecht kann nicht vor Ablauf von zwei Jahren seit Einräumung oder Übertragung des Nutzungsrechts oder, wenn das Werk später abgeliefert wird, seit der Ablieferung geltend gemacht werden. Bei einem Beitrag zu einer Zeitung beträgt die Frist drei Monate, bei einem Beitrag zu einer Zeitschrift, die monatlich oder in kürzeren Abständen erscheint, sechs Monate und bei einem Beitrag zu anderen Zeitschriften ein Jahr.

(3) Der Rückruf kann erst erklärt werden, nachdem der Urheber dem Inhaber des Nutzungsrechts unter Ankündigung des Rückrufs eine angemesseneNachfrist zur zureichenden Ausübung des Nutzungsrechts bestimmt hat. Der Bestimmung der Nachfrist bedarf es nicht, wenn die Ausübung des Nutzungsrechts seinem Inhaber unmöglich ist oder von ihm verweigert wird oder wenn durch die Gewährung einer Nachfrist überwiegende Interessen des Urhebers gefährdet würden.

(4) Auf das Rückrufsrecht kann im voraus nicht verzichtet werden. Seine Ausübung kann im voraus für mehr als fünf Jahre nicht ausgeschlossen werden.

(5) Mit Wirksamwerden des Rückrufs erlischt das Nutzungsrecht.

(6) Der Urheber hat den Betroffenen zu entschädigen, wenn und soweit es der Billigkeit entspricht.

(7) Rechte und Ansprüche der Beteiligten nach anderen gesetzlichen Vorschriften bleiben unberührt.

§ 42 Rückrufsrecht wegen gewandelter Überzeugung

(1) Der Urheber kann ein Nutzungsrecht gegenüber dem Inhaber zurückrufen, wenn das Werk seiner Überzeugung nicht mehr entspricht und ihm deshalb die Verwertung des Werkes nicht mehr zugemutet werden kann. Der Rechtsnachfolger des Urhebers (§ 30) kann den Rückruf nur erklären, wenn er nachweist, daß der Urheber vor seinem Tode zum Rückruf berechtigt gewesen wäre und an der Erklärung des Rückrufs gehindert war oder diese letztwillig verfügt hat.

(2) Auf das Rückrufsrecht kann im voraus nicht verzichtet werden. Seine Ausübung kann nicht ausgeschlossen werden.

(3) Der Urheber hat den Inhaber des Nutzungsrechts angemessen zu entschädigen. Die Entschädigung muß mindestens die Aufwendungen decken, die der Inhaber des Nutzungsrechts bis zur Erklärung des Rückrufs gemacht hat; jedoch bleiben hierbei Aufwendungen, die auf bereits gezogene Nutzungen entfallen, außer Betracht. Der Rückruf wird erst wirksam, wenn der Urheber die Aufwendungen ersetzt oder Sicherheit dafür geleistet hat. Der Inhaber des Nutzungsrechts hat dem Urheber binnen einer Frist von drei Monaten nach Erklärung des Rückrufs die Aufwendungen mitzuteilen; kommt er dieser Pflicht nicht nach, so wird der Rückruf bereits mit Ablauf dieser Frist wirksam.

(4) Will der Urheber nach Rückruf das Werk wieder verwerten, so ist er verpflichtet, dem früheren Inhaber des Nutzungsrechts ein entsprechendes Nutzungsrecht zu angemessenen Bedingungen anzubieten.

(5) Die Bestimmungen in § 41 Abs. 5 und 7 sind entsprechend anzuwenden.

§ 43 Urheber in Arbeits- oder Dienstverhältnissen

Die Vorschriften dieses Unterabschnitts sind auch anzuwenden, wenn der Urheber das Werk in Erfüllung seiner Verpflichtungen aus einem Arbeits- oder Dienstverhältnis geschaffen hat, soweit sich aus dem Inhalt oder dem Wesen des Arbeits- oder Dienstverhältnisses nichts anderes ergibt.

§ 44 Veräußerung des Originals des Werkes

(1) Veräußert der Urheber das Original des Werkes, so räumt er damit im Zweifel dem Erwerber ein Nutzungsrecht nicht ein.

(2) Der Eigentümer des Originals eines Werkes der bildenden Künste oder eines Lichtbildwerkes ist berechtigt, das Werk öffentlich auszustellen, auch wenn es noch nicht veröffentlicht ist, es sei denn, daß der Urheber dies bei der Veräußerung des Originals ausdrücklich ausgeschlossen hat.

Sechster Abschnitt. Schranken des Urheberrechts

§ 45 Rechtspflege und öffentliche Sicherheit

(1) Zulässig ist, einzelne Vervielfältigungsstücke von Werken zur Verwendung in Verfahren vor einem Gericht, einem Schiedsgericht oder einer Behörde herzustellen oder herstellen zu lassen.

(2) Gerichte und Behörden dürfen für Zwecke der Rechtspflege und der öffentlichen Sicherheit Bildnisse vervielfältigen oder vervielfältigen lassen.

(3) Unter den gleichen Voraussetzungen wie die Vervielfältigung ist auch die Verbreitung, öffentliche Ausstellung und öffentliche Wiedergabe der Werke zulässig.

§ 46 Sammlungen für Kirchen-, Schul- oder Unterrichtsgebrauch

(1) Zulässig ist die Vervielfältigung und Verbreitung, wenn Teile von Werken, Sprachwerke oder Werke der Musik von geringem Umfang, einzelne Werke der bildenden Künste oder einzelne Lichtbildwerke nach dem Erscheinen in eine Sammlung aufgenommen werden, die Werke einer größeren Anzahl von Urhebern vereinigt und nach ihrer Beschaffenheit nur für den Kirchen-, Schul- oder Unterrichtsgebrauch bestimmt ist. Auf der Titelseite oder an einer entsprechenden Stelle der Sammlung ist deutlich anzugeben, wozu sie bestimmt ist.

(2) Absatz 1 gilt für Werke der Musik, die in eine für den Musikunterricht bestimmte Sammlung aufgenommen werden, nur, wenn es sich um eine Sammlung für den Musikunterricht in Schulen mit Ausnahme der Musikschulen handelt.

(3) Mit der Vervielfältigung darf erst begonnen werden, wenn die Absicht, von der Berechtigung nach Absatz 1 Gebrauch zu machen, dem Urheber oder, wenn sein Wohnort oder Aufenthaltsort unbekannt ist, dem Inhaber des ausschließlichen Nutzungsrechts durch eingeschriebenen Brief mitgeteilt worden ist und seit Absendung des Briefes zwei Wochen verstrichen sind. Ist auch der Wohnort oder Aufenthaltsort des Inhabers des ausschließlichen Nutzungsrechts unbekannt, so kann die Mitteilung durch Veröffentlichung im Bundesanzeiger bewirkt werden.

(4) Für die Vervielfältigung und Verbreitung ist dem Urheber eine angemessene Vergütung zu zahlen.

(5) Der Urheber kann die Vervielfältigung und Verbreitung verbieten, wenn das Werk seiner Überzeugung nicht mehr entspricht, ihm deshalb die Verwertung des Werkes nicht mehr zugemutet werden kann und er ein etwa bestehendes Nutzungsrecht aus diesem Grunde zurückgerufen hat (§ 42). Die Bestimmungen in § 136 Abs. 1 und 2 sind entsprechend anzuwenden.

§ 47 Schulfunksendungen

(1) Schulen sowie Einrichtungen der Lehrerbildung und der Lehrerfortbildung dürfen einzelne Vervielfältigungsstücke von Werken, die innerhalb einer Schulfunksendung gesendet werden, durch Übertragung der Werke auf Bild- oder Tonträger herstellen. Das gleiche gilt für Heime der Jugendhilfe und die staatlichen Landesbildstellen oder vergleichbare Einrichtungen in öffentlicher Trägerschaft.

(2) Die Bild- oder Tonträger dürfen nur für den Unterricht verwendet werden. Sie sind spätestens am Ende des auf die Übertragung der Schulfunksendung folgenden Schuljahrs zu löschen, es sei denn, daß dem Urheber eine angemessene Vergütung gezahlt wird.

§ 48 Öffentliche Reden

(1) Zulässig ist

1. die Vervielfältigung und Verbreitung von Reden über Tagesfragen in Zeitungen sowie in Zeitschriften oder anderen Informationsblättern, die im wesentlichen den Tagesinteressen Rechnung tragen, wenn die Reden bei öffentlichen Versammlungen oder im Rundfunk gehalten worden sind, sowie die öffentliche Wiedergabe solcher Reden,

2. die Vervielfältigung, Verbreitung und öffentliche Wiedergabe von Reden, die bei öffentlichen Verhandlungen vor staatlichen, kommunalen oder kirchlichen Organen gehalten worden sind.

(2) Unzulässig ist jedoch die Vervielfältigung und Verbreitung der in Absatz 1 Nr. 2 bezeichneten Reden in Form einer Sammlung, die überwiegend Reden desselben Urhebers enthält.

§ 49 Zeitungsartikel und Rundfunkkommentare

(1) Zulässig ist die Vervielfältigung und Verbreitung einzelner Rundfunkkommentare und einzelner Artikel aus Zeitungen und anderen lediglich Tagesinteressen dienenden Informationsblättern in anderen Zeitungen und Informationsblättern dieser Art sowie die öffentliche Wiedergabe solcher Kommentare und Artikel, wenn sie politische, wirtschaftliche oder religiöse Tagesfragen betreffen und nicht mit einem Vorbehalt der Rechte versehen sind. Für die Vervielfältigung, Verbreitung und öffentliche Wiedergabe ist dem Urheber eine angemessene Vergütung zu zahlen, es sei denn, daß es sich um eine Vervielfältigung, Verbreitung oder öffentliche Wiedergabe kurzer Auszüge aus mehreren Kommentaren oder Artikeln in Form einer Übersicht handelt. Der Anspruch kann nur durch eine Verwertungsgesellschaft geltend gemacht werden.

(2) Unbeschränkt zulässig ist die Vervielfältigung, Verbreitung und öffentliche Wiedergabe von vermischten Nachrichten tatsächlichen Inhalts und von Tagesneuigkeiten, die durch Presse oder Funk veröffentlicht worden sind; ein durch andere gesetzliche Vorschriften gewährter Schutz bleibt unberührt.

§ 50 Bild- und Tonberichterstattung

Zur Bild- und Tonberichterstattung über Tagesereignisse durch Funk und Film sowie in Zeitungen oder Zeitschriften, die im wesentlichen den Tagesinteressen Rechnung tragen, dürfen Werke, die im Verlauf der Vorgänge, über die berichtet wird, wahrnehmbar werden, in einem durch den Zweck gebotenen Umfang vervielfältigt, verbreitet und öffentlich wiedergegeben werden.

§ 51 Zitate

Zulässig ist die Vervielfältigung, Verbreitung und öffentliche Wiedergabe wenn in einem durch den Zweck gebotenen Umfang

1. einzelne Werke nach dem Erscheinen in ein selbständiges wissenschaftliches Werk zur Erläuterung des Inhalts aufgenommen werden,

2. Stellen eines Werkes nach der Veröffentlichung in einem selbständigen Sprachwerk angeführt werden,

3. einzelne Stellen eines erschienenen Werkes der Musik in einem selbständigen Werk der Musik angeführt werden.

§ 52 Öffentliche Wiedergabe

(1) Zulässig ist die öffentliche Wiedergabe eines erschienenen Werkes, wenn die Wiedergabe keinem Erwerbszweck des Veranstalters dient, die Teilnehmer ohne Entgelt zugelassen werden und im Falle des Vortrags oder der Aufführung des Werkes keiner der ausübenden Künstler (§ 73) eine besondere Vergütung erhält. Für die Wiedergabe ist eine angemessene Vergütung zu zahlen. Die Vergütungspflicht entfällt für Veranstaltungen der Jugendhilfe, der Sozialhilfe, der Alten- und Wohlfahrtspflege, der Gefangenenbetreuung sowie für Schulveranstaltungen, sofern sie nach ihrer sozialen oder erzieherischen Zweckbestimmung nur einem bestimmt abgegrenzten Kreis von Personen zugänglich sind. Dies gilt nicht, wenn die Veranstaltung dem Erwerbszweck eines Dritten dient; in diesem Fall hat der Dritte die Vergütung zu zahlen.

(2) Zulässig ist die öffentliche Wiedergabe eines erschienenen Werkes auch bei einem Gottesdienst oder einer kirchlichen Feier der Kirchen oder Religionsgemeinschaften. Jedoch hat der Veranstalter dem Urheber eine angemessene Vergütung zu zahlen.

(3) Öffentliche bühnenmäßige Aufführungen und Funksendungen eines Werkes sowie öffentliche Vorführungen eines Filmwerks sind stets nur mit Einwilligung des Berechtigten zulässig.

§ 53 Vervielfältigungen zum privaten und sonstigen eigenen Gebrauch

(1) Zulässig ist, einzelne Vervielfältigungsstücke eines Werkes zum privaten Gebrauch herzustellen. Der zur Vervielfältigung Befugte darf die Vervielfältigungsstücke auch durch einen anderen herstellen lassen; doch gilt dies für die Übertragung von Werken auf Bild- oder Tonträger und die Vervielfältigung von Werken der bildenden Künste nur, wenn es unentgeltlich geschieht.

(2) Zulässig ist, einzelne Vervielfältigungsstücke eines Werkes herzustellen oder herstellen zu lassen

1. zum eigenen wissenschaftlichen Gebrauch, wenn und soweit die Vervielfältigung zu diesem Zweck geboten ist,

2. zur Aufnahme in ein eigenes Archiv, wenn und soweit die Vervielfältigung zu diesem Zweck geboten ist und als Vorlage für die Vervielfältigung ein eigenes Werkstück benutzt wird,

3. zur eigenen Unterrichtung über Tagesfragen, wenn es sich um ein durch Funk gesendetes Werk handelt,

4. zum sonstigen eigenen Gebrauch,

a) wenn es sich um kleine Teile eines erschienenen Werkes oder um einzelne

Beiträge handelt, die in Zeitungen oder Zeitschriften erschienen sind,

b) wenn es sich um ein seit mindestens zwei Jahren vergriffenes Werk handelt.

(3) Zulässig ist, Vervielfältigungsstücke von kleinen Teilen eines Druckwerks oder von einzelnen Beiträgen, die in Zeitungen oder Zeitschriften erschienen sind, zum eigenen Gebrauch 1. im Schulunterricht, in nichtgewerblichen Einrichtungen der Aus- und Weiterbildung sowie in Einrichtungen der Berufsbildung in der für eine Schulklasse erforderlichen Anzahl oder 2. für staatliche Prüfungen und Prüfungen in Schulen, Hochschulen, in nichtgewerblichen Einrichtungen der Aus- und Weiterbildung sowie in der Berufsbildung in der erforderlichen Anzahl herzustellen oder herstellen zu lassen, wenn und soweit die Vervielfältigung zu diesem Zweck geboten ist.

(4) Die Vervielfältigung a) graphischer Aufzeichnungen von Werken der Musik, b) eines Buches oder einer Zeitschrift, wenn es sich um eine im wesentlichen vollständige Vervielfältigung handelt, ist, soweit sie nicht durch Abschreiben vorgenommen wird, stets nur mit Einwilligung des Berechtigten zulässig oder unter den Voraussetzungen des Absatzes 2 Nr. 2 oder zum eigenen Gebrauch, wenn es sich um ein seit mindestens zwei Jahren vergriffenes Werk handelt.

(5) Absatz 1 sowie Absatz 2 Nr. 2 bis 4 finden keine Anwendung auf Datenbankwerke, deren Elemente einzeln mit Hilfe elektronischer Mittel zugänglich sind. Absatz 2 Nr. 1 findet auf solche Datenbankwerke mit der Maßgabe Anwendung, daß der wissenschaftliche Gebrauch nicht zu gewerblichen Zwecken erfolgt.

(6) Die Vervielfältigungsstücke dürfen weder verbreitet noch zu öffentlichen Wiedergaben benutzt werden. Zulässig ist jedoch, rechtmäßig hergestellte Vervielfältigungsstücke von Zeitungen und vergriffenen Werken sowie solche Werkstücke zu verleihen, bei denen kleine beschädigte oder abhanden gekommene Teile durch Vervielfältigungsstücke ersetzt worden sind.

(7) Die Aufnahme öffentlicher Vorträge, Aufführungen oder Vorführungen eines Werkes auf Bild- oder Tonträger, die Ausführung von Plänen und Entwürfen zu Werken der bildenden Künste und der Nachbau eines Werkes der Baukunst sind stets nur mit Einwilligung des Berechtigten zulässig.

§ 54 Vergütungspflicht für Vervielfältigung im Wege der Bild- und Tonaufzeichnung

(1) Ist nach der Art eines Werkes zu erwarten, daß es durch Aufnahme von Funksendungen auf Bild- oder Tonträger oder durch Übertragungen von einem Bild- oder Tonträger auf einen anderen nach § 53 Abs. 1 oder 2 vervielfältigt wird, so hat der Urheber des Werkes gegen den Hersteller

1. von Geräten und

2. von Bild- oder Tonträgern,

die erkennbar zur Vornahme solcher Vervielfältigungen bestimmt sind Anspruch auf Zahlung einer angemessenen Vergütung für die durch die Veräußerung der Geräte sowie der Bild- oder Tonträger geschaffene Möglichkeit, solche Vervielfältigungen vorzunehmen. Neben dem Hersteller haftet als Gesamtschuldner, wer die Geräte oder die Bild- oder Tonträger in den Geltungsbereich dieses Gesetzes gewerblich eingeführt oder wiedereingeführt oder wer mit ihnen handelt. Der Händler haftet nicht, wenn er im Kalenderhalbjahr Bild- oder Tonträger von weniger als 6.000 Stunden Spieldauer und weniger als 100 Geräte bezieht.

(2) Einführer ist, wer die Geräte oder Bild- oder Tonträger in den Geltungsbereich dieses Gesetzes verbringt oder verbringen läßt. Liegt der Einfuhr ein Vertrag mit einem Gebietsfremden zugrunde, so ist Einführer nur der im Geltungsbereich dieses Gesetzes ansässige Vertragspartner, soweit er gewerblich tätig wird. Wer lediglich als Spediteur oder Frachtführer oder in einer ähnlichen Stellung bei dem Verbringen der Waren tätig wird, ist nicht Einführer. Wer die Gegenstände aus Drittländern in eine Freizone oder in ein Freilager nach Artikel 166 der Verordnung (EWG) Nr. 2913/92 des Rates vom 12. Oktober 1992 zur Festlegung des Zollkodex der Gemeinschaften (AB1. EG Nr. L 302 S. 1) verbringt oder verbringen läßt, ist als Einführer nur anzusehen, wenn die Gegenstände in diesem Bereich gebraucht oder wenn sie in den zollrechtlich freien Verkehr übergeführt werden.

§ 54 a Vergütungspflicht für Vervielfältigung im Wege der Ablichtung

(1) Ist nach der Art eines Werkes zu erwarten, daß es nach § 53 Abs. 1 bis 3 durch Ablichtung eines Werkstücks oder in einem Verfahren vergleichbarer Wirkung vervielfältigt wird, so hat der Urheber des Werkes gegen den Hersteller von Geräten, die zur Vornahme solcher Vervielfältigungen bestimmt sind, Anspruch auf Zahlung einer angemessenen Vergütung für die durch die Veräußerung oder sonstiges Inverkehrbringen der Geräte geschaffene Möglichkeit, solche Vervielfältigungen vorzunehmen. Neben dem Hersteller haftet als Gesamtschuldner, wer die Geräte in den Geltungsbereich dieses Gesetzes gewerblich einführt oder wiedereinführt oder wer mit ihnen handelt. Der Händler haftet nicht, wenn er im Kalenderhalbjahr weniger als 20 Geräte bezieht.

(2) Werden Geräte dieser Art in Schulen, Hochschulen sowie Einrichtungen der Berufsbildung oder der sonstigen Aus- und Weiterbildung (Bildungseinrichtungen), Forschungseinrichtungen, öffentlichen Bibliotheken oder in Einrichtungen betrieben, die Geräte für die Herstellung von Ablichtungen entgeltlich bereithalten, so hat der Urheber auch gegen den Betreiber des Gerätes einen Anspruch auf Zahlung einer angemessenen Vergütung.

(3) § 54 Abs. 2 gilt entsprechend.

§ 54 b Wegfall der Vergütungspflicht des Händlers

Die Vergütungspflicht des Händlers (§ 54 Abs. 1 und § 54 a Abs. 1) entfällt,

1. soweit ein zur Zahlung der Vergütung Verpflichteter, von dem der Händler die Geräte oder die Bild- oder Tonträger bezieht, an einen Gesamtvertrag über die Vergütung gebunden ist oder

2. wenn der Händler Art und Stückzahl der bezogenen Geräte und Bild- oder Tonträ-

ger und seine Bezugsquelle der nach § 54h Abs. 3 bezeichneten Empfangsstelle jeweils zum 10. Januar und 10. Juli für das vorangegangene Kalenderhalbjahr schriftlich mitteilt.

§ 54 c Wegfall der Vergütungspflicht bei Ausfuhr

Der Anspruch nach § 54 Abs. 1 umd § 54a Abs. 1 entfällt, soweit nach den Umständen mit Wahrscheinlichkeit erwartet werden kann, daß die Geräte oder die Bild- oder Tonträger nicht zu Vervielfältigungen im Geltungsbereich dieses Gesetzes benutzt werden.

§ 54 d Vergütungshöhe

(1) Als angemessene Vergütung nach § 54 Abs. 1 und § 54 a Abs. 1 und 2 gelten die in der Anlage bestimmten Sätze, soweit nicht etwas anderes vereinbart wird.

(2) Die Höhe der von dem Betreiber nach § 54 a Abs. 2 insgesamt geschuldeten Vergütung bemißt sich nach der Art und dem Umfang der Nutzung des Gerätes, die nach den Umständen, insbesondere nach dem Standort und der üblichen Verwendung, wahrscheinlich ist.

§ 54 e Hinweispflicht in Rechnungen auf urheberrechtliche Vergütungen

(1) In Rechnungen für die Veräußerung oder ein sonstiges Inverkehrbringen der Geräte nach § 54 a Abs. 1 ist auf die auf das Gerät entfallende Urhebervergütung hinzuweisen.

(2) In Rechnungen für die Veräußerung oder ein sonstiges Inverkehrbringen der in § 54 Abs. 1 genannten Geräte oder Bild- oder Tonträger, in denen die Umsatzsteuer nach § 14 Abs. 1 Satz 1 des Umsatzsteuergesetzes gesondert auszuweisen ist, ist zu vermerken, ob die auf das Gerät oder die Bild- oder Tonträger entfallende Urhebervergütung entrichtet wurde.

§ 54 f Meldepflicht

(1) Wer Geräte oder Bild- oder Tonträger, die erkennbar zur Vornahme von Vervielfältigungen im Wege der Bild- und Tonaufzeichnung bestimmt sind, in den Geltungsbereich dieses Gesetzes gewerblich einführt oder wiedereinführt, ist dem Urheber gegenüber verpflichtet, Art und Stückzahl der eingeführten Gegenstände der nach § 54 h Abs. 3 bezeichneten Empfangsstelle monatlich bis zum 10. Tag nach Ablauf jedes Kalendermonats schriftlich mitzuteilen.

(2) Absatz 1 gilt entsprechend für Geräte, die zur Vornahme von Vervielfältigungen durch Ablichtung eines Werkstücks oder in einem Verfahren vergleichbarer Wirkung bestimmt sind.

(3) Kommt der Meldepflichtige seiner Meldepflicht nicht, nur unvollständig oder sonst unrichtig nach, so kann der doppelte Vergütungssatz verlangt werden.

§ 54 g Auskunftspflicht

(1) Der Urheber kann von dem nach § 54 Abs. 1 oder § 54a Abs. 1 zur Zahlung der

Vergütung Verpflichteten Auskunft über Art und Stückzahl der im Geltungsbereich dieses Gesetzes veräußerten oder in Verkehr gebrachten Geräte und Bild- oder Tonträger verlangen. Die Auskunftspflicht des Händlers erstreckt sich auch auf die Benennung der Bezugsquellen; sie besteht auch in den Fällen des § 54 Abs. 1 Satz 3, des § 54 a Abs. 1 Satz 3 und des § 54b Nr. 1. § 26 Abs. 6 gilt entsprechend.

(2) Der Urheber kann von dem Betreiber eines Gerätes in einer Einrichtung im Sinne des § 54 a Abs. 2 Satz 1 die für die Bemessung der Vergütung erforderliche Auskunft verlangen.

(3) Kommt der zur Zahlung der Vergütung Verpflichtete seiner Auskunftspflicht nicht, nur unvollständig oder sonst unrichtig nach, so kann der doppelte Vergütungssatz verlangt werden.

§ 54 h Verwertungsgesellschaften, Handhabung der Mitteilungen

(1) Die Ansprüche nach den §§ 54, 54 a, 54f Abs. 3 und § 54g können nur durch eine Verwertungsgesellschaft geltend gemacht werden.

(2) Jedem Berechtigten steht ein angemessener Anteil an den nach § 54 und § 54 a gezahlten Vergütungen zu.

(3) Für Mitteilungen nach den § § 54 b und 54 f haben die Verwertungsgesellschaften dem Patentamt, je gesondert für die Vergütungsansprüche nach § 54 Abs. 1 und § 54 a Abs. 1, eine gemeinsame Empfangsstelle zu bezeichnen. Das Patentamt gibt diese im Bundesanzeiger bekannt.

(4) Das Patentamt kann Muster für die Mitteilungen nach § 54 b Nr.2 und § 54 f im Bundesanzeiger bekanntmachen. Diese Muster sind zu verwenden.

(5) Die Verwertungsgesellschaften und die Empfangsstelle dürfen die gemäß § 54 b Nr. 2, §§ 54f und 54g erhaltenen Angaben nur zur Geltendmachung der Ansprüche nach Absatz 1 verwenden.

§55 Vervielfältigung durch Sendeunternehmen

(1) Ein Sendeunternehmen, das zur Funksendung eines Werkes berechtigt ist, darf das Werk mit eigenen Mitteln auf Bild- oder Tonträger übertragen, um diese zur Funksendung über jeden seiner Sender oder Richtstrahler je einmal zu benutzen. Die Bild- oder Tonträger sind spätestens einen Monat nach der ersten Funksendung des Werkes zu löschen.

(2) Bild- oder Tonträger, die außergewöhnlichen dokumentarischen Wert haben, brauchen nicht gelöscht zu werden, wenn sie in ein amtliches Archiv aufgenommen werden. Von der Aufnahme in das Archiv ist der Urheber unverzüglich zu benachrichtigen.

§ 55 a Benutzung eines Datenbankwerkes

Zulässig ist die Bearbeitung sowie die Vervielfältigung eines Datenbankwerkes durch den Eigentümer eines mit Zustimmung des Urhebers durch Veräußerung in Verkehr gebrachten Vervielfältigungsstücks des Datenbankwerkes, den in sonstiger Weise zu dessen Gebrauch Berechtigten oder denjenigen, dem ein Datenbankwerk aufgrund eines mit dem Urheber oder eines mit dessen Zustimmung mit einem Dritten geschlossenen Vertrags zugänglich gemacht wird, wenn und soweit die Bearbeitung oder Vervielfältigung für den Zugang zu den Elementen des Datenbankwerkes und für dessen übliche Benutzung erforderlich ist. Wird aufgrund eines Vertrags nach Satz 1 nur ein Teil des Datenbankwerkes zugänglich gemacht, so ist nur die Bearbeitung sowie die Vervielfältigung dieses Teils zulässig. Entgegenstehende vertragliche Vereinbarungen sind nichtig.

§ 56 Vervielfaltigung und öffentliche Wiedergabe durch Geschäftsbetriebe

(1) In Geschäftsbetrieben, die Bild- oder Tonträger, Geräte zu deren Herstellung oder Wiedergabe oder zum Empfang von Funksendungen vertreiben oder instandsetzen, dürfen Werke auf Bild- oder Tonträger übertragen und mittels Bild- oder Tonträger öffentlich wiedergegeben sowie Funksendungen von Werken öffentlich wahrnehmbar gemacht werden, soweit dies notwendig ist, um Kunden diese Geräte und Vorrichtungen vorzuführen oder um die Geräte instandzusetzen.

(2) Nach Absatz 1 hergestellte Bild- oder Tonträger sind unverzüglich zu löschen.

§ 57 Unwesentliches Beiwerk

Zulässig ist die Vervielfältigung, Verbreitung und öffentliche Wiedergabe von Werken, wenn sie als unwesentliches Beiwerk neben dem eigentlichen Gegenstand der Vervielfältigung, Verbreitung oder öffentlichen Wiedergabe anzusehen sind.

§ 58 Katalogbilder

Zulässig ist, öffentlich ausgestellte sowie zur öffentlichen Ausstellung oder zur Versteigerung bestimmte Werke der bildenden Künste in Verzeichnissen, die zur Durchführung der Ausstellung oder Versteigerung vom Veranstalter herausgegeben werden, zu vervielfältigen und zu verbreiten.

§ 59 Werke an öffentlichen Plätzen

(1) Zulässig ist, Werke, die sich bleibend an öffentlichen Wegen, Straßen oder Plätzen befinden, mit Mitteln der Malerei oder Graphik, durch Lichtbild oder durch Film zu vervielfältigen, zu verbreiten und öffentlich wiederzugeben. Bei Bauwerken erstrecken sich diese Befugnisse nur auf die äußere Ansicht.

(2) Die Vervielfältigungen dürfen nicht an einerm Bauwerk vorgenommen werden.

§ 60 Bildnisse

(1) Der Besteller eines Bildnisses oder sein Rechtsnachfolger darf es durch Lichtbild vervielfältigen oder vervielfältigen lassen. Handelt es sich bei dem Bildnis um ein Lichtbildwerk, so ist die Vervielfältigung auch auf andere Weise als durch Lichtbild zulässig. Die Vervielfältigungsstücke dürfen unentgeltlich verbreitet werden.

(2) Die gleichen Rechte stehen bei einem auf Bestellung geschaffenen Bildnis dem Abgebildeten, nach seinem Tode seinen Angehörigen zu.

(3) Angehörige im Sinne des Absatzes 2 sind der Ehegatte und die Kinder oder, wenn weder ein Ehegatte noch Kinder vorhanden sind, die Eltern.

§ 61 Zwangslizenz zur Herstellung von Tonträgern

(1) Ist einem Hersteller von Tonträgern ein Nutzungsrecht an einem Werk der Musik eingeräumt worden mit dem Inhalt, das Werk zu gewerblichen Zwecken auf Tonträger zu übertragen und diese zu vervielfältigen und zu verbreiten, so ist der Urheber verpflichtet, jedem anderen Hersteller von Tonträgern, der im Geltungsbereich dieses Gesetzes seine Hauptniederlassung oder seinen Wohnsitz hat, nach Erscheinen des Werkes gleichfalls ein Nutzungsrecht mit diesem Inhalt zu angemessenen Bedingungen einzuräumen; dies gilt nicht, wenn das bezeichnete Nutzungsrecht erlaubterweise von einer Verwertungsgesellschaft wahrgenommen wird oder wenn das Werk der Überzeugung des Urhebers nicht mehr entspricht, ihm deshalb die Verwertung des Werkes nicht mehr zugemutet werden kann und er ein etwa bestehendes Nutzungsrecht aus diesem Grunde zurückgerufen hat. Der Urheber ist nicht verpflichtet, die Benutzung des Werkes zur Herstellung eines Filmes zu gestatten.

(2) Gegenüber einem Hersteller von Tonträgern, der weder seine Hauptniederlassung noch seinen Wohnsitz im Geltungsbereich dieses Gesetzes hat, besteht die Verpflichtung nach Absatz 1, soweit in dem Staat, in dem er seine Hauptniederlassung oder seinen Wohnsitz hat, den Herstellern von Tonträgern, die ihre Hauptniederlassung oder ihren Wohnsitz im Geltungsbereich dieses Gesetzes haben, nach einer Bekanntmachung des Bundesministers der Justiz im Bundesgesetzblatt ein entsprechendes Recht gewährt wird.

(3) Das nach den vorstehenden Bestimmungen einzuräumende Nutzungsrecht wirkt nur im Geltungsbereich dieses Gesetzes und für die Ausfuhr nach Staaten, in denen das Werk keinen Schutz gegen die Übertragung auf Tonträger genießt.

(4) Hat der Urheber einem anderen das ausschließliche Nutzungsrecht eingeräumt mit dem Inhalt, das Werk zu gewerblichen Zwecken auf Tonträger zu übertragen und diese zu vervielfältigen und zu verbreiten, so gelten die vorstehenden Bestimmungen mit der Maßgabe, daß der Inhaber des ausschließlichen Nutzungsrechts zur Einräumung des in Absatz 1 bezeichneten Nutzungsrechts verpflichtet ist.

(5) Auf ein Sprachwerk, das als Text mit einem Werk der Musik verbunden ist, sind die vorstehenden Bestimmungen entsprechend anzuwenden, wenn einem Hersteller von Tonträgern ein Nutzungsrecht eingeräumt worden ist mit dem Inhalt, das Sprachwerk in Verbindung mit dem Werk der Musik auf Tonträger zu übertragen und diese zu vervielfaltigen und zu verbreiten.

(6) Für Klagen, durch die ein Anspruch auf Einräumung des Nutzungsrechts geltend gemacht wird, sind, sofern der Urheber oder im Falle des Absatzes 4 der Inhaber des ausschließlichen Nutzungsrechts im Geltungsbereich dieses Gesetzes keinen allgemeinen Gerichtsstand hat, die Gerichte zuständig, in deren Bezirk das Patent-

amt seinen Sitz hat. Einstweilige Verfügungen können erlassen werden, auch wenn die in den §§ 935 und 940 der Zivilprozeßordnung bezeichneten Voraussetzungen nicht zutreffen.

(7) Die vorstehenden Bestimmungen sind nicht anzuwenden, wenn das in Absatz 1 bezeichnete Nutzungsrecht lediglich zur Herstellung eines Filmes eingeräumt worden ist.

§ 62 Änderungsverbot

(1) Soweit nach den Bestimmungen dieses Abschnitts die Benutzung eines Werkes zulässig ist, dürfen Änderungen an dem Werk nicht vorgenommen werden. § 39 gilt entsprechend.

(2) Soweit der Benutzungszweck es erfordert, sind Übersetzungen und solche Änderungen des Werkes zulässig, die nur Auszüge oder Übertragungen in eine andere Tonart oder Stimmlage darstellen.

(3) Bei Werken der bildenden Künste und Lichtbildwerken sind Übertragungen des Werkes in eine andere Größe und solche Änderungen zulässig, die das für die Vervielfältigung angewendete Verfahren mit sich bringt.

(4) Bei Sammlungen für Kirchen-, Schul- oder Unterrichtsgebrauch (§46) sind außer den nach den Absätzen 1 bis 3 erlaubten Änderungen solche Änderungen von Sprachwerken zulässig, die für den Kirchen-, Schul- oder Unterrichtsgebrauch erforderlich sind. Diese Änderungen bedürfen jedoch der Einwilligung des Urhebers, nach seinem Tode der Einwilligung seines Rechtsnachfolgers (§ 30), wenn dieser Angehöriger (§ 60 Abs. 3) des Urhebers ist oder das Urheberrecht auf Grund letztwilliger Verfügung des Urhebers erworben hat. Die Einwilligung gilt als erteilt, wenn der Urheber oder der Rechtsnachfolger nicht innerhalb eines Monats, nachdem ihm die beabsichtigte Änderung mitgeteilt worden ist, widerspricht und er bei der Mitteilung der Änderung auf diese Rechtsfolge hingewiesen worden ist.

§ 63 Quellenangabe

(1) Wenn ein Werk oder ein Teil eines Werkes in den Fällen des § 45 Abs. 1, der §§ 46 bis 48, 50, 51, 58, 59 und 61 vervielfältigt wird, ist stets die Quelle deutlich anzugeben. Das gleiche gilt in den Fällen des § 53 Abs. 2 Nr. 1 und Abs. 3 Nr. 1 für die Vervielfältigung eines Datenbankwerkes. Bei der Vervielfältigung ganzer Sprachwerke oder ganzer Werke der Musik ist neben dem Urheber auch der Verlag anzugeben, in dem das Werk erschienen ist, und außerdem kenntlich zu machen, ob an dem Werk Kürzungen oder andere Änderungen vorgenommen.worden sind. Die Verpflichtung zur Quellenangabe entfällt, wenn die Quelle weder auf dem benutzten Werkstück oder bei der benutzten Werkwiedergabe genannt noch dem zur Vervielfältigung Befugten anderweit bekannt ist.

(2) Soweit nach den Bestimmungen dieses Abschnitts die öffentliche Wiedergabe eines Werkes zulässig ist, ist die Quelle deutlich anzugeben, wenn und soweit die Verkehrssitte es erfordert.

(3) Wird ein Artikel aus einer Zeitung oder einem anderen Informationsblatt nach § 49 Abs. 1 in einer anderen Zeitung oder in einem anderen Informationsblatt abgedruckt oder durch Funk gesendet, so ist stets außer dem Urheber, der in der benutzten Quelle bezeichnet ist, auch die Zeitung oder das Informationsblatt anzugeben, woraus der Artikel entnommen ist; ist dort eine andere Zeitung oder ein anderes Informationsblatt als Quelle angeführt, so ist diese Zeitung oder dieses Informationsblatt anzugeben. Wird ein Rundfunkkommentar nach § 49 Abs. 1 in einer Zeitung oder einem anderen Informationsblatt abgedruckt oder durch Funk gesendet, so ist stets außer dem Urheber auch das Sendeunternehmen anzugeben, das den Kommentar gesendet hat.

§ 63 a Gesetzliche Vergütungsansprüche

Auf gesetzliche Vergütungsansprüche nach diesem Abschnitt kann der Urheber im Voraus nicht verzichten. Sie können im Voraus nur an eine Verwertungsgesellschaft abgetreten werden.

Siebenter Abschnitt. Dauer des Urheberrechts

§ 64 Allgemeines

Das Urheberrecht erlischt siebzig Jahre nach dem Tode des Urhebers.

§ 65 Miturheber, Filmwerke

(1) Steht das Urheberrecht mehreren Miturhebern (§ 8) zu, so erlischt es siebzig Jahre nach dem Tode des längstlebenden Miturhebers.

(2) Bei Filmwerken und Werken, die ähnlich wie Filmwerke hergestellt werden, erlischt das Urheberrecht siebzig Jahre nach dem Tod des Längstlebenden der folgenden Personen: Hauptregisseur, Urheber des Drehbuchs, Urheber der Dialoge, Komponist der für das betreffende Filmwerk komponierten Musik.

§ 66 Anonyme und pseudonyme Werke

(1) Bei anonymen und pseudonymen Werken erlischt das Urheberrecht siebzig Jahre nach der Veröffentlichung. Es erlischt jedoch bereits siebzig Jahre nach der Schaffung des Werkes, wenn das Werk innerhalb dieser Frist nicht veröffentlicht worden ist.

(2) Offenbart der Urheber seine Identität innerhalb der in Absatz 1 Satz 1 bezeichneten Frist oder läßt das vom Urheber angenommene Pseudonym keinen Zweifel an seiner Identität zu, so berechnet sich die Dauer des Urheberrechts nach den §§ 64 und 65. Dasselbe gilt, wenn innerhalb der in Absatz 1 Satz 1 bezeichneten Frist der wahre Name des Urhebers zur Eintragung in das Register anonymer und pseudonymer Werke (§ 138) angemeldet wird.

(3) Zu den Handlungen nach Absatz 2 sind der Urheber, nach seinem Tode sein Rechtsnachfolger (§ 30) oder der Testamentsvollstrecker (§ 28 Abs. 2) berechtigt.

§ 67 Lieferungswerke

Bei Werken, die in inhaltlich nicht abgeschlossenen Teilen (Lieferungen) veröffentlicht werden, berechnet sich im Falle des § 66 Abs. 1 Satz 1 die Schutzfrist einer jeden Lieferung gesondert ab dem Zeitpunkt ihrer Veröffentlichung.

§68

Aufgeh. durch Art. 1 Nr. 8 G v. 24.6.1985 I 1137 mWv 1.7.1985

§ 69 Berechnung der Fristen

Die Fristen dieses Abschnitts beginnen mit dem Ablauf des Kalenderjahres, in dem das für den Beginn der Frist maßgebende Ereignis eingetreten ist.

Achter Abschnitt. Besondere Bestimmungen für Computerprogramme

§ 69 a Gegenstand des Schutzes

(1) Computerprogramme im Sinne dieses Gesetzes sind Programme in jeder Gestalt, einschließlich des Entwurfsmaterials.

(2) Der gewährte Schutz gilt für alle Ausdrucksformen eines Computerprogramms. Ideen und Grundsätze, die einem Element eines Computerprogramms zugrunde liegen, einschließlich der den Schnittstellen zugrundeliegenden Ideen und Grundsätze, sind nicht geschützt.

(3) Computerprogramme werden geschützt, wenn sie individuelle Werke in dem Sinne darstellen, daß sie das Ergebnis der eigenen geistigen Schöpfung ihres Urhebers sind. Zur Bestimmung ihrer Schutzfähigkeit sind keine anderen Kriterien, insbesondere nicht qualitative oder ästhetische, anzuwenden.

(4) Auf Computergrogramme finden die für Sprachwerke geltenden Bestimmungen Anwendung, soweit in diesem Abschnitt nichts anderes bestimmt ist.

§ 69 b Urheber in Arbeits- und Dienstverhältnissen

(1) Wird ein Computerprogramm von einem Arbeitnehmer in Wahrnehmung seiner Aufgaben oder nach den Anweisungen seines Arbeitgebers geschaffen, so ist ausschließlich der Arbeitgeber zur Ausübung aller vermögensrechtlichen Befugnisse an dem Computerprogramm berechtigt, sofern nichts anderes vereinbart ist.

(2) Absatz 1 ist auf Dienstverhältnisse entsprechend anzuwenden.

§ 69 c Zustimmungsbedürftige Handlungen

Der Rechtsinhaber hat das ausschließliche Recht, folgende Handlungen vorzunehmen oder zu gestatten:

1. die dauerhafte oder vorübergehende Vervielfältigung, ganz oder teilweise, eines Computerprogramms mit jedem Mittel und in jeder Form. Soweit das Laden, Anzeigen, Ablaufen, Übertragen oder Speichern des Computerprogramms eine Vervielfältigung erfordert, bedürfen diese Handlungen der Zustimmung des Rechtsinhabers;

2. die Übersetzung, die Bearbeitung, das Arrangement und andere Umarbeitungen eines Computerprogramms sowie die Vervielfältigung der erzielten Ergebnisse. Die Rechte derjenigen, die das Programm bearbeiten, bleiben unberührt;

3. jede Form der Verbreitung des Originals eines Computerprogramms oder von Vervielfältigungsstücken, einschließlich der Vermietung. Wird ein Vervielfältigungsstück eines Computerprogramms mit Zustimmung des Rechtsinhabers im Gebiet der Europäischen Union oder eines anderen Vertragsstaates des Abkommens über den Europäischen Wirtschaftsraum im Wege der Veräußerung in Verkehr gebracht, so erschöpft sich das Verbreitungsrecht in bezug auf dieses Vervielfältigungsstück mit Ausnahme des Vermietrechts.

§ 69 d Ausnahmen von den zustimmungsbedürftigen Handlungen

(1) Soweit keine besonderen vertraglichen Bestimmungen vorliegen, bedürfen die in § 69 c Nr. 1 und 2 genannten Handlungen nicht der Zustimmung des Rechtsinhabers, wenn sie für eine bestimmungsgemäße Benutzung des Computerprogramms einschließlich der Fehlerberichtigung durch jeden zur Verwendung eines Vervielfältigungsstücks des Programms Berechtigten notwendig sind.

(2) Die Erstellung einer Sicherungskopie durch eine Person, die zur Benutzung des Programms berechtigt ist, darf nicht vertraglich untersagt werden, wenn sie für die Sicherung künftiger Benutzung erforderlich ist.

(3) Der zur Verwendung eines Vervielfaltigungsstücks eines Programms Berechtigte kann ohne Zustimmung des Rechtsinhabers das Funktionieren dieses Programms beobachten, untersuchen oder testen, um die einem Programmelement zugrundeliegenden Ideen und Grundsätze zu ermitteln, wenn dies durch Handlungen zum Laden, Anzeigen, Ablaufen, Übertragen oder Speichern des Programms geschieht, zu denen er berechtigt ist.

§ 69 e Dekompilierung

(1) Die Zustimmung des Rechtsinhabers ist nicht erforderlich, wenn die Vervielfältigung des Codes oder die Übersetzung der Codeform im Sinne des § 69 c Nr. 1 und 2 unerläßlich ist, um die erforderlichen Informationen zur Herstellung der Interoperabilität eines unabhängig geschaffenen Computerprogramms mit anderen Programmen zu erhalten, sofern folgende Bedingungen erfüllt sind:

1. Die Handlungen werden von dem Lizenznehmer oder von einer anderen zur Verwendung eines Vervielfaltigungsstücks des Prograrnms berechtigten Person oder in deren Namen von einer hierzu ermächtigten Person vorgenommen

2. die für die Herstellung der Interoperabilität notwendigen Informationen sind für die in Nummer 1 genannten Personen noch nicht ohne weiteres zugänglich gemacht;

3. die Handlungen beschränken sich auf die Teile des ursprünglichen Programms, die zur Herstellung der Interoperabilität notwendig sind.

(2) Bei Handlungen nach Absatz 1 gewonnene Informationen dürfen nicht

1. zu anderen Zwecken als zur Herstellung der Interoperabilität des unabhangig geschaffenen Programms verwendet werden,

2. an Dritte weitergegeben werden, es sei denn, daß dies für die Interoperabilität des unabhängig geschaffenen Programms notwendig ist,

3. für die Entwicklung, Herstellung -oder Vermarktung eines Programms mit im wesentlichen ähnlicher Ausdrucksform oder für irgendwelche anderen das Urheberrecht verletzenden Handlungen verwendet werden.

(3) Die Absätze 1 und 2 sind so auszulegen, daß ihre Anwendung weder die normale Auswertung des Werkes beeinträchtigt noch die berechtigten Interessen des Rechtsinhabers unzumutbar verletzt.

§ 69 f Rechtsverletzungen

(1) Der Rechtsinhaber kann von dem Eigentümer oder Besitzer verlangen, daß alle rechtswidrig hergestellten, verbreiteten oder zur rechtswidrigen Verbreitung bestimmten Vervielfältigungsstücke vernichtet werden. § 98 Abs. 2 und 3 ist entsprechend anzuwenden.

(2) Absatz 1 ist entsprechend auf Mittel anzuwenden, die allein dazu bestimmt sind, die unerlaubte Beseitigung oder Umgehung technischer Programmschutzmechanismen zu erleichtern.

§ 69 g Anwendung sonstiger Rechtsvorschriften, Vertragsrecht

(1) Die Bestimmungen dieses Abschnitts lassen die Anwendung sonstiger Rechtsvorschriften auf Computerprogramme, insbesondere über den Schutz von Erfindungen, Topographien von Halbleitererzeugnissen, Marken und den Schutz gegen unlauteren Wettbewerb einschließlich des Schutzes von Geschäfts- und Betriebsgeheimnissen, sowie schuldrechtliche Vereinbarungen unberührt.

(2) Vertragliche Bestimmungen, die in Widerspruch zu § 69 d Abs. 2 und 3 und § 69 e stehen, sind nichtig.

Zweiter Teil. Verwandte Schutzrechte

Erster Abschnitt. Schutz bestimmter Ausgaben

§ 70 Wissenschaftliche Ausgaben

(1) Ausgaben urheberrechtlich nicht geschützter Werke oder Texte werden in entsprechender Anwendung der Vorschriften des Ersten Teils geschützt, wenn sie das Ergebnis wissenschaftlich sichtender Tätigkeit darstellen und sich wesentlich von den bisher bekannten Ausgaben der Werke oder Texte unterscheiden.

(2) Das Recht steht dem Verfasser der Ausgabe zu.

(3) Das Recht erlischt fünfundzwanzig Jahre nach dem Erscheinen der Ausgabe, jedoch bereits fünfundzwanzig Jahre nach der Herstellung, wenn die Ausgabe innerhalb dieser Frist nicht erschienen ist. Die Frist ist nach § 69 zu berechnen.

§ 71 Nachgelassene Werke

(1) Wer ein nicht erschienenes Werk nach Erlöschen des Urheberrechts erlaubterweise erstmals erscheinen läßt oder erstmals öffentlich wiedergibt, hat das ausschließliche Recht, das Werk zu verwerten. Das gleiche gilt für nicht erschienene Werke, die im Geltungsbereich dieses Gesetzes niemals geschützt waren, deren Urheber aber schon länger als siebzig Jahre tot ist. Die §§ 5, 15 bis 24, 26, 27, 45 bis 63 und 88 sind sinngemäß anzuwenden.

(2) Das Recht ist übertragbar.

(3) Das Recht erlischt fünfundzwanzig Jahre nach dem Erscheinen des Werkes oder, wenn seine erste öffentliche Wiedergabe früher erfolgt ist, nach dieser.

Zweiter Abschnitt. Schutz der Lichtbilder

§ 72

(1) Lichtbilder und Erzeugnisse, die ähnlich wie Lichtbilder hergestellt werden, werden in entsprechender Anwendung der für Lichtbildwerke geltenden Vorschriften des Ersten Teils geschützt.

(2) Das Recht nach Absatz 1 steht dem Lichtbildner zu.

(3) Das Recht nach Absatz 1 erlischt fünfzig Jahre nach dem Erscheinen des Lichtbildes oder, wenn seine erste erlaubte öffentliche Wiedergabe früher erfolgt ist, nach dieser, jedoch bereits fünfzig Jahre nach der Herstellung, wenn das Lichtbild innerhalb dieser Frist nicht erschienen oder erlaubterweise öffentlich wiedergegeben worden ist. Die Frist ist nach § 69 zu berechnen.

Dritter Abschnitt. Schutz des ausübenden Künstlers

§ 73 Ausübender Künstler

Ausübender Künstler im Sinne dieses Gesetzes ist, wer ein Werk vorträgt oder aufführt oder bei dem Vortrag oder der Aufführung eines Werkes künstlerisch mitwirkt.

§ 74 Bildschirm- und Lautsprecherübertragung

Die Darbietung des ausübenden Künstlers darf nur mit seiner Einwilligung außerhalb des Raumes, in dem sie stattfindet, durch Bildschirm, Lautsprecher oder ähnliche technische Einrichtungen öffentlich wahrnehmbar gemacht werden.

§ 75 Aufnahme, Vervielfältigung und Verbreitung

(1) Die Darbietung des ausübenden Künstlers darf nur mit seiner Einwilligung auf Bild- oder Tonträger aufgenommen werden.

(2) Der ausübende Künstler hat das ausschließliche Recht, den Bild- oder Tonträger zu vervielfaltigen und zu verbreiten.

(3) Auf die Vergütungsansprüche des ausübenden Künstlers für die Vermietung und das Verleihen der Bild- oder Tonträger findet § 27 entsprechende Anwendung.

(4) § 31 Abs. 5 und §§ 32, 32 a, 36, 36 a, 39 sind entsprechend anwendbar.

(5) Haben mehrere ausübende Künstler gemeinsam eine Darbietung erbracht, ohne dass sich ihre Anteile gesondert verwerten lassen, können sie vor Beginn der Darbietung eine Person bestimmen, die zur Ausübung ihrer Ansprüche aus § § 32, 32 a befugt ist. § 80 bleibt unberührt.

§ 76 Funksendung

(1) Die Darbietung des ausübenden Künstlers darf nur mit seiner Einwilligung durch Funk gesendet werden.

(2) Die Darbietung des ausübenden Künstlers, die erlaubterweise auf Bild- oder Tonträger aufgenommen worden ist, darf ohne seine Einwilligung durch Funk gesendet werden, wenn die Bild- und Tonträger erschienen sind; jedoch ist ihm hierfür eine angemessene Vergütung zu zahlen.

(3) § 20b gilt entsprechend.

§ 77 Öffentliche Wiedergabe

Wird die Darbietung des ausübenden Künstlers mittels Bild- oder Tonträger oder die Funksendung seiner Darbietung öffentlich wahrnehmbar gemacht, so ist ihm hierfür eine angemessene Vergütung zu zahlen.

§ 78 Abtretung

Der ausübende Künstler kann die nach den §§ 74 bis 77 gewährten Rechte und Ansprüche an Dritte abtreten. § 75 Abs. 3 in Verbindung mit § 27 Abs. 1 Satz 2 und 3 bleibt unberührt.

§ 79 Ausübende Künstler in Arbeits- oder Dienstverhältnissen

Hat ein ausübender Künstler eine Darbietung in Erfüllung seiner Verpflichtungen aus einem Arbeits- oder Dienstverhältnis erbracht, so bestimmt sich, wenn keine besonderen Vereinbarungen getroffen sind, nach dem Wesen des Arbeits- oder Dienstverhältnisses, in welchem Umfang und unter welchen Bedingungen der Arbeitgeber oder Dienstherr die Darbietung benutzen und anderen ihre Benutzung gestatten darf.

§ 80 Chor-, Orchester- und Bühnenaufführungen

(1) Bei Chor-, Orchester- und Bühnenaufführungen genügt in den Fällen der §§ 74,75 Abs. 1 und 2 und § 76 Abs. 1 neben der Einwilligung der Solisten, des Dirigenten und des Regisseurs die Einwilligung der gewählten Vertreter (Vorstände) der mitwirkenden Künstlergruppen, wie Chor, Orchester, Ballett und Bühnenensemble. Hat eine Gruppe keinen Vorstand, so wird die Einwilligung der ihr angehörenden ausübenden Künstler durch die Einwilligung des Leiters der Gruppe ersetzt.

(2) Zur Geltendmachung der sich aus den §§ 74 bis 77 ergebenden Rechte mit Ausnahme der Einwilligungsrechte sind bei Chor-, Orchester- und Bühnenaufführungen für die mitwirkenden Künstlergruppen jeweils deren Vorstände und, soweit für

eine Gruppe ein Vorstand nicht besteht, der Leiter dieser Gruppe allein ermächtigt. Die Ermächtigung kann auf eine Verwertungsgesellschaft übertragen werden.

§ 81 Schutz des Veranstalters

Wird die Darbietung des ausübenden Künstlers von einem Unternehmen veranstaltet, so bedarf es in den Fällen der §§ 74,75 Abs. 1 und 2 und § 76 Abs 1 neben der Einwilligung des ausübenden Künstlers auch der Einwilligung des Inhabers des Unternehmens.

§ 82 Dauer der Rechte

Ist die Darbietung des ausübenden Künstlers auf einen Bild- oder Tonträger aufgenommen worden, so erlöschen die Rechte des ausübenden Künstlers fünfzig Jahre, diejenigen des Veranstalters fünfundzwanzig Jabre nach dem Erscheinen des Bild- oder Tonträgers oder, wenn seine erste erlaubte Benutzung zur öffentlichen Wiedergabe früher erfolgt ist, nach dieser, die Rechte des ausübenden Künstlers erlöschen jedoch bereits fünfzig Jahre nach der Darbietung, diejenigen des Veranstalters fünfundzwanzig Jahre nach der Darbietung, wenn der Bild- oder Tonträger innerhalb dieser Frist nicht erschienen oder erlaubterweise zur öffentlichen Wiedergabe benutzt worden ist. Die Frist ist nach § 69 zu berechnen.

§ 83 Schutz gegen Entstellung

(1) Der ausübende Künstler hat das Recht, eine Entstellung oder eine andere Beeinträchtigung seiner Darbietung zu verbieten, die geeignet ist, sein Ansehen oder seinen Ruf als ausübender Künstler zu gefährden.

(2) Haben mehrere ausübende Künstler gemeinsam eine Darbietung erbracht, so haben sie bei der Ausübung des Rechts aufeinander angemessene Rücksicht zu nehmen.

(3) Das Recht erlischt mit dem Tode des ausübenden Künstlers, jedoch erst fünfzig Jahre nach der Darbietung, wenn der ausübende Künstler vor Ablauf dieser Frist verstorben ist; die Frist ist nach § 69 zu berechnen. Nach dem Tode des ausübenden Künstlers steht das Recht seinen Angehörigen (§60 Abs. 3) zu.

§ 84 Beschränkung der Rechte

Auf die dem ausübenden Künstler und dem Veranstalter nach diesem Abschnitt zustehenden Rechte sind die Vorschriften des Sechsten Abschnitts des Ersten Teils mit Ausnahme des § 61 sinngemäß anzuwenden.

Vierter Abschnitt. Schutz des Herstellers von Tonträgern

§ 85 Vervielfältigungs- und Verbreitungsrecht

(1) Der Hersteller eines Tonträgers hat das ausschließliche Recht, den Tonträger zu vervielfältigen und zu verbreiten. Ist der Tonträger in einem Unternehmen hergestellt worden, so gilt der Inhaber des Unternehmens als Hersteller. Das Recht entsteht nicht durch Vervielfältigung eines Tonträgers.

(2) Das Recht erlischt fünfzig Jahre nach dem Erscheinen des Tonträgers oder, wenn seine erste erlaubte Benutzung zur öffentlichen Wiedergabe früher erfolgt ist, nach dieser, jedoch bereits fünfzig Jahre nach der Herstellung, wenn der Tonträger innerhalb dieser Frist nicht erschienen oder erlaubterweise zur öffentlichen Wiedergabe benutzt worden ist. Die Frist ist nach § 69 zu berechnen.

(3) §27 Abs. 2 und 3 sowie die Vorschriften des Sechsten Abschnitts des Ersten Teils mit Ausnahme des § 61 sind entsprechend anzuwenden.

§ 86 Anspruch auf Beteiligung

Wird ein erschienener Tonträger, auf den die Darbietung eines ausübenden Künstlers aufgenommen ist, zur öffentlichen Wiedergabe der Darbietung benutzt, so hat der Hersteller des Tonträgers gegen den ausübenden Künstler einen Anspruch auf angemessene Beteiligung an der Vergütung, die dieser nach §76 Abs. 2 und § 77 erhält.

Fünfter Abschnitt. Schutz des Sendeunternehmens

§ 87

(1) Das Sendeunternehmen hat das ausschließliche Recht,

    1. seine Funksendung weiterzusenden,

    2. seine Funksendung auf Bild- oder Tonträger aufzunehmen, Lichtbilder von seiner Funksendung herzustellen sowie die Bildoder Tonträger oder Lichtbilder zu vervielfältigen und zu verbreiten, ausgenommen das Vermietrecht,

    3. an Stellen, die der Öffentlichkeit nur gegen Zahlung eines Eintrittsgeldes zugänglich sind, seine Funksendung öffentlich wahrnehmbar zu machen.

(2) Das Recht erlischt fünfzig Jahre nach der ersten Funksendung. Die Frist ist nach § 69 zu berechnen.

(3) Die Vorschriften des Sechsten Absehnitts des Ersten Teils mit Ausnahme des § 47 Abs. 2 Satz 2, des § 54 Abs. 1 und des § 61 sind sinngemäß anzuwenden.

(4) Sendeunternehmen und Kabelunternehmen sind gegenseitig verpflichtet, einen Vertrag über die Kabelweitersendung im Sinne des § 20b Abs. 1 Satz 1 zu angemessenen Bedingungen abzuschließen, sofern nicht ein die Ablehnung des Vertragsabschlusses sachlich rechtfertigender Grund besteht; die Verpflichtung des Sendeunternehmens gilt auch für die ihm in bezug auf die eigene Sendung eingeräumten oder übertragenen Senderechte.

Sechster Abschnitt. Schutz des Datenbankherstellers

§ 87 a Begriffsbestimmungen

(1) Datenbank im Sinne dieses Gesetzes ist eine Sammlung von Werken, Daten oder anderen unabhängigen Elementen, die systematisch oder methodisch angeordnet und einzeln mit Hilfe elektronischer Mittel oder auf andere Weise zugänglich sind und deren Beschaffung, Überprüfung oder Darstellung eine nach Art oder Umfang

wesentliche Investition erfordert. Eine in ihrem Inhalt nach Art oder Umfang wesentlich geänderte Datenbank gilt als neue Datenbank, sofern die Änderung eine nach Art oder Umfang wesentliche Investition erfordert.

(2) Datenbankhersteller im Sinne dieses Gesetzes ist derjenige, der die Investition im Sinne des Absatzes 1 vorgenommen hat.

§ 87 b Rechte des Datenbankherstellers

(1) Der Datenbankhersteller hat das ausschließliche Recht, die Datenbank insgesamt oder einen nach Art oder Umfang wesentlichen Teil der Da tenbank zu vervielfältigen, zu verbreiten und öffentlich wiederzugeben. Der Vervielfältigung, Verbreitung oder öffentlichen Wiedergabe eines nach Art oder Umfang wesentlichen Teils der Datenbank steht die wiederholte und systematische Vervielfältigung, Verbreitung oder öffentliche Wiedergabe von nach Art und Umfang unwesentlichen Teilen der Datenbank gleich, sofern diese Handlungen einer normalen Auswertung der Datenbank zuwiderlaufen oder die berechtigten Interessen des Datenbankherstellers unzumutbar beeinträchtigen.

(2) § 17 Abs. 2 und § 27 Abs. 2 und 3 sind entsprechend anzuwenden.

§ 87 c Schranken des Rechts des Datenbankherstellers

(1) Die Vervielfältigung eines nach Art oder Umfang wesentlichen Teils einer Datenbank ist zulässig

1. zum privaten Gebrauch; dies gilt nicht für eine Datenbank, deren Elemente einzeln mit Hilfe elektronischer Mittel zugänglich sind,

2. zum eigenen wissenschaftlichen Gebrauch, wenn und soweit die Vervielfältigung zu diesem Zweck geboten ist und der wissenschaftliche Gebrauch nicht zu gewerblichen Zwecken erfolgt,

3. für die Benutzung zur Veranschaulichung des Unterrichts, sofern sie nicht zu gewerblichen Zwecken erfolgt.

In den Fällen der Nummern 2 und 3 ist die Quelle deutlich anzugeben.

(2) Die Vervielfältigung, Verbreitung und öffentliche Wiedergabe eines nach Art oder Umfang wesentlichen Teils einer Datenbank ist zulässig zur Verwendung in Verfahren vor einem Gericht, einem Schiedsgericht oder einer Behörde sowie für Zwecke der öffentlichen Sicherheit.

§ 87 d Dauer der Rechte

Die Rechte des Datenbankherstellers erlöschen fünfzehn Jahre nach der Veröffentlichung der Datenbank, jedoch bereits fünfzehn Jahre nach der Herstellung, wenn die Datenbank innerhalb dieser Frist nicht veröffentlicht worden ist. Die Frist ist nach § 69 zu berechnen.

§ 87 e Verträge über die Benutzung einer Datenbank

Eine vertragliche Vereinbarung, durch die sich der Eigentümer eines mit Zustimmung

des Datenbankherstellers durch Veräußerung in Verkehr gebrachten Vervielfältigungsstücks der Datenbank, der in sonstiger Weise zu dessen Gebrauch Berechtigte oder derjenige, dem eine Datenbank aufgrund eines mit dem Datenbankhersteller oder eines
mit dessen Zustimmung mit einem Dritten geschlossenen Vertrags zugänglich gemacht
wird, gegenüber dem Datenbankhersteller verpflichtet, die Vervielfältigung, Verbreitung oder öffentliche Wiedergabe von nach Art und Umfang unwesentlichen Teilen der
Datenbank zu unterlassen, ist insoweit unwirksam, als diese Handlungen weder einer
normalen Auswertung der Datenbank zuwiderlaufen noch die berechtigten Interessen
des Datenbankherstellers unzumutbar beeinträchtigen.

Dritter Teil. Besondere Bestimmungen für Filme

Erster Abschnitt. Filmwerke

§ 88 Recht zur Verfilmung

(1) Gestattet der Urheber einem anderen, sein Werk zu verfilmen, so liegt darin im
Zweifel die Einräumung des ausschließlichen Rechts, das Werk unverändert oder
unter Bearbeitung oder Umgestaltung zur Herstellung eines Filmwerkes zu benutzen und das Filmwerk sowie Übersetzungen und andere filmische Bearbeitungen
auf alle bekannten Nutzungsarten zu nutzen.

(2) Die in Absatz 1 bezeichneten Befugnisse berechtigen im Zweifel nicht zu einer
Wiederverfilmung des Werkes. Der Urheber ist im Zweifel berechtigt, sein Werk
nach Ablauf von zehn Jahren nach Vertragsabschluß anderweitig filmisch zu verwerten.

(3) aufgehoben

§ 89 Rechte am Filmwerk

(1) Wer sich zur Mitwirkung bei der Herstellung eines Filmes verpflichtet, räumt damit
für den Fall, daß er ein Urheberrecht am Filmwerk erwirbt, dem Filmhersteller im
Zweifel das ausschließliche Recht ein, das Filmwerk sowie Übersetzungen und
andere filmische Bearbeitungen oder Umgestaltungen des Filmwerkes auf alle
bekannten Nutzungsarten zu nutzen.

(2) Hat der Urheber des Filmwerkes das in Absatz 1 bezeichnete Nutzungsrecht im voraus einem Dritten eingeräumt, so behält er gleichwohl stets die Befugnis, dieses
Recht beschränkt oder unbeschränkt dem Filmhersteller einzuräumen.

(3) Die Urheberrechte an den zur Herstellung des Filmwerkes benutzten Werken, wie
Roman, Drehbuch und Filmmusik, bleiben unberührt.

(4) Für die Rechte zur filmischen Verwertung der bei der Herstellung eines Filmwerkes entstehenden Lichtbilder und Lichtbildwerke gelten die Absätze 1 und 2 entsprechend.

§ 90 Einschränkung der Rechte

Die Bestimmungen über die Übertragung von Nutzungsrechten (§ 34) und über die Einräumung weiterer Nutzungsrechte (§ 35) sowie über das Rückrufrecht wegen Nichtausübung (§ 41) und wegen gewandelter Überzeugung (§ 42) gelten nicht für die in § 88 Abs. 1 und § 89 Abs. 1 bezeichneten Rechte. Satz 1 findet bis zum Beginn der Dreharbeiten für das Recht zur Verfilmung keine Anwendung.

§ 91 Rechte an Lichtbildern

aufgehoben

§ 92 Ausübende Künstler

(1) Schließt ein ausübender Künstler mit dem Filmhersteller einen Vertrag über seine Mitwirkung bei der Herstellung eines Filmwerks, so liegt darin im Zweifel hinsichtlich der Verwertung des Filmwerks die Abtretung der Rechte nach § 75 Abs. 1 und 2 und § 76 Abs. 1.

(2) Hat der ausübende Künstler ein in Absatz 1 erwähntes Recht im voraus an einen Dritten abgetreten, so behält er gleichwohl die Befugnis, dieses Recht hinsichtlich der Verwertung des Filmwerks an den Filmhersteller abzutreten.

§ 93 Schutz gegen Entstellung

Die Urheber des Filmwerkes und der zu seiner Herstellung benutzten Werke sowie die Inhaber verwandter Schutzrechte, die bei der Herstellung des Filmwerkes mitwirken oder deren Leistungen zur Herstellung des Filmwerkes be-nutzt werden, können nach den §§ 14 und 83 hinsichtlich der Herstellung und Verwertung des Filmwerkes nur gröbliche Entstellungen oder andere gröbliche Beeinträchtigungen ihrer Werke oder Leistungen verbieten. Sie haben hierbei aufeinander und auf den Filmhersteller angemessene Rücksicht zu nehmen.

§ 94 Schutz des Filmherstellers

(1) Der Filmhersteller hat das ausschließliche Recht, den Bildträger oder Bild- und Tonträger, auf den das Filmwerk aufgenommen ist, zu vervielfältigen, zu verbreiten und zur öffentlichen Vorführung oder Funksendung zu benutzen. Der Filmhersteller hat ferner das Recht, jede Entstellung oder Kürzung des Bildträgers oder Bild- und Tonträgers zu verbieten, die geeignet ist, seine berechtigten Interessen an diesem zu gefährden.

(2) Das Recht ist übertragbar.

(3) Das Recht erlischt fünfzig Jahre nach dem Erscheinen des Bildträgers oder Bild- und Tonträgers oder, wenn seine erste erlaubte Benutzung zur öffentlichen Wiedergabe früher erfolgt ist, nach dieser, jedoch bereits fünfzig Jahre nach der Herstellung, wenn der Bildträger oder Bild- und Tonträger innerhalb dieser Frist nicht erschienen oder erlaubterweise zur öffentlichen Wiedergabe benutzt worden ist.

(4) §§ 20 b, 27 Abs. 2 und 3 sowie die Vorschriften des Sechsten Abschnitts des Ersten Teils mit Ausnahme des § 61 sind entsprechend anzuwenden

Zweiter Abschnitt. Laufbilder

§ 95

Die §§ 88, 89 Abs. 4, 90, 93 und 94 sind auf Bildfolgen und Bild- und Tonfolgen, die nicht als Filmwerke geschützt sind, entsprechend anzuwenden.

Vierter Teil. Gemeinsame Bestimmungen für Urheberrecht und verwandte Schutzrechte

Erster Abschnitt. Verwertungsverbot

§ 96

(1) Rechtswidrig hergestellte Vervielfältigungsstücke dürfen weder verbreitet noch zu öffentlichen Wiedergaben benutzt werden.

(2) Rechtswidrig veranstaltete Funksendungen dürfen nicht auf Bild- oder Tonträger aufgenommen oder öffentlich wiedergegeben werden.

Zweiter Abschnitt. Rechtsverletzungen

1. Bürgerlich-rechtliche Vorschriften, Rechtsweg

§ 97 Anspruch auf Unterlassung und Schadenersatz

(1) Wer das Urheberrecht oder ein anderes nach diesem Gesetz geschütztes Recht widerrechtlich verletzt, kann vom Verletzten auf Beseitigung der Beeinträchtigung, bei Wiederholungsgefahr auf Unterlassung und, wenn dem Verletzer Vorsatz oder Fahrlässigkeit zur Last fällt, auch auf Schadenersatz in Anspruch genommen werden. An Stelle des Schadenersatzes kann der Verletzte die Herausgabe des Gewinns, den der Verletzer durch die Verletzung des Rechts erzielt hat, und Rechnungslegung über diesen Gewinn verlangen.

(2) Urheber, Verfasser wissenschaftlicher Ausgaben (§ 70), Lichtbildner (§ 72) und ausübende Künstler (§ 73) können, wenn dem Verletzer Vorsatz oder Fahrlässigkeit zur Last fällt, auch wegen des Schadens, der nicht Vermögensschaden ist, eine Entschädigung in Geld verlangen, wenn und soweit es der Billigkeit entspricht.

(3) Ansprüche aus anderen gesetzlichen Vorschriften bleiben unberührt.

§ 98 Anspruch auf Vernichtung oder Überlassung der Vervielfältigungsstücke

(1) Der Verletzte kann verlangen, daß alle rechtswidrig hergestellten, verbreiteten oder zur rechtswidrigen Verbreitung bestimmten Vervielfältigungsstücke, die im Besitz oder Eigentum des Verletzers stehen, vernichtet werden.

(2) Statt der in Absatz 1 vorgesehenen Maßnahmen kann der Verletzte verlangen, daß

ihm die Vervielfältigungsstücke, die im Eigentum des Verletzers stehen, gegen eine angemessene Vergütung überlassen werden, welche die Herstellungskosten nicht übersteigen darf.

(3) Sind die Maßnahmen nach den Absätzen 1 und 2 gegenüber dem Verletzer oder Eigentümer im Einzelfall unverhältnismäßig und kann der durch die Rechtsverletzung verursachte Zustand der Vervielfältigungsstücke auf andere Weise beseitigt werden, so hat der Verletzte nur Anspruch auf die hierfür erforderlichen Maßnahmen.

§ 99 Anspruch auf Vernichtung oder Überlassung der Vorrichtungen

Die Bestimmungen des § 98 sind entsprechend auf die im Eigentum des Verletzers stehenden, ausschließlich oder nahezu ausschließlich zur rechtswidrigen Herstellung von Vervielfältigungsstücken benutzten oder bestimmten Vorrichtungen anzuwenden.

§ 100 Haftung des Inhabers eines Unternehmens

Ist in einem Unternehmen von einem Arbeitnehmer oder Beauftragten ein nach diesem Gesetz geschütztes Recht widerrechtlich verletzt worden, so hat der Verletzte die Ansprüche aus den §§ 97 bis 99 mit Ausnahme des Anspruchs auf Schadenersatz auch gegen den Inhaber des Unternehmens. Weitergehende Ansprüche nach anderen gesetzlichen Vorschriften bleiben unberührt.

§ 101 Ausnahmen

(1) Richten sich im Falle der Verletzung eines nach diesem Gesetz geschützten Rechts die Ansprüche des Verletzten auf Beseitigung oder Unterlassung (§ 97), auf Vernichtung oder Überlassung der Vervielfältigungsstücke (§ 98) oder der Vorrichtungen (§ 99) gegen eine Person, der weder Vorsatz noch Fahrlässigkeit zur Last fällt, so kann diese zur Abwendung der Ansprüche den Verletzten in Geld entschädigen, wenn ihr durch die Erfüllung der Ansprüche ein unverhältnismäßig großer Schaden entstehen würde und dem Verletzten die Abfindung in Geld zuzumuten ist. Als Entschädigung ist der Betrag zu zahlen, der im Falle einer vertraglichen Einräumung des Rechts als Vergütung angemessen gewesen wäre. Mit der Zahlung der Entschädigung gilt die Einwilligung des Verletzten zur Verwertung im üblichen Umfange als erteilt.

(2) Den in den §§ 98 und 99 vorgesehenen Maßnahmen unterliegen nicht:

1. Bauwerke;

2. ausscheidbare Teile von Vervielfältigungsstücken und Vorrichtungen, deren Herstellung oder Verbreitung nicht rechtswidrig ist.

§ 101 a Anspruch auf Auskunft hinsichtlich Dritter

(1) Wer im geschäftlichen Verkehr durch die Herstellung oder Verbreitung von Vervielfältigungsstücken das Urheberrecht oder ein anderes nach diesem Gesetz geschützte Recht verletzt, kann vom Verletzten auf unverzügliche Auskunft über

die Herkunft und den Vertriebsweg dieser Vervielfältigungsstücke in Anspruch genommen werden, es sei denn, daß dies im Einzelfall unverhältnismäßig ist.

(2) Der nach Absatz 1 zur Auskunft Verpflichtete hat Angaben zu machen über Namen und Anschrift des Herstellers, des Lieferanten und anderer Vorbesitzer der Vervielfältigungsstücke, des gewerblichen Abnehmers oder Auftraggebers sowie über die Menge der hergestellten, ausgelieferten, erhaltenen oder bestellten Vervielfältigungsstücke.

(3) In Fällen offensichtlicher Rechtsverletzung kann die Verpflichtung zur Erteilung der Auskunft im Wege der einstweiligen Verfügung nach den Vorschriften der Zivilprozeßordnung angeordnet werden.

(4) Die Auskunft darf in einem Strafverfahren oder in einem Verfahren nach dem Gesetz über Ordnungswidrigkeiten wegen einer vor der Erteilung der Auskunft begangenen Tat gegen den zur Auskunft Verpflichteten oder gegen einen in §52 Abs. 1 der Strafprozeßordnung bezeichneten Angehörigen nur mit Zustimmung des zur Auskunft Verpflichteten verwertet werden.

(5) Weitergehende Ansprüche auf Auskunft bleiben unberührt.

§ 102 Verjährung

Auf die Verjährung der Ansprüche wegen Verletzung des Urheberrechts oder eines anderen nach diesem Gesetz geschützten Rechts finden die Vorschriften des Abschnitts S des Buches 1 des Bürgerlichen Gesetzbuchs entsprechende Anwendung. Hat der Verpflichtete durch die Verletzung auf Kosten des Berechtigten etwas erlangt, findet § 852 des Bürgerlichen Gesetzbuchs entsprechende Anwendung.

§ 103 Bekanntmachung des Urteils

(1) Ist eine Klage auf Grund dieses Gesetzes erhoben worden, so kann im Urteil der obsiegenden Partei die Befugnis zugesprochen werden, das Urteil auf Kosten der unterliegenden Partei öffentlich bekanntzumachen, wenn sie ein berechtigtes Interesse dartut. Das Urteil darf erst nach Rechtskraft bekanntgemacht werden, wenn nicht das Gericht etwas anderes bestimmt.

(2) Art und Umfang der Bekanntmachung werden im Urteil bestimmt. Die Befugnis zur Bekanntmachung erlischt, wenn das Urteil nicht innerhalb von sechs Monaten nach Eintritt der Rechtskraft bekanntgemacht wird.

(3) Die Partei, der die Befugnis zur Bekanntmachung zusteht, kann beantragen, die unterliegende Partei zur Vorauszahlung der Bekanntmachungskosten zu verurteilen. Über den Antrag entscheidet das Prozeßgericht erster Instanz durch Beschluß ohne mündliche Verhandlung. Vor der Entscheidung ist die unterliegende Partei zu hören.

§ 104 Rechtsweg

Für alle Rechtsstreitigkeiten, durch die ein Anspruch aus einem der in diesem Gesetz geregelten Rechtsverhältnisse geltend gemacht wird, (Urheberrechtsstreitsachen) ist der ordentliche Rechtsweg gegeben. Für Urheberrechtsstreitsachen aus Arbeits- oder Dienstverhältnissen, die ausschließlich Ansprüche auf Leistung einer vereinbarten Vergütung zum Gegenstand haben, bleiben der Rechtsweg zu den Gerichten für Arbeitssachen und der Verwaltungsrechtsweg unberührt.

§105 Gerichte für Urheberrechtsstreitsachen

(1) Die Landesregierungen werden ermächtigt, durch Rechtsverordnung Urheberrechtsstreitsachen, für die das Landgericht in erster Instanz oder in der Berufungsinstanz zuständig ist, für die Bezirke mehrerer Landgerichte einem von ihnen zuzuweisen, wenn dies der Rechtspflege dienlich ist.

(2) Die Landesregierungen werden ferner ermächtigt, durch Rechtsverordnung die zur Zuständigkeit der Amtsgerichte gehörenden Urheberrechtsstreitsachen für die Bezirke mehrerer Amtsgerichte einem von ihnen zuzuweisen, wenn dies der Rechtspflege dienlich ist.

(3) Die Landesregierungen können die Ermächtigungen nach den Absätzen 1 und 2 auf die Landesjustizverwaltungen übertragen.

(4) Die Parteien können sich vor dem Berufungsgericht für Urheberrechtsstreitsachen auch durch Rechtsanwälte vertreten lassen, die bei dem Oberlandesgericht zugelassen sind. das ohne eine Zuweisung nach Absatz 1 zuständig wäre.

(5) Die Mehrkosten, die einer Partei dadurch erwachsen, daß sie sich nach Absatz 4 durch einen nicht beim Prozeßgericht zugelassenen Rechtsanwalt vertreten läßt, sind nicht zu erstatten.

2. Strafrechtliche Vorschriften

§106 Unerlaubte Verwertung urheberrechtlich geschützter Werke

(1) Wer in anderen als den gesetzlich zugelassenen Fällen ohne Einwilligung des Berechtigten ein Werk oder eine Bearbeitung oder Umgestaltung eines Werkes vervielfältigt, verbreitet oder öffentlich wiedergibt, wird mit Freiheitsstrafe bis zu drei Jahren oder mit Geldstrafe bestraft.

(2) Der Versuch ist strafbar.

§ 107 Unzulässiges Anbringen der Urheberbezeichnung

(1) Wer

1. auf dem Original eines Werkes der bildenden Künste die Urheberbezeichnung (§ 10 Abs. 1) ohne Einwilligung des Urhebers anbringt oder ein derart bezeichnetes Original verbreitet,

2. auf einem Vervielfältigungsstück, einer Bearbeitung oder Umgestaltung eines Werkes der bildenden Künste die Urheberbezeichnung (§ 10 Abs. 1) auf eine Art anbringt, die dem Vervielfältigungsstück, der Bearbeitung oder Umgestaltung den Anschein eines Originals gibt, oder ein derart bezeichnetes Vervielfältigungsstück, eine solche Bearbeitung oder Umgestaltung verbreitet, wird mit Freiheitsstrafe bis

zu drei Jahren oder mit Geldstrafe bestraft, wenn die Tat nicht in anderen Vorschriften mit schwererer Strafe bedroht ist.

(2) Der Versuch ist strafbar.

§ 108 Unerlaubte Eingriffe in verwandte Schutzrechte

(1) Wer in anderen als den gesetzlich zugelassenen Fällen ohne Einwilligung des Berechtigten

    1. eine wissenschaftliche Ausgabe (§ 70) oder eine Bearbeitung oder Umgestaltung einer solchen Ausgabe vervielfältigt, verbreitet oder öffentlich wiedergibt,

    2. ein nachgelassenes Werk oder eine Bearbeitung oder Umgestaltung eines solchen Werkes entgegen § 71 verwertet,

    3. ein Lichtbild (§ 72) oder eine Bearbeitung oder Umgestaltung eines Lichtbildes vervielfältigt, verbreitet oder öffentlich wiedergibt,

    4. die Darbietung eines ausübenden Künstlers entgegen den §§ 74, 75 Abs. 1 oder 2 oder § 76 Abs. 1 verwertet,

    5. einen Tonträger entgegen § 85 verwertet,

    6. eine Funksendung entgegen § 87 verwertet,

    7. einen Bildträger oder Bild- und Tonträger entgegen §§ 94 oder 95 in Verbindung mit § 94 verwertet,

    8. eine Datenbank entgegen § 87 b Abs. 1 verwertet,

wird mit Freiheitsstrafe bis zu drei Jahren oder mit Geldstrafe bestraft.

(2) Der Versuch ist strafbar.

§ 108 a Gewerbsmäßige unerlaubte Verwertung

(1) Handelt der Täter in den Fällen der §§ 106 bis 108 gewerbsmäßig, so ist die Strafe Freiheitsstrafe bis zu fünf Jahren oder Geldstrafe.

(2) Der Versuch ist strafbar.

§ 109 Strafantrag

In den Fällen der §§ 106 bis 108 wird die Tat nur auf Antrag verfolgt, es sei denn, daß die Strafverfolgungsbehörde wegen des besonderen öffentlichen Interesses an der Strafverfolgung ein Einschreiten von Amts wegen für geboten hält.

§ 110 Einziehung

Gegenstände, auf die sich eine Straftat nach den §§ 106, 107 Abs. 1 Nr. 2, §§ 108 und 108 a bezieht, können eingezogen werden. § 74 a des Strafgesetzbuches ist anzuwenden. Soweit den in den §§ 98 und 99 bezeichneten Ansprüchen im Verfahren nach den Vorschriften der Strafprozeßordnung über die Entschädigung des Verletzten (§§ 403 bis 406 c) stattgegeben wird, sind die Vorschriften über die Einziehung nicht anzuwenden.

§ 111 Bekanntgabe der Verurteilung

Wird in den Fällen der §§ 106 bis 108 a auf Strafe erkannt, so ist, wenn der Verletzte es beantragt und ein berechtigtes Interesse daran dartut, anzuordnen, daß die Verurteilung auf Verlangen öffentlich bekanntgemacht wird. Die Art der Bekanntmachung ist im Urteil zu bestimmen.

3. Vorschriften über Maßnahmen der Zollbehörde

§ 111 a

(1) Verletzt die Herstellung oder Verbreitung von Vervielfältigungsstücken das Urheberrecht oder ein anderes nach diesem Gesetz geschütztes Recht, so unterliegen die Vervielfältigungsstücke, soweit nicht die Verordnung (EG) Nr. 3295/94 des Rates vom 22. Dezember 1994 über Maßnahmen zum Verbot der Überführung nachgeahmter Waren und unerlaubt hergestellter Vervielfältigungsstücke oder Nachbildungen in den zollrechtlich freien Verkehr oder in ein Nichterhebungsverfahren sowie zum Verbot ihrer Ausfuhr und Wiederausfuhr (ABl. EG Nr. L 341 S. 8) in ihrer jeweils geltenden Fassung anzuwenden ist, auf Antrag und gegen Sicherheitsleistung des Rechtsinhabers bei ihrer Einfuhr oder Ausfuhr der Beschlagnahme durch die Zollbehörde, sofern die Rechtsverletzung offensichtlich ist. Dies gilt für den Verkehr mit anderen Mitgliedstaaten der Europäischen Union sowie mit den anderen Vertragsstaaten des Abkommens über den Europäischen Wirtschaftsraum nur, soweit Kontrollen durch die Zollbehörden stattfinden.

(2) Ordnet die Zollbehörde die Beschlagnahme an, so unterrichtet sie unverzüglich den Verfügungsberechtigten sowie den Antragsteller. Dem Antragsteller sind Herkunft, Menge und Lagerort der Vervielfältigungsstücke sowie Name und Anschrift des Verfügungsberechtigten mitzuteilen; das Brief- und Postgeheimnis (Artikel 10 des Grundgesetzes) wird insoweit eingeschränkt. Dem Antragsteller wird Gelegenheit gegeben, die Vervielfältigungsstücke zu besichtigen, soweit hierdurch nicht in Geschäfts- oder Betriebsgeheimnisse eingegriffen wird.

(3) Wird der Beschlagnahme nicht spätestens nach Ablauf von zwei Wochen nach Zustellung der Mitteilung nach Absatz 2 Satz 1 widersprochen, so ordnet die Zollbehörde die Einziehung der beschlagnahmten Vervielfältigungsstücke an.

(4) Widerspricht der Verfügungsberechtigte der Beschlagnahme, so unterrichtet die Zollbehörde hiervon unverzüglich den Antragsteller. Dieser hat gegenüber der Zollbehörde unverzüglich zu erklären, ob er den Antrag nach Absatz 1 in bezug auf die beschlagnahmten Vervielfältigungsstücke aufrechterhält.

1. Nimmt der Antragsteller den Antrag zurück, hebt die Zollbehörde die Beschlagnahme unverzüglich auf.

2. Hält der Antragsteller den Antrag aufrecht und legt er eine vollziehbare gerichtliche Entscheidung vor, die die Verwahrung der beschlagnahmten Vervielfältigungsstücke oder eine Verfügungsbeschränkung anordnet, trifft die Zollbehörde die erforderlichen Maßnahmen.

Liegen die Fälle der Nummern 1 oder 2 nicht vor, hebt die Zollbehörde die Beschlagnahme nach Ablauf von zwei Wochen nach Zustellung der Mitteilung an den

Antragsteller nach Satz 1 auf; weist der Antragsteller nach, daß die gerichtliche Entscheidung nach Nummer 2 beantragt, ihm aber noch nicht zugegangen ist, wird die Beschlagnahme für längstens zwei weitere Wochen aufrechterhalten.

(5) Erweist sich die Beschlagnahme als von Anfang an ungerechtfertigt und hat der Antragsteller den Antrag nach Absatz 1 in bezug auf die beschlagnahmten Vervielfältigungsstücke aufrechterhalten oder sich nicht unverzüglich erklärt (Absatz 4 Satz 2), so ist er verpflichtet, den dem Verfügungsberechtigten durch die Beschlagnahme entstandenen Schaden zu ersetzen.

(6) Der Antrag nach Absatz 1 ist bei der Oberfinanzdirektion zu stellen und hat Wirkung für zwei Jahre, sofern keine kürzere Geltungsdauer beantragt wird; er kann wiederholt werden. Für die mit dem Antrag verbundenen Amtshandlungen werden vom Antragsteller Kosten nach Maßgabe des § 178 der Abgabenordnung erhoben.

(7) Die Beschlagnahme und die Einziehung können mit den Rechtsmitteln angefochten werden, die im Bußgeldverfahren nach dem Gesetz über Ordnungswidrigkeiten gegen die Beschlagnahme und Einziehung zulässig sind. Im Rechtsmittelverfahren ist der Antragsteller zu hören. Gegen die Entscheidung des Amtsgerichts ist die sofortige Beschwerde zulässig; über sie entscheidet das Oberlandesgericht.

(8) In Verfahren nach der Verordnung (EG) Nr. 3295/94 sind die Absätze 1 bis 7 entsprechend anzuwenden, soweit in der Verordnung nichts anderes bestimmt ist.

Dritter Abschnitt. Zwangsvollstreckung

1. Allgemeines

§ 112
Die Zulässigkeit der Zwangsvollstreckung in ein nach diesem Gesetz geschütztes Recht richtet sich nach den allgemeinen Vorschriften, soweit sich aus den §§ 113 bis 119 nichts anderes ergibt.

2. Zwangsvollstreckung wegen Geldforderungen gegen den Urheber

§ 113 Urheberrecht
Gegen den Urheber ist die Zwangsvollstreckung wegen Geldforderungen in das Urheberrecht nur mit seiner Einwilligung und nur insoweit zulässig, als er Nutzungsrechte einräumen kann (§ 31). Die Einwilligung kann nicht durch den gesetzlichen Vertreter erteilt werden.

§ 114 Originale von Werken
(1) Gegen den Urheber ist die Zwangsvollstreckung wegen Geldforderungen in die ihm gehörenden Originale seiner Werke nur mit seiner Einwilligung zulässig. Die Einwilligung kann nicht durch den gesetzlichen Vertreter erteilt werden.

(2) Der Einwilligung bedarf es nicht,

1. soweit die Zwangsvollstreckung in das Original des Werkes zur Durchführung der Zwangsvollstreckung in ein Nutzungsrecht am Werk notwendig ist,
2. zur Zwangsvollstreckung in das Original eines Werkes der Baukunst,
3. zur Zwangsvollstreckung in das Original eines anderen Werkes der bildenden Künste, wenn das Werk veröffentlicht ist.

In den Fällen der Nummern 2 und 3 darf das Original des Werkes ohne Zustimmung des Urhebers verbreitet werden.

3. Zwangsvollstreckung wegen Geldforderungen gegen den Rechtsnachfolger des Urhebers

§ 115 Urheberrecht

Gegen den Rechtsnachfolger des Urhebers (§ 30) ist die Zwangsvollstreckung wegen Geldforderungen in das Urheberrecht nur mit seiner Einwilligung und nur insoweit zulässig, als er Nutzungsrechte einräumen kann (§ 31). Der Einwilligung bedarf es nicht, wenn das Werk erschienen ist.

§ 116 Originale von Werken

(1) Gegen den Rechtsnachfolger des Urhebers (§ 30) ist die Zwangsvollstreckung wegen Geldforderungen in die ihm gehörenden Originale von Werken des Urhebers nur mit seiner Einwilligung zulässig.

(2) Der Einwilligung bedarf es nicht 1. in den Fällen des §114 Abs. 2 Satz 1, 2. zur Zwangsvollstreckung in das Original eines Werkes, wenn das Werk erschienen ist. § 114 Abs. 2 Satz 2 gilt entsprechend.

§ 117 Testamentsvollstrecker

Ist nach § 28 Abs. 2 angeordnet, daß das Urheberrecht durch einen Testamentsvollstrecker ausgeübt wird, so ist die nach den §§ 115 und 116 erforderliche Einwilligung durch den Testamentsvollstrecker zu erteilen.

4. Zwangsvollstreckung wegen Geldforderungen gegen den Verfasser wissenschaftli-cherAusgaben und gegen den Lichtbildner

§ 118

Die §§ 113 bis 117 sind sinngemäß anzuwenden
1. auf die Zwangsvollstreckung wegen Geldforderungen gegen den Verfasser wissenschaftlicher Ausgaben (§ 70) und seinen Rechtsnachfolger,
2. auf die Zwangsvollstreckung wegen Geldforderungen gegen den Lichtbildner (§ 72) und seinen Rechtsnachfolger.

5. Zwangsvollstreckung wegen Geldforderungen in bestimmte Vorrichtungen

§ 119

(1) Vorrichtungen, die ausschließlich zur Vervielfältigung oder Funksendung eines Werkes bestimmt sind, wie Formen, Platten, Steine, Druckstöcke, Matrizen und Negative, unterliegen der Zwangsvollstreckung wegen Geldforderungen nur, soweit der Gläubiger zur Nutzung des Werkes mittels dieser Vorrichtungen berechtigt ist.

(2) Das gleiche gilt für Vorrichtungen, die ausschließlich zur Vorführung eines Filmwerkes bestimmt sind, wie Filmstreifen und dergleichen.

(3) Die Absätze 1 und 2 sind auf die nach den §§ 70 und 71 geschützten Ausgaben, die nach § 72 geschützten Lichtbilder, die nach § 75 Abs. 2, §§ 85, 87, 94 und 95 geschützten Bild- und Tonträger und die nach § 87 b Abs. 1 geschützten Datenbanken entsprechend anzuwenden.

Fünfter Teil. Anwendungsbereich. Übergangs- und Schlußbestimmungen

Erster Abschnitt. Anwendungsbereich des Gesetzes

1. Urheberrecht

§ 120 Deutsche Staatsangehörige und Staatsangehörige anderer EU-Staaten und EWR-Staaten

(1) Deutsche Staatsangehörige genießen den urheberrechtlichen Schutz für alle ihre Werke, gleichviel, ob und wo die Werke erschienen sind. Ist ein Werk von Miturhebern (§ 8) geschaffen, so genügt es, wenn ein Miturheber deutscher Staatsangehöriger ist.

(2) Deutschen Staatsangehörigen stehen gleich:

1. Deutsche im Sinne des Artikels 116 Abs. 1 des Grundgesetzes, die nicht die deutsche Staatsangehörigkeit besitzen, und

2. Staatsangehörige eines anderen Mitgliedstaates der Europäischen Union oder eines anderen Vertragsstaates des Abkommens über den Europäischen Wirtschaftsraum.

§ 121 Ausländische Staatsangehörige

(1) Ausländische Staatsangehörige genießen den urheberrechtlichen Schutz für ihre im Geltungsbereich dieses Gesetzes erschienenen Werke, es sei denn, daß das Werk oder eine Übersetzung des Werkes früher als dreißig Tage vor dem Erscheinen im Geltungsbereich dieses Gesetzes außerhalb dieses Gebietes erschienen ist. Mit der gleichen Einschränkung genießen ausländische Staatsangehörige den Schutz auch

für solche Werke, die im Geltungsbereich dieses Gesetzes nur in Übersetzung erschienen sind.

(2) Den im Geltungsbereich dieses Gesetzes erschienenen Werken im Sinne des Absatzes 1 werden die Werke der bildenden Künste gleichgestellt, die mit einem Grundstück im Geltungsbereich dieses Gesetzes fest verbunden sind.

(3) Der Schutz nach Absatz 1 kann durch Rechtsverordnung des Bundesministers der Justiz für ausländische Staatsangehörige beschränkt werden, die keinem Mitgliedstaat der Berner Übereinkunft zum Schutze von Werken der Literatur und der Kunst angehören und zur Zeit des Erscheinens des Werkes weder im Geltungsbereich dieses Gesetzes noch in einem anderen Mitgliedstaat ihren Wohnsitz haben, wenn der Staat, dem sie angehören, deutschen Staatsangehörigen für ihre Werke keinen genügenden Schutz gewährt.

(4) Im übrigen genießen ausländische Staatsangehörige den urheberrechtlichen Schutz nach Inhalt der Staatsverträge. Bestehen keine Staatsverträge, so besteht für solche Werke urheberrechtlicher Schutz, soweit in dem Staat, dem der Urheber angehört, nach einer Bekanntmachung des Bundesministers der Justiz im Bundesgesetzblatt deutsche Staatsangehörige für ihre Werke einen entsprechenden Schutz genießen.

(5) Das Folgerecht (§ 26) steht ausländischen Staatsangehörigen nur zu wenn der Staat, dem sie angehören, nach einer Bekanntmachung des Bundesministers der Justiz im Bundesgesetzblatt deutschen Staatsangehörigen ein entsprechendes Recht gewährt.

(6) Den Schutz nach den §§ 12 bis 14 genießen ausländische Staatsangehörige für alle ihre Werke, auch wenn die Voraussetzungen der Absätze 1 bis 5 nicht vorliegen.

§ 122 Staatenlose

(1) Staatenlose mit gewöhnlichem Aufenthalt im Geltungsbereich dieses Gesetzes genießen für ihre Werke den gleichen urheberrechtlichen Schutz wie deutsche Staatsangehörige.

(2) Staatenlose ohne gewöhnlichen Aufenthalt im Geltungsbereich dieses Gesetzes genießen für ihre Werke den gleichen urheberrechtlichen Schutz wie die Angehörigen des ausländischen Staates, in dem sie ihren gewöhnlichen Aufenthalt haben.

§ 123 Ausländische Flüchtlinge

Für Ausländer, die Flüchtlinge im Sinne von Staatsverträgen oder anderen Rechtsvorschriften sind, gelten die Bestimmungen des § 122 entsprechend. Hierdurch wird ein Schutz nach § 121 nicht ausgeschlossen.

2. Verwandte Schutzrechte

§ 124 Wissenschaftliche Ausgaben und Lichtbilder

Für den Schutz wissenschaftlicher Ausgaben (§ 70) und den Schutz von Lichtbildern (§ 72) sind die §§ 120 bis 123 sinngemäß anzuwenden.

§ 125 Schutz des ausübenden Künstlers

(1) Den nach den §§ 73 bis 84 gewährten Schutz genießen deutsche Staatsangehörige für alle ihre Darbietungen, gleichviel, wo diese stattfinden. § 120 Abs. 2 ist anzuwenden.

(2) Ausländische Staatsangehörige genießen den Schutz für alle ihre Darbietungen, die im Geltungsbereich dieses Gesetzes stattfinden, soweit nicht in den Absätzen 3 und 4 etwas anderes bestimmt ist.

(3) Werden Darbietungen ausländischer Staatsangehöriger erlaubterweise auf Bild- oder Tonträger aufgenommen und sind diese erschienen, so genießen die ausländischen Staatsangehörigen hinsichtlich dieser Bild- oder Tonträger den Schutz nach § 75 Abs. 2, § 76 Abs. 2 und § 77, wenn die Bild- oder Tonträger im Geltungsbereich dieses Gesetzes erschienen sind, es sei denn, daß die Bild- oder Tonträger früher als dreißig Tage vor dem Erscheinen im Geltungsbereich dieses Gesetzes außerhalb dieses Gebietes erschienen sind.

(4) Werden Darbietungen ausländischer Staatsangehöriger erlaubterweise durch Funk gesendet, so genießen die ausländischen Staatsangehörigen den Schutz gegen Aufnahme der Funksendung auf Bild- oder Tonträger (§ 75 Abs. 1) und Weitersendung der Funksendung (§ 76 Abs. 1) sowie den Schutz nach § 77, wenn die Funksendung im Geltungsbereich dieses Gesetzes ausgestrahlt worden ist.

(5) Im übrigen genießen ausländische Staatsangehörige den Schutz nach Inhalt der Staatsverträge. § 121 Abs. 4 Satz 2 sowie die §§ 122 und 123 gelten entsprechend.

(6) Den Schutz nach den §§ 74, 75 Abs. 1 und § 83 genießen ausländische Staatsangehörige für alle ihre Darbietungen, auch wenn die Voraussetzungen der Absätze 2 bis 5 nicht vorliegen. Das gleiche gilt für den Schutz nach § 76 Abs. 1, soweit es sich um die unmittelbare Sendung der Darbietung handelt.

(7) Wird Schutz nach den Absätzen 2 bis 4 oder 6 gewährt, so erlischt er spätestens mit dem Ablauf der Schutzdauer in dem Staat, dessen Staatsangehöriger der ausübende Künstler ist, ohne die Schutzfrist nach § 82 zu überschreiten.

§ 126 Schutz des Herstellers von Tonträgern

(1) Den nach den §§ 85 und 86 gewährten Schutz genießen deutsche Staatsangehörige oder Unternehmen mit Sitz im Geltungsbereich dieses Gesetzes für alle ihre Tonträger, gleichviel, ob und wo diese erschienen sind. § 120 Abs. 2 ist anzuwenden. Unternehmen mit Sitz in einem anderen Mitgliedstaat der Europäischen Union oder in einem anderen Vertragsstaat des Abkommens über den Europäischen Wirtschaftsraum stehen Unternehmen mit Sitz im Geltungsbereich dieses Gesetzes gleich.

(2) Ausländische Staatsangehörige oder Unternehmen ohne Sitz im Geltungsbereich dieses Gesetzes genießen den Schutz für ihre im Geltungsbereich dieses Gesetzes erschienenen Tonträger, es sei denn, daß der Tonträger früher als dreißig Tage vor dem Erscheinen im Geltungsbereich dieses Gesetzes außerhalb dieses Gebietes erschienen ist. Der Schutz erlischt jedoch spätestens mit dem Ablauf der

Schutzdauer in dem Staat, dessen Staatsangehörigkeit der Hersteller des Tonträgers besitzt oder in welchem das Unternehmen seinen Sitz hat, ohne die Schutzfrist nach § 85 Abs. 2 zu überschreiten.

(3) Im übrigen genießen ausländische Staatsangehörige oder Unternehmen ohne Sitz im Geltungsbereich dieses Gesetzes den Schutz nach Inhalt der Staatsverträge. § 121 Abs. 4 Satz 2 sowie die §§ 122 und 123 gelten entsprechend.

§ 127 Schutz des Sendeunternehmens

(1) Den nach § 87 gewährten Schutz genießen Sendeunternehrnen mit Sitz im Geltungsbereich dieses Gesetzes für alle Funksendungen, gleichviel, wo sie diese ausstrahlen. § 126 Abs. 1 Satz 3 ist anzuwenden.

(2) Sendeunternehmen ohne Sitz im Geltungsbereich dieses Gesetzes genießen den Schutz für alle Funksendungen, die sie im Geltungsbereich dieses Gesetzes ausstrahlen. Der Schutz erlischt spätestens mit dem Ablauf der Schutzdauer in dem Staat, in dem das Sendeunternehmen seinen Sitz hat, ohne die Schutzfrist nach § 87 Abs. 2 zu überschreiten.

(3) Im übrigen genießen Sendeunternehmen ohne Sitz im Geltungsbereich dieses Gesetzes den Schutz nach Inhalt der Staatsverträge. § 121 Abs. 4 Satz 2 gilt entsprechend.

§ 127 a Schutz des Datenbankherstellers

(1) Den nach § 87b gewährten Schutz genießen deutsche Staatsangehörige sowie juristische Personen mit Sitz im Geltungsbereich dieses Gesetzes. § 120 Abs. 2 ist anzuwenden.

(2) Die nach deutschem Recht oder dem Recht eines der in § 120 Abs. 2 Nr. 2 bezeichneten Staaten gegründeten juristischen Personen ohne Sitz im Geltungsbereich dieses Gesetzes genießen den nach § 87b gewährten Schutz, wenn

1. ihre Hauptverwaltung oder Hauptniederlassung sich im Gebiet eines der in § 120 Abs. 2 Nr. 2 bezeichneten Staaten befindet oder

2. ihr satzungsmäßiger Sitz sich im Gebiet eines dieser Staaten befindet und ihre Tätigkeit eine tatsächliche Verbindung zur deutschen Wirtschaft oder zur Wirtschaft eines dieser Staaten aufweist.

(3) Im übrigen genießen ausländische Staatsangehörige sowie juristische Personen den Schutz nach dem Inhalt von Staatsverträgen sowie von Vereinbarungen, die die Europäische Gemeinschaft mit dritten Staaten schließt; diese Vereinbarungen werden vom Bundesministerium der Justiz im Bundesgesetzblatt bekanntgemacht.

§ 128 Schutz des Filmherstellers

(1) Den nach den §§ 94 und 95 gewählten Schutz genießen deutsche Staatsangehörige oder Unternehmen mit Sitz im Geltungsbereich dieses Gesetzes für alle ihre Bildträger oder Bild- und Tonträger, gleichviel, ob und wo diese erschienen sind. § 120 Abs. 2 und § 126 Abs. 1 Satz 3 sind anzuwenden.

(2) Für ausländische Staatsangehörige oder Unternehmen ohne Sitz im Geltungsbereich dieses Gesetzes gelten die Bestimmungen in § 126 Abs. 2 und 3 entsprechend.

Zweiter Abschnitt. Übergangsbestimmungen

§ 129 Werke

(1) Die Vorschriften dieses Gesetzes sind auch auf die vor seinem Inkrafttreten geschaffenen Werke anzuwenden, es sei denn, daß sie zu diesem Zeitpunkt urheberrechtlich nicht geschützt sind oder daß in diesem Gesetz sonst etwas anderes bestimmt ist. Dies gilt für verwandte Schutzrechte entsprechend.

(2) Die Dauer des Urheberrechts an einem Werk, das nach Ablauf von fünfzig Jahren nach dem Tode des Urhebers, aber vor dem Inkrafttreten dieses Gesetzes veröffentlicht worden ist, richtet sich nach den bisherigen Vorschriften.

§ 130 Übersetzungen

Unberührt bleiben die Rechte des Urhebers einer Übersetzung, die vor dem 1. Januar 1902 erlaubterweise ohne Zustimmung des Urhebers des übersetzten Werkes erschienen ist.

§ 131 Vertonte Sprachwerke

Vertonte Sprachwerke, die nach § 20 des Gesetzes betreffend das Urheberrecht an Werken der Literatur und der Tonkunst vom 19. Juni 1901 (Reichsgesetzbl. S. 227) in der Fassung des Gesetzes zur Ausführung der revidierten Berner Übereinkunft zum Schutze von Werken der Literatur und Kunst vom 22. Mai 1910 (Reichsgesetzbl. S. 793) ohne Zustimmung ihres Urhebers vervielfältigt, verbreitet und öffentlich wiedergegeben werden durften, dürfen auch weiterhin in gleichem Umfang vervielfältigt, verbreitet und öffentlich wiedergegeben werden, wenn die Vertonung des Werkes vor dem Inkrafttreten dieses Gesetzes erschienen ist.

§ 132 Verträge

(1) Die Vorschriften dieses Gesetzes sind mit Ausnahme der §§ 42, 43 und 79 auf Verträge, die vor dem 1. Januar 1966 abgeschlossen worden sind, nicht anzuwenden. Die §§ 40 und 41 gelten für solche Verträge mit der Maßgabe, daß die in § 40 Abs. 1 Satz 2 und § 41 Abs. 2 genannten Fristen frühestens mit dem 1. Januar 1966 beginnen.

(2) Vor dem 1. Januar 1966 getroffene Verfügungen bleiben wirksam.

(3) Auf Verträge oder sonstige Sachverhalte, die vor dem 1. Juli 2002 geschlossen worden oder entstanden sind, sind die Vorschriften dieses Gesetzes vorbehaltlich der Sätze 2 und 3 in der am 28. März 2002 geltenden Fassung weiter anzuwenden. § 32a findet auf Sachverhalte Anwendung, die nach dem am 28. März 2002 entstanden sind. Auf Verträge, die seit dem 1. Juni 2001 und bis zum am 28. März 2002 geschlossen worden sind, findet auch § 32 Anwendung, sofern von dem einge-

räumten Recht oder der Erlaubnis nach dem am 28. März 2002 Gebrauch gemacht wird.

(4) Absatz 3 gilt für ausübende Künstler entsprechend.

§ 133

Aufgeh. durch Art. 3 iVm Art. 6 Abs. 2 Nr. 1 G v. 17.8.1973 II 1069 iVm Bek. v. 15.7.1974 II 1079 mWv 10.10.1976

§ 134 Urheber

Wer zur Zeit des Inkrafttretens dieses Gesetzes nach den bisherigen Vorschriften, nicht aber nach diesem Gesetz als Urheber eines Werkes anzusehen ist, gilt, abgesehen von den Fällen des § 135, weiterhin als Urheber. Ist nach den bisherigen Vorschriften eine juristische Person als Urheber eines Werkes anzusehen, so sind für die Berechnung der Dauer des Urheberrechts die bisherigen Vorschriften anzuwenden.

§ 135 Inhaber verwandter Schutzrechte

Wer zur Zeit des Inkrafttretens dieses Gesetzes nach den bisherigen Vorschriften als Urheber eines Lichtbildes oder der Übertragung eines Werkes auf Vorrichtungen zur mechanischen Wiedergabe für das Gehör anzusehen ist, ist Inhaber der entsprechenden verwandten Schutzrechte, die dieses Gesetz ihm gewährt.

§ 135 a Berechnung der Schutzfrist

Wird durch die Anwendung dieses Gesetzes auf ein vor seinem Inkrafttreten entstandenes Recht die Dauer des Schutzes verkürzt und liegt das für den Beginn der Schutzfrist nach diesem Gesetz maßgebende Ereignis vor dem Inkrafttreten dieses Gesetzes, so wird die Frist erst vom Inkrafttreten dieses Gesetzes an berechnet. Der Schutz erlischt jedoch spätestens mit Ablauf der Schutzdauer nach den bisherigen Vorschriften.

§ 136 Verfielfältigung und Verbreitung

(1) War eine Vervielfaltigung, die nach diesem Gesetz unzulässig ist, bisher erlaubt, so darf die vor Inkrafttreten dieses Gesetzes begonnene Herstellung von Vervielfältigungsstücken vollendet werden.

(2) Die nach Absatz 1 oder bereits vor dem Inkrafttreten dieses Gesetzes hergestellten Vervielfältigungsstücke dürfen verbreitet werden.

(3) Ist für eine Vervielfältigung, die nach den bisherigen Vorschriften frei zulässig war, nach diesem Gesetz eine angemessene Vergütung an den Berechtigten zu zahlen, so dürfen die in Absatz 2 bezeichneten Vervielfältigungsstücke ohne Zahlung einer Vergütung verbreitet werden.

§ 137 Übertragung von Rechten

(1) Soweit das Urheberrecht vor Inkrafttreten dieses Gesetzes auf einen anderen über-

tragen worden ist, stehen dem Erwerber die entsprechenden Nutzungsrechte (§ 31) zu. Jedoch erstreckt sich die Übertragung im Zweifel nicht auf Befugnisse, die erst durch dieses Gesetz begründet werden.

(2) Ist vor dem Inkrafttreten dieses Gesetzes das Urheberrecht ganz oder teilweise einem anderen übertragen worden, so erstreckt sich die Übertragung im Zweifel auch auf den Zeitraum, um den die Dauer des Urheberrechts nach den §§ 64 bis 66 verlängert worden ist. Entsprechendes gilt, wenn vor dem Inkrafttreten dieses Gesetzes einem anderen die Ausübung einer dem Urheber vorbehaltenen Befugnis erlaubt worden ist.

(3) In den Fällen des Absatzes 2 hat der Erwerber oder Erlaubnisnehmer dem Veräußerer oder Erlaubnisgeber eine angemessene Vergütung zu zahlen, sofern anzunehmen ist, daß dieser für die Übertragung oder die Erlaubnis eine höhere Gegenleistung erzielt haben würde, wenn damals bereits die verlängerte Schutzdauer bestimmt gewesen wäre.

(4) Der Anspruch auf die Vergütung entfällt, wenn alsbald nach seiner Geltendmachung der Erwerber dem Veräußerer das Recht für die Zeit nach Ablauf der bisher bestimmten Schutzdauer zur Verfügung stellt oder der Erlaubnisnehmer für diese Zeit auf die Erlaubnis verzichtet. Hat der Erwerber das Urheberrecht vor dem Inkrafttreten dieses Gesetzes weiterveräußert, so ist die Vergütung insoweit nicht zu zahlen, als sie den Erwerber mit Rücksicht auf die Umstände der Weiterveräußerung unbillig belasten würde.

(5) Absatz 1 gilt für verwandte Schutzrechte entsprechend.

§ 137 a Lichtbildwerke

(1) Die Vorschriften dieses Gesetzes über die Dauer des Urheberrechts sind auch auf Lichtbildwerke anzuwenden, deren Schutzfrist am 1. Juli 1985 nach dem bis dahin geltenden Recht noch nicht abgelaufen ist.

(2) Ist vorher einem anderen ein Nutzungsrecht an einem Lichtbildwerk eingeräumt oder übertragen worden, so erstreckt sich die Einräumung oder Übertragung im Zweifel nicht auf den Zeitraum, um den die Dauer des Urheberrechts an Lichtbildwerken verlängert worden ist.

§ 137 b Bestimmte Ausgaben

(1) Die Vorschriften dieses Gesetzes über die Dauer des Schutzes nach den §§ 70 und 71 sind auch auf wissenschaftliche Ausgaben und Ausgaben nachgelassener Werke anzuwenden, deren Schutzfrist am 1. Juli 1990 nach dem bis dahin geltenden Recht noch nicht abgelaufen ist.

(2) Ist vor dem 1. Juli 1990 einem anderen ein Nutzungsrecht an einer wissenschaftlichen Ausgabe oder einer Ausgabe nachgelassener Werke eingeräumt oder übertragen worden, so erstreckt sich die Einräumung oder Übertragung im Zweifel auch auf den Zeitraum, um den die Dauer des verwandten Schutzrechtes verlängert worden ist.

(3) Die Bestimmungen in § 137 Abs. 3 und 4 gelten entsprechend.

§ 137 c Ausübende Künstler

(1) Die Vorschriften dieses Gesetzes über die Dauer des Schutzes nach § 82 sind auch auf Darbietungen anzuwenden, die vor dem 1. Juli 1990 auf Bild- oder Tonträger aufgenommen worden sind, wenn am 1. Januar 1991 seit dem Erscheinen des Bild- oder Tonträgers 50 Jahre noch nicht abgelaufen sind. Ist der Bild- oder Tonträger innerhalb dieser Frist nicht erschienen, so ist die Frist von der Darbietung an zu berechnen. Der Schutz nach diesem Gesetz dauert in keinem Fall länger als 50 Jahre nach dem Erscheinen des Bild- oder Tonträgers oder, falls der Bild- oder Tonträger nicht erschienen ist, 50 Jahre nach der Darbietung.

(2) Ist vor dem 1. Juli 1990 einem anderen ein Nutzungsrecht an der Darbietung eingeräumt oder übertragen worden, so erstreckt sich die Einräumung oder Übertragung im Zweifel auch auf den Zeitraum, um den die Dauer des Schutzes verlängert worden ist.

(3) Die Bestimmungen in § 137 Abs. 3 und 4 gelten entsprechend.

§ 137 d Computerprogramme

(1) Die Vorschriften des Achten Abschnitts des Ersten Teils sind auch auf Computerprogramme anzuwenden, die vor dem 24. Juni 1993 geschaffen worden sind. Jedoch erstreckt sich das ausschließliche Vermietrecht (§ 69 c Nr. 3) nicht auf Vervielfältigungsstücke eines Programms, die ein Dritter vor dem 1. Januar 1993 zum Zweck der Vermietung erworben hat.

(2) § 69 g Abs. 2 ist auch auf Verträge anzuwenden, die vor dem 24. Juni 1993 abgeschlossen worden sind.

§ 137 e Übergangsregelung bei Umsetzung der Richtlinie 92/100/EWG

(1) Die am 30. Juni 1995 in Kraft tretenden Vorschriften dieses Gesetzes finden auch auf vorher geschaffene Werke, Darbietungen, Tonträger, Funksendungen und Filme Anwendung, es sei denn, daß diese zu diesem Zeitpunkt nicht mehr geschützt sind.

(2) Ist ein Original oder Vervielfältigungsstück eines Werkes oder ein Bild- oder Tonträger vor dem 30. Juni 1995 erworben oder zum Zweck der Vermietung einem Dritten überlassen worden, so gilt für die Vermietung nach diesem Zeitpunkt die Zustimmung der Inhaber des Vermietrechts (§§ 17, 75 Abs. 2, §§ 85 und 94) als erteilt. Diesen Rechtsinhabern hat der Vermieter jeweils eine angemessene Vergütung zu zahlen; § 27 Abs. 1 Satz 2 und 3 hinsichtlich der Ansprüche der Urheber und ausübenden Künstler und § 27 Abs. 3 finden entsprechende Anwendung. § 137 d bleibt unberührt.

(3) Wurde ein Bild- oder Tonträger, der vor dem 30. Juni 1995 erworben oder zum Zweck der Vermietung einem Dritten überlassen worden ist, zwischen dem 1. Juli 1994 und dem 30. Juni 1995 vermietet, besteht für diese Vermietung ein Vergütungsanspruch in entsprechender Anwendung des Absatzes 2 Satz 2.

(4) Hat ein Urheber vor dem 30. Juni 1995 ein ausschließliches Verbreitungsrecht eingeräumt, so gilt die Einräumung auch für das Vermietrecht. Hat ein ausübender

Künstler vor diesem Zeitpunkt bei der Herstellung eines Filmwerkes mitgewirkt oder in die Benutzung seiner Darbietung zur Herstellung eines Filmwerkes eingewilligt, so gelten seine ausschließlichen Rechte als auf den Filmhersteller übertragen. Hat er vor diesem Zeitpunkt in die Aufnahme seiner Darbietung auf Tonträger und in die Vervielfaltigung eingewilligt, so gilt die Einwilligung auch als Übertragung des Verbreitungsrechts, einschließlich der Vermietung.

§ 137 f Übergangsregelung bei Umsetzung der Richtlinie 93/98/EWG

(1) Würde durch die Anwendung dieses Gesetzes in der ab dem 1. Juli 1995 geltenden Fassung die Dauer eines vorher entstandenen Rechts verkürzt, so erlischt der Schutz mit dem Ablauf der Schutzdauer nach den bis zum 30. Juni 1995 geltenden Vorschriften. Im übrigen sind die Vorschriften dieses Gesetzes über die Schutzdauer in der ab dem 1. Juli 1995 geltenden Fassung auch auf Werke und verwandte Schutzrechte anzuwenden, deren Schutz am 1. Juli 1995 noch nicht erloschen ist.

(2) Die Vorschriften dieses Gesetze in der ab dem 1. Juli 1995 geltenden Fassung sind auch auf Werke anzuwenden, deren Schutz nach diesem Gesetz vor dem 1. Juli 1995 abgelaufen ist, nach dem Gesetz eines anderen Mitgliedstaates der Europäuschen Union oder eines Vertragsstaates des Abkommens über den Europäischen Wirtschaftsraum zu diesem Zeitpunkt aber noch besteht. Satz 1 gilt entsprechend für die verwandten Schutzrechte des Herausgebers nachgelassener Werke (§ 71), der ausübenden Künstler (§ 73), der Hersteller von Tonträgern (§ 85), der Sendeunternehmen (§ 87) und der Filmhersteller (§§ 94 und 95).

(3) Lebt nach Absatz 2 der Schutz eines Werkes im Geltungsbereich dieses Gesetzes wieder auf, so stehen die wiederauflebenden Rechte dem Urheber zu. Eine vor dem 1. Juli 1995 begonnene Nutzungshandlung darf jedoch in dem vorgesehenen Rahmen fortgesetzt werden. Für die Nutzung ab dem 1. Juli 1995 ist eine angemessene Vergütung zu zahlen. Die Sätze 1 bis 3 gelten für verwandte Schutzrechte entsprechend.

(4) Ist vor dem 1. Juli 1995 einem anderen ein Nutzungsreeht an einer nach diesem Gesetz noch geschützten Leistung eingeräumt oder übertragen worden, so erstreckt sich die Einräumung oder Übertragung im Zweifel I auch auf den Zeitraum, um den die Schutzdauer verlängert worden ist. Im Fall des Satzes 1 ist eine angemessene Vergütung zu zahlen.

§ 137 g Übergangsregelung hei Umsetzung der Richtlinie 96/9lEG

(1) § 23 Satz 2, § 53 Abs. 5, die §§ 55 a und 63 Abs. 1 Satz 2 sind auch auf Datenbankwerke anzuwenden, die vor dem 1. Januar 1998 geschaffen wurden.

(2) Die Vorschriften des Sechsten Abschnitts des Zweiten Teils sind auch auf Datenbanken anzuwenden, die zwischen dem 1. Januar 1983 und dem 31. Dezember 1997 hergestellt worden sind. Die Schutzfrist beginnt in diesen Fällen am 1. Januar 1998.

(3) Die §§ 55 a und 87e sind nicht auf Verträge anzuwenden, die vor dem 1. Januar 1998 abgesehlossen worden sind.

§ 137 h Übergangsregelung bei Umsetzung der Richtlinie 93/831EWG

(1) Die Vorschrift des § 20 a ist auf Verträge, die vor dem 1. Juni 1998 geschlossen worden sind, erst ab dem 1. Januar 2000 anzuwenden, sofern diese nach diesem Zeitpunkt ablaufen.

(2) Sieht ein Vertrag über die gemeinsame Herstellung eines Bild- oder Tonträgers, der vor dem 1. Juni 1998 zwischen mehreren Herstellern, von denen mindestens einer einem Mitgliedstaat der Europäischen Union oder Vertragsstaat des Europäischen Wirtschaftsraumes angehört, geschlossen worden ist, eine räumliche Aufteilung des Rechts der Sendung unter den Herstellern vor, ohne nach der Satellitensendung und anderen Arten der Sendung zu unterscheiden, und würde die Satellitensendung der gemeinsam hergestellten Produktion durch einen Hersteller die Auswertung der räumlich oder sprachlich beschränkten ausschließlichen Rechte eines anderen Herstellers beeinträchtigen, so ist die Satellitensendung nur zulässig, wenn ihr der Inhaber dieser ausschließlichen Rechte zugestimmt hat.

(3) Die Vorschrift des § 20b Abs. 2 ist nur anzuwenden, sofern der Vertrag über die Einräumung des Kabelweitersenderechts nach dem 1. Juni 1998 geschlossen wurde.

§ 137 i Übergangsregelumg zum Gesetz zur Modernisierung des Schuldrechts

Artikel 229 § 6 des Einführungsgesetzes zum Bürgerlichen Gesetzbuche findet mit der Maßgabe entsprechende Anwendung, dass § 26 Abs.7, § 36 Abs. 2 und § 102 in der bis zum 1. Januar 2002 geltenden Fassung den Vorschriften des Bürgerlichen Gesetzbuchs über die Verjährung in der bis zum 1. Januar 2002 geltenden Fassung gleichgestellt sind.

Dritter Abschnitt. Schlußbestimmungen

§ 138 Register anonymer und pseudonymer Werke

(1) Das Register anonymer und pseudonymer Werke für die in § 66 Abs.2 Satz 2 vorgesehenen Eintragungen wird beim Patentamt geführt. Das Patentamt bewirkt die Eintragungen, ohne die Berechtigung des Antragstellers oder die Richtigkeit der zur Eintragung angemeldeten Tatsachen zu prüfen.

(2) Wird die Eintragung abgelehnt, so kann der Antragsteller gerichtliche Entscheidung beantragen. Über den Antrag entscheidet das für den Sitz des Patentamts zuständige Oberlandesgericht durch einen mit Gründen versehenen Beschluß. Der Antrag ist schriftlich bei dem Oberlandesgericht einzureichen. Die Entscheidung des Oberlandesgerichts ist endgültig. Im übrigen gelten für das gerichtliche Verfahren die Vorschriften des Gesetzes über die Angelegenheiten der freiwilligen Gerichtsbarkeit entsprechend. Für die Gerichtskosten gilt die Kostenordnung; die Gebühren richten sich nach § 131 der Kostenordnung.

(3) Die Eintragungen werden im Bundesanzeiger öffentlich bekanntgemacht. Die Kosten für die Bekanntmachung hat der Antragsteller im voraus zu entrichten.

(4) Die Einsicht in das Register ist jedem gestattet. Auf Antrag werden Auszüge aus dem Register erteilt.

(5) Der Bundesminister der Justiz wird ermächtigt, durch Rechtsverordnung

   1. Bestimmungen über die Form des Antrags und die Führung des Registers zu erlassen,

   2. zur Deckung der Verwaltungskosten die Erhebung von Kosten (Gebühren und Auslagen) für die Eintragung, für die Ausfertigung eines Eintragungsscheins und für die Erteilung sonstiger Auszüge und deren Beglaubigung anzuordnen sowie Bestimmungen über den Kostenschuldner, die Fälligkeit von Kosten, die Kostenvorschußpflicht, Kostenbefreiungen, die Verjährung, das Kostenfestsetzungsverfahren und die Rechtsbehelfe gegen die Kostenfestsetzung zu treffen.

(6) Eintragungen, die nach § 56 des Gesetzes betreffend das Urheberrecht an Werken der Literatur und der Tonkunst vom 19. Juni 1901 beim Stadtrat in Leipzig vorgenommen worden sind, bleiben wirksam.

§§ 139 bis 142
gegenstandslos

§ 143 Inkrafttreten

(1) Die §§ 64 bis 67, 69, 105 Abs. 1 bis 3 und § 138 Abs. 5 treten am Tage nach der Verkündung dieses Gesetzes in Kraft.

(2) Im übrigen tritt dieses Gesetz am 1. Januar 1966 in Kraft.

Anlage (zu § 54 d Abs. 1)
Vergütungssätze

I. Vergütung nach § 54 Abs. 1
   Die Vergütung aller Berechtigten beträgt

1. für jedes Tonaufzeichnungsgerät . . . . 1,28 EUR

2. für jedes Tonaufzeichnungsgerät, für dessen Betrieb nach seiner Bauart gesonderte Träger (Nummer 5) nicht erforderlich sind . . . . . 2,56 EUR

3. für jedes Bildaufzeichnungsgerät mit oder ohne Tonteil . . . . 9,21 EUR

4. für jedes Bildaufzeichnungsgerät, für dessen Betrieb nach seiner Bauart gesonderte Träger (Nummer 6) nicht erforderlich sind . . . . 18,42 EUR

5. bei Tonträgern für jede Stunde Spieldauer bei üblicher Nutzung . . . . 0,0614 EUR

6. bei Bildträgern für jede Stunde Spieldauer bei üblicher Nutzung . . . . 0,0870 EUR

II. Vergütung nach § 54 a

1. Die Vergütung aller Berechtigten nach § 54 a Abs. 1 beträgt
für jedes Vervielfältigungsgerät mit einer Leistung
a) bis 12 Vervielfältigungen je Minute .... 38,35 EUR
wenn mehrfarbige Vervielfältigungen
hergestellt werden können .... 76,70 EUR
b) von 13 bis 35 Vervielfältigungen je Minute .... 51,13 EUR
wenn mehrfarbige Vervielfältigungen
hergestellt werden können .... 102,26 EUR
c) von 36 bis 70 Vervielfältigungen je Minute .... 76,70 EUR
wenn mehrfarbige Vervielfältigungen
hergestellt werden können .... 153,40 EUR
d) über 70 Vervielfältigungen je Minute .... 306,78 EUR
wenn mehrfarbige Vervielfältigungen
hergestellt werden können .... 613,56 EUR

2. Die Vergütung aller Berechtigten nach § 54 a Abs. 2 beträgt
für jede DIN-A4-Seite der Ablichtung
a) bei Ablichtungen, die aus ausschließlich für den
Schulgebrauch bestimmten, von einer Landesbehörde als
Schulbuch zugelassenen Büchern hergestellt werden
einfarbig .... 0,0256 EUR
mehrfarbig... 0,0512 EUR
b) bei allen übrigen Ablichtungen
einfarbig .... 0,0103 EUR
mehrfarbig... 0,0206 EUR

3. Bei Vervielfältigungsverfahren vergleichbarer Wirkung
sind diese Vergütungssätze entsprechend anzuwenden.

Verlagsrechtsgesetz (Auszug)

§ 1. Inhalt des Verlagsvertrags

Durch den Verlagsvertrag über ein Werk der Literatur oder der Tonkunst wird der Verfasser verpflichtet, dem Verleger das Werk zur Vervielfältigung und Verbreitung für eigene Rechnung zu überlassen. Der Verleger ist verpflichtet, das Werk zu vervielfältigen und zu verbreiten.

§ 2 Enthaltungspflicht ... des Verfassers

(1) Der Verfasser hat sich während der Dauer des Vertragsverhältnisses jeder Vervielfältigung und Verbreitung des Werkes zu enthalten, die einem Dritten während der Dauer des Urheberrechts untersagt ist.

(2) Dem Verfasser verbleibt jedoch die Befugnis zur Vervielfältigung und Verbreitung:

1. für die Übersetzung in eine andere Sprache oder in eine andere Mundart;

2. für die Wiedergabe einer Erzählung in dramatischer Form oder eines Bühnenwerkes in der Form einer Erzählung;

3. für die Bearbeitung eines Werkes der Tonkunst, soweit sie nicht bloß ein Auszug oder eine Übertragung in eine andere Tonart oder Stimmlage ist;

4. für die Benutzung des Werkes zum Zwecke der mechanischen Wiedergabe für das Gehör;

5. für die Benutzung eines Schriftwerkes oder einer Abbildung zu einer bildlichen Darstellung, welche das Originalwerk seinem Inhalt nach im Wege der Kinematographie oder eines ihr ähnlichen Verfahrens wiedergibt.

(3) Auch ist der Verfasser zur Vervielfältigung und Verbreitung in einer Gesamtausgabe befugt, wenn seit dem Ablaufe des Kalenderjahrs, in welchem das Werk erschienen ist, zwanzig Jahre verstrichen sind.

...

§ 5 Auflage

(1) Der Verleger ist nur zu einer Auflage berechtigt. Ist ihm das Recht zur Veranstaltung mehrerer Auflagen eingeräumt, so gelten im Zweifel für jede neue Auflage die gleichen Abreden wie für die vorhergehende.

(2) Ist die Zahl der Abzüge nicht bestimmt, so ist der Verleger berechtigt, tausend Abzüge herzustellen. Hat der Verleger durch eine vor dem Beginne die Vervielfältigung dem Verfasser gegenüber abgegebene Erklärung die Zahl der Abzüge niedriger bestimmt, so ist er nur berechtigt, die Auflage in der angegebenen Höhe herzustellen.

§ 6 Zuschuß- und Freiexemplare

(1) Die üblichen Zuschußexemplare werden in die Zahl der zulässigen Abzüge nicht eingerechnet. Das gleiche gilt von Freiexemplaren, soweit ihre Zahl den zwanzigsten Teil der zulässigen Abzüge nicht übersteigt.

(2) Zuschußexemplare, die nicht zum Ersatz oder zur Ergänzung beschädigter Abzüge verwendet worden sind, dürfen von dem Verleger nicht verbreitet werden.

§ 8 Verschaffung des Verlagsrechts

In dem Umfang, in welchem der Verfasser nach den §§ 2 bis 7 verpflichtet ist, sich der Vervielfältigung und Verbreitung zu enthalten und sie dem Verleger zu gestatten, hat er, soweit nicht aus dem Verlage sich ein anderes ergibt, dem Verleger das ausschließliche Recht zur Vervielfältigung und Verbreitung (Verlagsrecht) zu verschaffen.

§ 9 Entstehen, Erlöschen und Schutz des Verlagsrechts

(1) Das Verlagsrecht entsteht mit der Ablieferung des Werkes an den Verleger und erlischt mit der Beendigung des Vertragsverhältnisses.

(2) Soweit der Schutz des Verlagsrechts es erfordert, kann der Verleger gegen den Verfasser sowie gegen Dritte die Befugnisse ausüben, die zum Schutze des Urheberrechts durch das Gesetz vorgesehen sind.

§ 10 Beschaffenheit des Werkes bei der Ablieferung

Der Verfasser ist verpflichtet, dem Verleger das Werk in einem für die Vervielfältigung geeigneten Zustand abzuliefern.

§ 11 Zeitpunkt der Ablieferung

(1) Ist der Verlagsvertrag über ein bereits vollendetes Werk geschlossen, so ist das Werk sofort abzuliefern.

(2) Soll das Werk erst nach dem Abschlusse des Verlagsvertrags hergestellt werden, so richtet sich die Frist der Ablieferung nach dem Zwecke, welchem das Werk dienen soll. Soweit sich hieraus nichts ergibt, richtet sich die Frist nach dem Zeitraum, innerhalb dessen der Verfasser das Werk bei einer seinen Verhältnissen entsprechenden Arbeitsleistung herstellen kann, eine anderweitige Tätigkeit des Verfassers bleibt bei der Bemessung der Frist nur dann außer Betracht, wenn der Verleger die Tätigkeit bei dem Abschlusse des Vertrags weder kannte noch kennen mußte.

§ 12 Änderungsrecht des Verfassers

(1) Bis zur Beendigung der Vervielfältigung darf der Verfasser Änderungen an dem Werke vornehmen. Vor der Veranstaltung einer neuen Auflage hat der Verleger dem Verfasser zur Vornahme von Änderungen Gelegenheit zu geben. Änderungen sind nur insoweit zulässig, als nicht durch sie ein berechtigtes Interesse des Verlegers verletzt wird.

(2) Der Verfasser darf die Änderungen durch einen Dritten vornehmen lassen.

(3) Nimmt der Verfasser nach dem Beginne der Vervielfältigung Änderungen vor, welche das übliche Maß übersteigen, so ist er verpflichtet, die hieraus entstehenden Kosten zu ersetzen; die Ersatzpflicht liegt ihm nicht ob, wenn Umstände, die inzwischen eingetreten sind, die Änderung rechtfertigen.

§ 14 Art und Weise der Vervielfältigung und Verbreitung

Der Verleger ist verpflichtet, das Werk in der zweckentsprechenden und üblichen Weise zu vervielfältigen und zu verbreiten. Die Form und Ausstattung der Abzüge wird unter

Beobachtung der im Verlagshandel herrschenden Übung sowie mit Rücksicht auf Zweck und Inhalt des Werkes von dem Verleger bestimmt.

§ 15 Beginn der Vervielfältigung
Der Verleger hat mit der Vervielfältigung zu beginnen, sobald ihm das vollständige Werk zugegangen ist. Erscheint das Werk in Abteilungen, so ist mit der Vervielfältigung zu beginnen sobald der Verfasser eine Abteilung abgeliefert hat, die nach ordnungsmäßiger Folge zur Herausgabe bestimmt ist.

§ 16 Umfang der Vervielfältigungspflicht
Der Verleger ist verpflichtet, diejenige Zahl von Abzügen herzustellen, welche er nach dem Vertrag oder gemäß dem § 5 herzustellen berechtigt ist. Er hat rechtzeitig dafür zu sorgen, daß der Bestand nicht vergriffen wird.

§ 17 Veranstaltung neuer Auflagen
Ein Verleger, der das Recht hat, eine neue Auflage zu veranstalten, ist nicht verpflichtet, von diesem Rechte Gebrauch zu machen. Zur Ausübung des Rechtes kann ihm der Verfasser eine angemessene Frist bestimmen. Nach dem Ablaufe der Frist ist der Verfasser berechtigt, von dem Vertrage zurückzutreten, wenn nicht die Veranstaltung rechtzeitig erfolgt ist. Der Bestimmung einer Frist bedarf es nicht, wenn die Veranstaltung von dem Verleger verweigert wird.

§ 18 Kündigungsrecht des Verlegers
(1) Fällt der Zweck, welchem das Werk dienen sollte, nach dem Abschlusse des Vertrags weg, so kann der Verleger das Vertragsverhältnis kündigen; der Anspruch des Verfassers auf die Vergütung bleibt unberührt.
(2) Das gleiche gilt, wenn Gegenstand des Verlagsvertrags ein Beitrag zu einem Sammelwerk ist und die Vervielfältigung des Sammelwerkes unterbleibt.

§ 19 Weglassen von Beiträgen zu Sammelwerken
Werden von einem Sammelwerke neue Abzüge hergestellt, so ist der Verleger im Einverständnisse mit dem Herausgeber berechtigt, einzelne Beiträge wegzulassen.

§ 20 Korrektur
(1) Der Verleger hat für die Korrektur zu sorgen. Einen Abzug hat er rechtzeitig dem Verfasser zur Durchsicht vorzulegen.
(2) Der Abzug gilt als genehmigt, wenn der Verfasser ihn nicht binnen einer angemessenen Frist dem Verleger gegenüber beanstandet.

§ 21 Ladenpreis
Die Bestimmung des Ladenpreises, zu welchem das Werk verbreitet wird, steht für jede Auflage dem Verleger zu. Er darf den Ladenpreis ermäßigen, soweit nicht berechtigte

Interessen des Verfassers verletzt werden. Zur Erhöhung dieses Preises bedarf es stets der Zustimmung des Verfassers.

§ 22 Honorar

(1) Der Verleger ist verpflichtet, dem Verfasser die vereinbarte Vergütung zu zahlen. Eine Vergütung gilt als stillschweigend vereinbart, wenn die Überlassung des Werkes den Umständen nach nur gegen eine Vergütung zu erwarten ist.

(2) Ist die Höhe der Vergütung nicht bestimmt, so ist eine angemessene Vergütung in Geld als vereinbart anzusehen.

§ 23 Fälligkeit des Honorars

Die Vergütung ist bei der Ablieferung des Werkes zu entrichten. Ist die Höhe der Vergütung unbestimmt oder hängt sie von dem Umfange der Vervielfältigung, insbesondere von der Zahl der Druckbogen, ab, so wird die Vergütung fällig, sobald das Werk vervielfältigt ist.

§ 24 Absatzhonorar

Bestimmt sich die Vergütung nach dem Absatze, so hat der Verleger jährlich dem Verfasser für das vorangegangene Geschäftsjahr Rechnung zu legen und ihm, soweit es für die Prüfung erforderlich ist, die Einsicht seiner Geschäftsbücher zu gestatten.

§ 25 Freiexemplare

(1) Der Verleger eines Werkes der Literatur ist verpflichtet, dem Verfasser auf je hundert Abzüge ein Freiexemplar, jedoch im ganzen nicht weniger als fünf und nicht mehr als fünfzehn zu liefern. Auch hat er dem Verfasser auf dessen Verlangen ein Exemplar in Aushängebogen zu überlassen.

...

§ 26 Überlassung von Abzügen zum Vorzugspreis

Der Verleger hat die zu seiner Verfügung stehenden Abzüge des Werkes zu dem niedrigsten Preise, für welchen er das Werk im Betriebe seines Verlagsgeschäfts abgibt, dem Verfasser, soweit dieser es verlangt, zu überlassen.

§ 27 Rückgabe des Manuskripts

Der Verleger ist verpflichtet, das Werk, nachdem es vervielfältigt worden ist, zurückzugeben, sofern der Verfasser sich vor dem Beginne der Vervielfältigung die Rückgabe vorbehalten hat.

§ 28 Übertragung der Verlegerrechte

(1) Die Rechte des Verlegers sind übertragbar, soweit nicht die Übertragung durch Vereinbarung zwischen dem Verfasser und dem Verleger ausgeschlossen ist. Der Verleger kann jedoch durch einen Vertrag, der nur über einzelne Werke geschlossen wird, seine

Rechte nicht ohne Zustimmung des Verfassers übertragen. Die Zustimmung kann nur verweigert werden, wenn ein wichtiger Grund vorliegt. Fordert der Verleger den Verfasser zur Erklärung über die Zustimmung auf, so gilt diese als erteilt, wenn nicht die Verweigerung von dem Verfasser binnen zwei Monaten nach dem Empfange der Aufforderung dem Verleger gegenüber erklärt wird.

(2) Die dem Verleger obliegende Vervielfältigung und Verbreitung kann auch durch den Rechtsnachfolger bewirkt werden. Übernimmt der Rechtsnachfolger dem Verleger gegenüber die Verpflichtung, das Werk zu vervielfältigen und zu verbreiten, so haftet er dem Verfasser für die Erfüllung der aus dem Verlagsvertrage sich ergebenden Verbindlichkeiten neben dem Verleger als Gesamtschuldner. Die Haftung erstreckt sich nicht auf eine bereits begründete Verpflichtung zum Schadensersatze.

§ 29 Beendigung des Vertragsverhältnisses

(1) Ist der Verlagsvertrag auf eine bestimmte Zahl von Auflagen oder von Abzügen beschränkt, so endigt das Vertragsverhältnis, wenn die Auflagen oder Abzüge vergriffen sind.

(2) Der Verleger ist verpflichtet, dem Verfasser auf Verlangen Auskunft darüber zu erteilen, ob die einzelne Auflage oder die bestimmte Zahl von Abzügen vergriffen ist.

(3) Wird der Verlagsvertrag für eine bestimmte Zeit geschlossen, so ist nach dem Ablaufe der Zeit der Verleger nicht mehr zur Verbreitung der noch vorhandenen Abzüge berechtigt.

§ 30 Rücktrittsrecht des Verlegers wegen nicht rechtzeitiger Ablieferung des Werkes

(1) Wird das Werk ganz oder zum Teil nicht rechtzeitig abgeliefert, so kann der Verleger, statt den Anspruch auf Erfüllung geltend zu machen, dem Verfasser eine angemessene Frist zur Ablieferung mit der Erklärung bestimmen, daß er die Annahme der Leistung nach dem Ablaufe der Frist ablehne. Zeigt sich schon vor dem Zeitpunkt, in welchem das Werk nach dem Vertrag abzuliefern ist, daß das Werk nicht rechtzeitig abgeliefert werden wird, so kann der Verleger die Frist sofort bestimmen, die Frist muß so bemessen werden, daß sie nicht vor dem bezeichneten Zeitpunkt abläuft. Nach dem Ablaufe der Frist ist der Verleger berechtigt, von dem Vertrage zurückzutreten, wenn nicht das Werk rechtzeitig abgeliefert worden ist; der Anspruch auf Ablieferung des Werkes ist ausgeschlossen.

(2) Der Bestimmung einer Frist bedarf es nicht, wenn die rechtzeitige Herstellung des Werkes unmöglich ist oder von dem Verfasser verweigert wird oder wenn der sofortige Rücktritt von dem Vertrage durch ein besonderes Interesse des Verlegers gerechtfertigt wird.

(3) Der Rücktritt ist ausgeschlossen, wenn die nicht rechtzeitige Ablieferung des Werkes für den Verleger nur einen unerheblichen Nachteil mit sich bringt.

(4) Durch diese Vorschriften werden die im Falle des Verzugs des Verfassers dem Verleger zustehenden Rechte nicht berührt.

§ 31 Rücktrittsrecht des Verlegers wegen nicht vertragsmäßiger Beschaffenheit des Werkes

(1) Die Vorschriften des § 30 finden entsprechende Anwendung, wenn das Werk nicht von vertragsmäßiger Beschaffenheit ist.

(2) Beruht der Mangel auf einem Umstande, den der Verfasser zu vertreten hat, so kann der Verleger statt des in § 30 vorgesehenen Rücktrittsrechts den Anspruch auf Schadensersatz wegen Nichterfüllung geltend machen.

§ 32 Rücktrittsrecht des Verfassers wegen nicht vertragsmäßiger Vervielfältigung oder Verbreitung

Wird das Werk nicht vertragsmäßig vervielfältigt oder verbreitet, so finden zugunsten des Verfassers die Vorschriften des § 30 entsprechende Anwendung.

...

§ 39 Verlagsvertrag über ungeschützte Werke

(1) Soll Gegenstand des Vertrags ein Werk sein, an dem ein Urheberrecht nicht besteht, so ist der Verfasser zur Verschaffung des Verlagsrechts nicht verpflichtet.

(2) Verschweigt der Verfasser arglistig, daß das Werk bereits anderweit in Verlag gegeben oder veröffentlicht worden ist, so finden die Vorschriften des bürgerlichen Rechtes, welche für die dem Verkäufer wegen eines Mangels im Rechte obliegende Gewährleistungspflicht gelten, entsprechende Anwendung.

(3) Der Verfasser hat sich der Vervielfältigung und Verbreitung des Werkes gemäß den Vorschriften des § 2 in gleicher Weise zu enthalten, wie wenn an dem Werke ein Urheberrecht bestände. Diese Beschränkung fällt weg, wenn seit der Veröffentlichung des Werkes durch den Verleger sechs Monate abgelaufen sind.

§ 40 Befugnisse des Verlegers beim Verlagsvertrag über ungeschützte Werke

Im Falle des § 39 verbleibt dem Verleger die Befugnis, das von ihm veröffentlichte Werk gleich jedem Dritten von neuem unverändert oder mit Änderungen zu vervielfältigen. Diese Vorschrift findet keine Anwendung, wenn nach dem Vertrage die Herstellung neuer Auflagen oder weiterer Abzüge von der Zahlung einer besonderen Vergütung abhängig ist.

§ 47 Bestellvertrag

(1) Übernimmt jemand die Herstellung eines Werkes nach einem Plane, in welchem ihm der Besteller den Inhalt des Werkes sowie die Art und Weise der Behandlung genau vorschreibt, so ist der Besteller im Zweifel zur Vervielfältigung und Verbreitung nicht verpflichtet.

(2) Das gleiche gilt wenn sich die Tätigkeit auf die Mitarbeit an enzyklopädischen Unternehmungen oder auf Hilfs- oder Nebenarbeiten für das Werk eines anderen oder für ein Sammelwerk beschränkt.

§ 48 Verlaggeber

Die Vorschriften dieses Gesetzes finden auch dann Anwendung, wenn derjenige, welcher mit dem Verleger den Vertrag abschließt, nicht der Verfasser ist.

Anhang

Autoren und Quellenhinweise

Dr. jur. Jan Bernd Nordemann, LL.M., Rechtsanwalt, Anwaltssozietät Boehmert & Boehmert, Berlin, erwarb einen Master-of-Law in Cambridge im internationalen Kartell- und Urheberrecht sowie in EU-Recht. Er ist Co-Autor von Nordemann, *Wettbewerbs- und Markenrecht* (9. Auflage 1998) und ist in Wettbewerbs- und Kartellrecht sowie Urheberrecht, Marken- und Presserecht spezialisiert.

Dr. jur. Andreas Dustmann, LL.M., Rechtsanwalt, Anwaltssozietät Boehmert & Boehmert, Potsdam, schrieb seine Doktorarbeit über die Haftung von Online-Providern für Urheberrechtsverletzungen im Internet. Vor seiner Tätigkeit als Rechtsanwalt war er Mitarbeiter am Max-Planck-Institut für ausländisches und internationales Privatrecht in Hamburg. Er befaßt sich in besonderem Maße mit dem Recht der Neuen Medien.

Dr. jur. Axel Nordemann, Rechtsanwalt, Anwaltssozietät Boehmert & Boehmert, Berlin, ist in Wettbewerbs- und Kartellrecht sowie Urheberrecht, Marken- und Presserecht spezialisiert.

Einige Beiträge sind verschiedenen Ausgaben des *Deutsches Jahrbuch für Autoren, Autorinnen,* Berlin 1996 – 2000, entnommen und aktualisiert worden. Die Beiträge *Schutzrechte: Einführung* und *Grundsätze, Urheberrecht: Werke in Wort, Bild und Ton* sowie *Markenrecht: Eine Einführung* wurden der Veröffentlichung: *Ideen sichern – Vorsprung schaffen,* Deutsche Bank AG, Frankfurt am Main, 2000, entnommen.

Die Musterverträge wurden vom Verband deutscher Schriftsteller bzw. Deutscher Hochschulverband mit dem Börsenverein des Deutschen Buchhandels e.V. vereinbart und sind durch diese zu beziehen. Insbesondere sei verwiesen auf die Veröffentlichung *Vertragsnormen für wissenschaftliche Verlagswerke (Fassung 2000),* gestaltet von Friedhelm v. Notz und Kristian Müller von der Heide.

Literaturhinweise

Ludwig Delp: *Kleines Praktikum für Urheber- und Verlagsrecht*, C. H. Beck,
    München 2000
Ludwig Delp: *Der Verlagsvertrag*, C. H. Beck, München 2000
Melanie Fastenrath (Hg.): *Kompendium für Künstler*, Westerweide-Verlag,
    Witten 1999
Fromm, Nordemann: *Urheberecht. Kommentar*, Kohlhammer, Stuttgart 1998
Dietrich Harke: *Ideen schützen lassen? Patente, Marken, Design, Werbung,
    Copyright*, dtv, München 2000
Paul Hertin: *Urheberrecht*, Haufe, Freiburg 1997
Kristian Müller von der Heide, Birgit Menche u. a.: *Recht im Verlag. Ein Handbuch
    für die Praxis*, Buchhändler-Vereinigung, Frankfurt 1995
Wilhelm Nordemann: *Das neue Urhebervertragsrecht*, Beck, München 2002
Werner Pieper (Hg.): *Copyright oder Copywrong? Geistiges Eigentum, kulturelles
    Erbe & wirtschaftliche Ausbeutung*, Werner Pipers MedienXperimente,
    Löhrbach o. J.
Gernot Schulze: *Meine Rechte als Urheber. Urheber- und Verlagsrecht*,
    dtv, München 1998
Urheber- und Verlagsrecht, dtv, München 1998
Vertragsnormen für wissenschaftliche Verlagswerke (Fassung 2000), Börsenverein
    des Deutschen Buchhandels e. V., Frankfurt 2000
Wandtke/Bullinger: *Fallsammlung zum Urheberrecht*, Wiley-VCH, Weinheim 1999

Anschriften

Deutsches Patent- und Markenamt · Zweibrückenstr. 12 · 80331 München
Deutsches Patent- und Markenamt · Dienststelle Jena · Goethestr. 1 · 07743 Jena
Europäisches Patentamt · Erhardstr. 27 · 80331 München
Börsenverein des Deutschen Buchhandels e.V. · Großer Hirschgraben 17 – 21
    60311 Frankfurt am Main
Deutscher Hochschulverband · Rheinallee 18 · 53173 Bonn
Verband deutscher Schriftsteller in der IG Medien · Friedrichstr. 15 · 70174 Stuttgart

Index

Abdruck 26, 34, 52, 66, 75 ,107, 114
Agentur 45, 110
Angemessene Vergütung 7, 32, 36 f.,
    130, 132 ff., 140 ff., 145, 155, 162,
    174-177, 184
Archiv 20, 21, 29, 83, 95, 103, 142, 146
Aufführungsrecht 109, 129
Auflage 35, 39, 43, 48 f., 52, 54, 58 f.,
    66, 71, 73, 76, 82, 84 f., 94, 96, 98,
    181 ff., 185 ff.
Auskunftsanspruch 99
Autorenhonorar 39, 46
Bearbeitung 35, 50, 53, 58, 65, 67,
    81 ff., 91, 93 f., 109, 11, 119, 125, 131,
    137, 146 f., 151, 159, 164 f., 181
Belegexemplare 40
Bestseller 7, 38, 103, 106, 113, 116
Bildzitat 29, 118
Book on Demand 47
Buchtitel 11, 102, 111, 120
Co-Autor 119 f., 187
Copyright 12, 59, 120, 188
Datenbanken 15, 76, 91, 103, 169, 177
Digitaldruck 47, 73
Digital footprints 14
Digitale Wasserzeichen 14
Domain 11, 21 ff., 103, 105
Drehbuchautor 32, 108, 110 f., 114
Erfindung 9 f., 13, 106, 153
Erfolgshonorar 46
Erstabdruck 45
Exposé 108, 110 f.
Freiexemplare 57, 71, 73, 84, 96 ff., 181,
    184
Geschmacksmusterschutz 18
Großzitat 28 ff.
Herausgeber 50, 86-97, 127, 137, 177, 183
Honorar 7, 16, 36, 38 ff., 42, 46, 49 f.,
    53-56, 58 f., 62 f., 67-72, 82 f., 95 f.,
    110 f., 119, 122, 184

Illustration 29, 39, 50, 63, 78, 90
Internet 11-15, 18-21, 23, 30, 32, 43 f.,
    47 f., 103, 105 f., 112, 187
Kleinzitat 28 ff.
Korrekturen 49, 122
Kündigung 42 f., 51, 85, 94, 138, 183
Kürzung 26, 65, 78, 90 f., 114, 149, 160
Lektorat 46, 61, 98
Literaturagentur 45 f., 119
Lizenzen 11, 52 f., 57, 66, 77, 99
Makulierung 59, 71, 74, 84 f.
Marke 9-14, 22 f., 31, 99-105, 153, 187
Meinungsäußerung 121
Multimedia 18 f.., 22, 30, 76, 91
Nachahmung 9 f.
Neuauflage 58, 85, 87
Nichtselbständiges Werk 113
Normvertrag 48, 50, 63
Nutzungsarten 17, 21, 34 f., 44, 77, 133,
    159
Nutzungsrechte 11, 16 f., 21, 32-35, 38,
    41, 44, 47, 50, 67, 75-79, 82, 90 ff., 96,
    133-138, 160, 167 f., 175
Optionsverträge 112
Originalität 107
Patent 9 f., 12, 16, 18, 22, 31, 99, 146,
    178
Plagiat 10, 106 f.
Priorität 10, 22, 99, 101, 105, 108, 111
Prioritätsverhandlung 109, 111
Pseudonym 12, 113, 116 f., 119, 150,
    178
Quellenangabe 26 f., 30, 126, 149
Rechtseinräumung 16, 18, 34 ff., 51-54,
    66, 68
Rechte-Buyout 111
Rückruf 32, 41 f., 56, 58, 67, 135,
    138 f., 160
Schadensersatz 42, 79, 92, 99, 104,
    185 f.

Schutz des Persönlichkeitsrechts 122
Software 12, 15, 19, 78, 90
Stoffentwicklungsvertrag 110
Taschenbuchausgabe 35, 49, 75, 82, 95,
  113
Tatsachenbehauptung 121
Territorialität 10, 99
Titelrecht 86, 92, 102, 104
Übersetzung 26, 52, 61-67, 69, 76 f.,,
  82, 94, 124, 149, 152, 159, 169 f., 173,
  181
Urheberrecht 7, 9, 11-22, 24-28, 31-34,
  36, 38, 48, 51 f., 59, 66, 76, 79 f., 91,
  107, 109 ff., 113-115, 117, 119 f.,
  125 f., 132 f., 139, 145, 149 f., 153 f.,
  159, 161-164, 166-170, 173 f.., 179,
  181, 186
Urheberpersönlichkeitsrechte 20, 33,
  64, 127, 133
Urheberrechtsverletzer 12, 25, 44, 106
Urheberrolle 12, 117
Vergütung 7, 14, 16, 21, 26, 32 f., 36 ff.,
  46, 50, 53, 57, 69, 77 f., 80, 82 f., 122,
  127, 130, 132-135, 137, 140 ff., 144 f.,
  155 f., 162, 164, 174 ff., 180, 183, 184,
  186
Verfilmung 53, 67, 110 ff., 131, 159 f.
Verlagspflicht 540, 54
Verlagsrecht 7, 11, 31, 35, 52, 66, 98,
  182

Verlagsvertrag 31 f., 34, 37-42, 44,
  46 f., 51, 58, 75, 181 f., 185 f.
Verleger 28, 31-35, 37, 39-46, 50 f., 61,
  63 f., 86, 98, 114 f., 121, 127, 137,
  181-186
Veröffentlichung 16, 40 f., 46, 59, 75,
  77, 79-83, 88 f., 98, 108, 116 f. 126 f.,
  137, 140, 142, 150 f., 158, 186
Verramschung 59, 71, 74, 84 f.
Vervielfältigungs- und Verbreitungs-
  pflicht 41
Verwertungsgesellschaften 17, 27, 42,
  52, 57, 60, 67, 69, 72, 79, 123, 130,
  132, 141, 146, 148, 150, 156
Vorabdruck 35, 52, 66, 75
Vorführungsrecht 35, 128, 129
Vorschuß 39, 49, 55, 179
Werkbearbeitungen 35, 50, 53, 58, 67,
  81-83, 91, 93, 94, 125, 131, 137, 146,
  147, 152, 159, 164, 165, 181
Werkentstellungen 16, 77, 128, 156, 160
Werktitel 92
Werktreue 144
Wettbewerbsrecht 23
Wissenschaftliches Werk 12, 15, 28, 29,
  49, 50¦ 63, 74, 75, 87, 141, 153, 161,
  165, 168, 170, 175, 186
Zeitungsartikel 27, 141
Zitat 24, 27, 28, 30, 64, 106

Autorenhaus-Verlagsprogramm

Journalismus, Nonfiction schreiben
Associated Press-Handbuch Journalistisches Schreiben
Von Rene J.Cappon
50 Werkzeuge für gutes Schreiben *Von Roy Peter Clark*
Nonfiction schreiben *Von William Zinsser*

Schreiben & Veröffentlichen
Autoren-Handbuch, 7. Auflage. *Von Sylvia Englert*
Mini-Verlag. Self-Publishing, Verlagsgründung, 8. Auflage.
Von Manfred Plinke
So lektorieren Sie Ihre Texte: Verbessern durch Überarbeiten.
Von Sylvia Englert

Theater & Stücke schreiben
Die Technik des Dramas *Von Gustav Freytag*
Vorsprechen *Von Paula B. Mader*
Kleines Schauspieler-Handbuch *Von Uta Hagen*
Dramatisches Schreiben *Von Lajos Egri*

Film & Drehbuch schreiben
Wie man einen Film macht *Von Claude Chabrol*
Filme machen *Von Sidney Lumet*
Die Technik des Dramas *Von Gustav Freytag*
Dramatisches Schreiben *Von Lajos Egri*
Schule des Erzählens *Von Sibylle Knauss*
Drehbuch schreiben und veröffentlichen. *Von Claus Hant*
Schritt für Schritt zum erfolgreichen Drehbuch *Von Chris. Keane*
Das Drehbuch *Von Syd Field*
Die häufigsten Probleme beim Drehbuchschreiben und ihre Lösungen.
Von Syd Field
Grundkurs Film *Von Syd Field*
Schreiben fürs Fernsehen *Von Vivien Bronner*

Cartoonbücher
Struwwelhitler. Der Anti-Nazi-Klassiker von 1941
Von Robert u. Philip Spence

Schriftstellerbücher in der edition tieger
Musen auf vier Pfoten: Schriftsteller und ihre Hunde
Musen auf vier Pfoten: Katzen und ihre Schriftsteller
www.edition-tieger.de

Bitte besuchen sie auch www.autorenhaus.de

Autorenhaus-Verlagsprogramm

Autobiografie & Erinnerungen schreiben
Autobiografie in 300 Fragen. *Von Gerhild Tieger*
Erinnerungen und Autobiografie schreiben. *Von Judith Barrington*
Freedom Writers. Wie eine junge Lehrerin und 150 gefährdete
Jugendliche sich und ihre Umwelt durch Schreiben verändert haben.

Lyrik & Songtexte schreiben
Gedichte schreiben *Von Thomas Wieke*
Songtexte schreiben *Von Masen Abou-Dakn*
Handbuch für Songtexter *Von Jeske/Reitz*

Kreatives Schreiben
Zen in der Kunst des Schreibens *Von Ray Bradbury*
Schriftsteller werden *Von Dorothea Brande*
Raum zum Schreiben *Von Bonni Goldberg*
Wild Mind – Freies Schreiben *Von Natalie Goldberg*
Schreiben in Cafés *Von Nathalie Goldberg*
Schule des Erzählens *Von Sibylle Knauss*
Kleiner Autoren-Workshop *Von Ursula LeGuin*
Beim Schreiben allein *Von Joyce Carol Oates*
Kinder- und Jugendbuch schreiben & veröffentlichen *Von H. Brosche*
Heftromane schreiben und veröffentlichen. *Von Anna Basener*
Creative Writing: Romane und Kurzgeschichten schreiben.
Von A. Steele/R. Carver
Ein Roman in einem Jahr. *Von Louise Doughty*
Literarisches Schreiben: Starke Charaktere, Originelle Ideen,
Überzeugende Handlung. *Von Lajos Egri*

Kreatives Schreiben für Jugendliche
Was sagt der Tiger? *Von Astrid Krömer*
Die neue Wörterwerkstatt *Von Sylvia Englert*
Türen zur Fantasie *Von Marion Gay*

Liebesromane & Erotik schreiben
Heftromane schreiben und veröffentlichen *Von Anna Basener*
Erotik schreiben. Wie Sie Sex-Szenen literarisch gestalten.
Von Elizabeth Benedict

Krimi & Thriller schreiben
Crime – Kriminalromane und Thriller schreiben *Von Larry Beinhart*
Literarisches Schreiben *Von Lajos Egri*
Der Mord als eine schöne Kunst betrachtet *Von Thomas de Quincey*

Bitte besuchen sie auch www.autorenhaus.de